时兰兰 著

文旅融合视角下
博物馆公共服务建设
可持续发展

时代文艺出版社
SHIDAI WENYI CHUBANSHE

图书在版编目（CIP）数据

文旅融合视角下博物馆公共服务建设可持续发展 / 时兰兰著. -- 长春：时代文艺出版社，2023.12
ISBN 978-7-5387-7436-8

Ⅰ.①文… Ⅱ.①时… Ⅲ.①博物馆—公共服务—研究 Ⅳ.①G261

中国国家版本馆CIP数据核字(2024)第022557号

文旅融合视角下博物馆公共服务建设可持续发展
WENLV RONGHE SHIJIAOXIA BOWUGUAN GONGGONG FUWU JIANSHE KECHIXU FAZHAN

时兰兰 著

出 品 人：	吴 刚
责任编辑：	陆 风
装帧设计：	钱金华
排版制作：	钱金华

出版发行：时代文艺出版社
地　　址：长春市福祉大路5788号　龙腾国际大厦A座15层（130118）
电　　话：0431-81629751（总编办）　　0431-81629755（发行部）
网　　址：weibo.com/tlapress（官方微博）
开　　本：787mm×1092mm　1/16
字　　数：220千字
印　　张：13.5
印　　刷：廊坊市海涛印刷有限公司
版　　次：2023年12月第1版
印　　次：2023年12月第1次印刷
定　　价：76.00元

图书如有印装错误　请寄回印厂调换

作者简介

时兰兰,女,汉族,甘肃兰州人,中共党员,本科学历,毕业于西北师范大学历史学专业,1985年7月参加工作,任职于甘肃省博物馆。在甘肃省博物馆开放管理部工作,主要职责:负责展览大楼开放的综合管理工作,包括陈列展览的对外开放管理、观众组织、接待与疏导、展厅综合管理、展品安全管理、票务等工作。带领所在部门获得如下荣誉:2016年、2019年荣获甘肃省博物馆颁发"先进集体"荣誉称号及奖牌;2015年荣获甘肃省妇联颁发"巾帼文明岗"荣誉称号及奖牌;2017年荣获全国妇联颁发"巾帼文明岗"荣誉称号及奖牌;2019年荣获甘肃省"三八红旗集体"荣誉称号及奖牌。

前　言

文化是旅游的灵魂，旅游是文化的载体。自2009年中华人民共和国文化部、中华人民共和国国家旅游局出台《关于促进文化和旅游结合发展的指导意见》，提出文化和旅游产业融合的建议，到2018年国务院办公厅印发《关于促进全域旅游发展的指导意见》，成立文化和旅游部，打破文旅融合的行政壁垒，再到我国"十四五"规划和坚持以文塑旅，以旅彰文，推进文化和旅游深度融合发展，文旅融合的内容逐步丰富，机制体制不断完善，文旅融合的实践不断增多，文旅融合程度日益深入。博物馆作为主要的公共文化事业单位，在文旅融合发展中具有得天独厚的优势，其保存了类型丰富，数量众多的文化遗产，记录了中华民族的发展历程，具有强大的旅游吸引力，是旅游发展的重要载体。在文旅融合的时代背景下，发展博物馆旅游，是时代之需，也是博物馆更好为社会服务的应有之义。

进入新时代，我国博物馆改革持续推进。2021年九部委联合发布了《关于推进博物馆改革发展的指导意见》指出要坚持改革创新，释放发展活力，促进博物馆与教育、科技、旅游、商业、传媒、设计等跨界融合。2022年国家文物局制定了《博物馆运行评估办法》《博物馆运行评估标准》引导和促进定级博物馆向规范化、专业化、社会化和现代化方向发展，评估指标加大了服务产出的权重，并将博物馆与旅游、科技、商业等部门之间的跨界合作情况纳入评估指标。同时，我国博物馆事业也取得长足进步，博物馆数量、举办展览和教育活动数量以及接待参观人次都大幅提升，普惠均等、类型多样、活动丰富的博物馆进一步满足了人们对美好生活的向往和对文化旅游的多元需求,"到博物馆去"成为社会新风尚。在充分肯定博物馆发展取得进步的同时,我们也要看到,在博物馆旅游发展的过程中仍旧面临如博物馆旅游产品开发能力不足、博物馆旅游人才储备不足、宣传能力薄弱、服务水平有待提高等一系列问题,亟待解决。对此,博物馆应勇立潮头,顺应时代要求,不断创新博物馆旅游发展,积极探索博物馆旅游发展路径,促进博物馆旅游高质量、可持续性发展,更好为公众和社会主义文化事业的发展服务。

本书从文旅融合与博物馆公共服务的基本理论出发,结合现状,明确文旅融合对博物馆可持续发展的重要性,树立文旅融合视角下博物馆公共服务可持续发展的建设理念,进而通过线上线下媒体宣传建设打造文化品牌,就博物馆的交通设施、无障碍设施、展览设施、服务设施优化与工作人员服务意识的提升来实现文旅融合视角下博物馆公共服务的优化,并结合自身特色,利用文化优势,创新博物馆公共服务,最后列举文旅融合视角下博物馆公共服务可持续发展的优秀案例,为文旅融合视角下博物馆公共服务建设可持续发展提供借鉴。

在写作过程中,我们参阅了不少同行专家的研究成果,从中得到不少启发,在此向他们表示真挚的感谢。另外,对在本书写作、出版过程中给予帮助的人们表示由衷的感谢!

由于写作时间仓促,再加上作者水平有限,本书难免存在疏漏与错误之处,还望同行专家和读者批评斧正。

目　录

第一章　文旅融合与博物馆公共服务概述 ……001
- 第一节　文旅融合的界定 ……001
- 第二节　文旅融合发展的新业态 ……019
- 第三节　博物馆公共服务的内涵 ……041
- 第四节　目前博物馆公共服务建设的现状 ……044
- 第五节　文旅融合对博物馆可持续发展的重要性 ……051

第二章　文旅融合视角下博物馆公共服务可持续发展的建设理念 ……080
- 第一节　社会效益与经济效益的双赢 ……080
- 第二节　将博物馆的历史价值转变为现实价值 ……083
- 第三节　将传统的文化精髓与现代技术服务相结合 ……085
- 第四节　同时发挥教育作用和娱乐作用 ……089

第三章　文旅融合视角下博物馆的媒体宣传建设 ……092
- 第一节　通过文化打造品牌理念加深受众印象 ……092
- 第二节　融媒体的日常运营管理 ……097
- 第三节　结合线下活动的双线宣传 ……100
- 第四节　线上博物馆展览的建设 ……104

第四章　文旅融合视角下博物馆公共服务的优化 ……109
- 第一节　博物馆的交通设施优化 ……109
- 第二节　博物馆的无障碍设施优化 ……112
- 第三节　博物馆的展览设施升级 ……116
- 第四节　博物馆的服务设施优化 ……119
- 第五节　博物馆工作人员服务意识的提升 ……123

第五章　文旅融合视角下博物馆公共服务的创新 ……128
- 第一节　结合地方旅游情况开展特色活动 ……128
- 第二节　结合博物馆特色推出日常活动 ……129

第三节　利用文化优势开发特色文创产品 …………………………131
　　第四节　结合博物馆特色与学校开展"馆校共建""教育基地"合作 ………135
第六章　文旅融合视角下博物馆公共服务可持续发展的案例 ………**141**
　　第一节　陕西历史博物馆的文化资源活化 …………………………141
　　第二节　重庆自然博物馆的网上预约制 ……………………………148
　　第三节　云南博物馆的旅游发展 ……………………………………151
　　第四节　济南打造博物馆文化新地标 ………………………………162
　　第五节　南京城墙保护中心的新思路 ………………………………168
　　第六节　湖南博物院智慧博物馆服务 ………………………………171
　　第七节　敦煌莫高窟在当地学校的教育推广 ………………………181
　　第八节　甘肃省博物馆研学旅行项目 ………………………………198
参考文献 …………………………………………………………………**203**

第一章 文旅融合与博物馆公共服务概述

第一节 文旅融合的界定

一、文旅融合的背景

(一)文旅融合是国家发展战略深度调整的重要选择

中国经济经过改革开放后40多年的发展,无论经济总量,还是经济结构都发生了翻天覆地的变化。当前,我国的经济发展已逐步进入深度转型期,同时,外部环境的不确定风险也在逐步增加,如贸易战、世界经济增速放缓等。2018年世界GDP增长率按购买力平价(PPP)计算约为3.7%,按市场汇率计算约为3.2%,全球经济增速正在放缓。这些因素对我国外贸经济的发展产生了不小影响,对国内实体经济也形成了一定压力,而文化和旅游产业的持续快速增长为当前经济结构的深度调整提供了新的战略空间。根据数据统计,2018年全球旅游产业持续保持增长,旅游总人次数达到121亿,增幅达5.0%,旅游总收入也达到5.34万亿美元,约占全球GDP的6.1%,增速也达到3.1%。同时,在经济拉动方面,文化旅游产业的比重也在持续提升。根据世界旅游组织相关数据显示,全球文化旅游产业对经济的驱动力不断增大,很多国家的文化旅游拉动占40%,欧洲的一些国家则已超过50%,甚至更高。我国文化旅游产业的发展也处于快速增长区间,2018年,我国国内旅游达到55.39亿人次,同比增长10.8%,出入境旅游的总人数也达到2.91亿人次,同比增幅达到7.8%,全年旅游收入实现5.97万亿元,占GDP总量的11.04%,直接带动就业人数为2826万人,间接实现就业人数达5165万人,约占全国就业总人口的10.29%。文化和旅游产业已经在我国国民经济中占有十分重要的地位。因此持续加大国内文化和旅游产业的扶持力度是进一步深化和优化我国产业结构的重要举措,是发展经济、增加就业的有效手段,也是提高人民群众整体生活水平的重要措施。当前,党中央和国务院做出了推动文化和旅游融合发展的重大决策部署,一方面是实现文化和旅游产业转型升级、提质增效的重要途径;另一方面也是优化我国整体产业结构布局,促进经济业态良性发展,带动就业增收的重要保障。

(二)人民群众对基于文化的旅游品质要求持续提升

当前社会的主要矛盾已发生了深刻变化,转化为人民日益增长的美好生活需要和不平衡不充分的发展之间的矛盾。人民群众在物质生活方面已经获得了较大满足,但在精神文化生活方面的需求尚未获得充分满足。文化和旅游需求正逐渐成为人民群众新的需求增长点,且增速较快。根据2018年数据,我国国内旅游收入为5.13万亿元,增幅超过12%,远高于GDP增幅,并且我国已连续多年成为全球最大的出境客源国。同时,人们在具体的旅游方式的选择上也正在发生深刻变化,不再单纯以"拍照打卡"的方式参观旅游景点的外在景观,而是开始更为深入地去体验不同文化的内在魅力,注重文化因素的挖掘和感受,在旅游参观中学习和了解各种文化知识,感受民风民俗,最大限度地体会旅游中的人文之美。中国青年报社会调查中心2019年初进行的一项调查显示,在2003名受访者之中,有87.7%的旅游人群体验过文化旅游,在参与的各类文化旅游项目中,有65.8%的受访者参与过旅游所在地传统文化故事相关的文化旅游项目,有58.2%的受访者参与过当地民风民俗有关的文化旅游项目,有44.7%的受访者参与过文学影视艺术作品有关的文化旅游项目,在受访者中对"能深入参与或体验的文化旅游产品"感兴趣程度最高,占比达60.5%。这些调查数据充分展现了人民群众对文化旅游的品质要求正在不断提升,单一的旅游观景已不能满足人民群众的需求,与文化紧密联系的旅游产品正得到人们的热捧,文化正成为旅游服务产品中越来越重要和独特的元素,成为人们旅游服务消费的重点。

(三)文旅融合是实现"诗和远方"完美交融的有效途径

从古至今,文化和旅游一直保持着密不可分的关系,古人也常常用"读万卷书"和"行万里路"来表达文化和旅游的对应关系和内在联系。2017年,联合国世界旅游组织对"文化旅游"的概念进行了重新界定,提出了文化旅游的基本动机是学习、发现、体验和消费旅游目的地的物质和非物质文化景点,这些景点包括艺术和建筑、文学音乐、文化创意、生活方式、价值信仰等当地特有的要素。当前,国内文化和旅游主管部门对所在地文化和旅游资源均进行了系统梳理,但由于我国文化和旅游属于两个独立的行政部门,文化系统专注于文化服务,旅游系统擅长于市场推介,两方资源无法进行深入交融。国家将文化和旅游两个部门进行整合,组建文化和旅游部,在组织机构、人员配备、业务职能等多方面进行了系统整合,为文化和旅游的交融提供了强大的基础保障。同时,相关部门前期已对各自的文化和旅游资源进行挖掘和梳理,形成相对完善的资源产品库,但在文旅融合新背景下的资源梳理则仍可进一步深挖和整合。原旅游服务资源由于缺乏对应的文化服务专业力量,旅游服务的深度有待深化,同样,原文化服务资源由于缺乏相应的专业推广能力,文化服务的广度有待拓展。文化和旅游的结合是"诗和远方"完美交融的过程,文化可以更好地走向"远方",旅游可以更有"诗意",文旅融合也将进一步拓展文化和旅游各自的内涵和外延。文化中加入旅游,使文化增添了翅膀,让文化走得更远;旅游中加入文化,使旅游沉淀了品质,让旅游更富深度。2018年联合国世界旅游组织发布的《旅游与文化协同作用》的报告中指出,文化和旅游是相互依存的共生关系,旅游和文化相互交融、互为一体的过程,不但赋予了空间移动的旅游以文化内涵,而且也使得各类自然风光、人文古迹、历史名胜、文化场馆、艺术中心等物质性文化场所和文化遗产、民风习俗、文化节庆等非物质性文化元素通过旅游活动得以展演传承,并发扬光大。文化和旅游融合是一个相互渗入、互为支撑、协同并进和深入融合的过程,是推进文化和旅游高品质发展的必然要求。同时,文旅融合还将产生十分强大的经济效益,为文化旅游资源所在地带来更多的发展机遇。

(四)文旅融合是实现社会主义文化大繁荣的战略需求

2009年,原文化部和原国家旅游局联合印发了《关于促进文化与旅游结合发展的指导意见》,提出文化和旅游的结合要从构建社会主义和谐社会的高度出发,并明确了"树形象、提品质、增效益"的目标,积极落实措施,加强文化与旅游结合,最终推动社会主义文化大发展大繁荣。

文化和旅游的融合发展不是简单的两项政府工作的整合,它是关系和影响到我国社会主义文化发展和文化繁荣的重大战略任务,对国家的整体建设具有十分重要的影响。

文化是内核,旅游是载体,文化和旅游的深度融合是实现社会主义文化大发展的重要途径。文化与旅游融合,一方面文化元素融入旅游,有利于提升旅游产业的品位,促进旅游产业发展方式的转变,实现旅游产业由量到质的转变,从而推动旅游经济的全面发展;另一方面,旅游产业向文化服务的空间拓展,为文化消费创造巨大的市场空间,为文化保护与传承提供有力支撑,为弘扬我国优秀的传统文化提供了巨大机遇。文旅融合对于中华民族优秀传统文化的弘扬具有十分重要的推动作用。传统文化与旅游产业的融合发展,为中华民族优秀传统文化的发扬光大提供了新的动力,有助于扩大传统文化的传播渠道。同时,各类以中华优秀传统文化为核心的旅游产品、文艺演出和文创产品等正逐渐趋于产业化发展,使中华优秀传统文化深入渗透到文化旅游各类产品及服务之中,使人民群众在消费各类文旅产品及服务时能深刻体验中华优秀传统文化之美,让人们"润物细无声"地感受到优秀传统文化的魅力。近年来,红色旅游越来越受到人民群众的喜欢和追捧,同时,很多革命纪念旅游基地大力红色旅游文化,如井冈山、延安、遵义等,通过大型实景演出、红歌、诗歌朗诵或革命后代及志愿者讲述革命历史的方式,让人们更全面和深入地了解革命精神,传承红色基因。社会主义先进文化和旅游的融合发展,对全面弘扬社会主义优越性,持续深入推进社会主义建设具有非常重要的展示作用。通过文旅融合不断加大社会主义精神文明建设相关成就的挖掘与展示,通过诸如参与各类社会主义先进文化的创意创新活动,参观社会主义建设标志性成果等,让人民群众深入学习和了解社会主义先进文化,进而增强文化自信、制度自信,引导人们树立崇高的理想信念,最终推进社会主义先进文化的弘扬与发展。

二、文旅融合的内涵

(一)文化的内涵

何为文化?学界从不同视角对文化进行了解读,经典文化理论学者认为文化的实质是"人化",凡是人类有意识开展的与自然界和社会相关的一切活动及结果都属于文化,既包含物质文化也包含精神文化,涉及物质、制度、精神三个方面,形成物质、制度、风俗习惯、思想与价值四个层次。基于哲学视角的学者则认为文化有广义和狭义之分,狭义的文化是侧重于以社会意识形态为主要内容的观念体系,涉及政治思想、道德素养、艺术宗教和哲学理念等思想意识领域;广义的文化是指人们在改造客观世界过程中所展现的人的本质,是人类创造的"人工世界"及其人化形式的那一面。文化是人们在改造客观世界过程中形成的多层次、多类型的成果,表现为物质性的和非物质性的两个方面。同时,文化还表现出几个明显的特质。首先,文化是与人及人的活动息息相关的,所有文化都是人们在改造世界过程中形成的,并且又会反过来影响人们的思想和行为。其次,文化根据内容形式分层分类。根据文化的内在核心差异,文化可以分为不同的层次,如物质层、制度层、行为层和价值理念层,随着层次的逐级变化,相应的文化影响方式和表现形式也会发生变化。最后,文化还表现出影响的持久性和深远性。文化一旦通过各种形式表现出来,并固化后,其影响时间往往是长远的,其影响力往往是深远的。就如同中国的许多优秀传统文化对国人已持续影响了上千年,仍然充满活力,仍广为人们所尊崇,也仍将继续影响和激励后来的人们。

  文化一词,原意是指"对人的能力的培养及训练,使其超越单纯的自然状态之上"。到十七八世纪,这一概念内涵得到了极大的扩展,指一切经人为力量加诸自然物之上的成果,文化是一切文化产品之总和。17世纪末法国学者安托万·菲雷蒂埃所编《通用词典》(1690)对"Culture"(文化)一词的释义是:"人类为使土地肥沃、种植树木和栽培植物所采取的耕耘和改良措施。"这说明西方固有的文化概念属于经济范畴,其内涵是人类改造自然的一种劳动方式,一种旨在从自然界中谋得物质生活资料的农耕活动和耕作技术。1871年英国文化学家泰勒在《原始文化》一书中最早提出狭义文化的早期经典学说,即"文化是包括知识、信仰、艺术、道德、法律、习俗和任何人作为一名社会成员而获得的能力和习惯在内的复杂整体"。随后对文化的定义数量高达几百种,美国人类学家克鲁伯和克鲁克洪曾在《文化的概念》一书中做过相关统计,仅在1871年至1951年的80年间,各类型文化的定义就多达164种,他们给出了迄今为止欧美较为公认的文化的定义,认为"文化包括各种外显或内隐的行为模式：它通过符号的运用使人们习得及传授，并构成人类群体的显著成就，包括体现于人工制品中的成就；文化的基本核心包括由历史衍生及选择而成的传统观念，特别是价值观念；文化体现虽可被认为是人类活动的产物，但也可被视为限制人类作进一步活动的因素"。而根据法国人类学家摩尔的统计，文化的定义更是超过250种，单从不同的学科分类来看便有10多种，包括哲学、艺术、教育、心理学、历史、人类学、社会学、生态学、生物学、公共管理学和经济学等等。

在我国，自古以来便对文化有了较为深刻的理解。在古代汉语中，"文"的本义，指各色交错的纹理，《说文解字》称："文，错画也，象交文。"便指此义。"化"，本义为改易、生成、造化，指事物形态或性质的改变。如《庄子·逍遥游》"化而为鸟，其名曰鹏"，《易·系辞下》"男女构精，万物化生"，《礼记·中庸》"可以赞天地之化育"，等等。归纳起来，"化"同时又引申为教行迁善之义。"文"和"化"合成"文化"联合使用，乃是"人文化成"一语的缩写，此语出于战国末年的《易经·贲卦象辞》："刚柔交错，天文也；文明以止，人文也。观乎天文，以察时变，观乎人文，以化成天下。"这里的"天文"是指自然现象，也就是由阴阳、刚柔、正负、雌雄等两端力量交互作用而形成的错综复杂的自然界，也即天道自然规律；"人文"是指社会生活中人与人之间纵横交织的关系，如君臣、父子、夫妇、兄弟、朋友之间的人伦社会规律。作为治国者应该通过"观天象"来了解时序的变化，通过观察人类社会的各种现象，用教育感化的手段来治理天下，使天下之人均能遵从文明礼仪，"行为可止、其所当止"。西汉刘向《说苑·指武》中指出："圣人之治天下也，先文德而后武力。凡武之兴，为不服也；文化不改，然后加诛。"晋束晳《补亡诗》中也讲道："文化内辑，武功外悠。"从上述的定义中可看出，在中国古代，固有的文化概念属于政治范畴，其内涵是国家治理的一种方式，一种非暴力的治理方式，是"以文教化"的思想体现，这种方式不是动用国家暴力机器来实施对国民行为的控制，而是运用国家宣传机器来开展对国民的精神训导和思想教育，由此来实现统治者对国民的思想统治。

中国学者梁漱溟曾这样定义文化，"文化是为人生活所依靠之一切，俗常以文字、文学、思想、学术、教育、出版等为文化，乃是狭义的。我今说文化就是吾人生活所依靠之一切，意在指示人们，文化是极其实在的东西。文化之本义应在经济、政治,乃至一切无所不包"。

纵观上述中西方对文化的定义来看,西方观念中,对文化的理解更加偏重于人文的静态客观存在,不重视文化活动的创造意义;而中方的文化观念中更加注重道德化、精神化的提炼。然而,对社会公众来讲,不同的历史时期或不同的社会群体,仅仅会把文化简单地理解为"认字是学文化","有知识的是文化人","素质高的人是有文化",等等。

我国国内普遍采纳的是庞朴的三层次论,即文化由"物质的—制度的—心理的(精神的)"三个不同层次的结构构成,其中,"文化的物质层面是最表层的,而审美情趣、价值观念、道德规范、宗教信仰、思维方式等属于最深层,介乎二者之间的,是制度和理论体系"。另有一种分法是:第一层级为物质文化,涉及文化的物理要素和物质层面,主要包括生产工具、生活用具以及其他各种物质产品;第二层级是行为文化,涉及文化的行为要素和行为方式,主要包括行为规范、风俗习惯、生活制度等;第三层级是精神文化或观念文化,涉及文化的心理要素和精神层面,主要包括思维方式、思想观点、价值取向、审美情趣、道德操守等。

文化的概念体系中,文化产业成为重要的组成部分。文化产业是一种特殊的文化形态和经济形态,更确切地说,属于文化经济学的范畴。作为一个经济概念,产业的产生和发展是一个历史的过程,它随着社会分工的深化和生产力的发展而逐步形成和演变,是一个具有部门、行业、业种等多种层次的经济系统。1947年,西方马克思主义法兰克福学派的著名学者阿多诺和霍克海默在《启蒙辩证法》一书中率先使用了"文化产业"的概念,他们特别强调:"文化产业必须和大众文化严格区分开来,文化产业把旧的熟悉的东西熔铸成一种新的特质。在其各个分支中,那些适合大众消费的产品,那些在很大程度上决定着消费特性的产品,或多或少的是按计划生产的。某些分支具有相同的结构,或者至少说是彼此互通的,它们被置于一个几乎没有差别的系统之中,正是通过技术手段以及经济和管理的集中化,这一切才有可能实现。"

我国首次使用"文化产业"一词是在2000年《中共中央关于制定国民经济和社会发展第十个五年计划的建议》中,2002年11月,党的十六大提出了文化产业是市场经济条件下繁荣社会主义文化、满足人民群众精神文化的重要途径。2003年9月,文化部制定下发的《关于支持和促进文化产业发展的若干意见》,将文化产业定义为"从事文化产品生产和提供文化服务的经营性行业",是与文化事业相对应的。文化产业包括两个方面含义:一是文化的产业化,二是产业的文化化。在现有的定义体系中,经常会将经营性的文化产业和公益性的文化事业区分开来。我国提出的建设大文化范畴的文化体系,其实已经涵盖了上述两个方面的内容。

(二)旅游的内涵

何为旅游?旅游是不同国家、不同文化交流互鉴的重要渠道,旅游不同于文化,但又和文化息息相关,旅游是人类社会发展到一定阶段后的产物,是人类需求得到进一步提升后才出现的高层次的人类活动。根据世界旅游组织对旅游的描述,是人们出于休闲或其他相关目的,而到其非惯常环境下生活和游玩的行为,感受当地自然环境和人文风俗等,一般停留时间不超过1年。而《中国旅游文化大辞典》也认为旅游是人类社会经济和文化发展到一定阶段的产物,是旅游者开展的一项以领略自然神韵、汲取文化精髓为主要目的的高雅文化实践活动。这种旅游常表现为以文化为主要特征的综合性社会活动,具体从人们的"行、游、住、食、购、娱"等六大要素上获得具体的旅游体验,感受旅游所在地的自然物质环境和社会文化风俗双重内容,是集物质文明和精神文明为一体的活动过程。

旅游是一种社会现象,是随着人类社会经济发展而演进的。世界著名旅游未来学家约曼曾经提出,"旅游是世界上重大经济成功的故事之一,这个故事就像时光一样,既没有开头,也没有结尾。这是一种被创造出来的现象,因为它的复杂性,它难以限定。一言以蔽之,时光开始的时候,旅游也开始了"。它是"人们离开惯常生活的环境,外出旅行和短期逗留并返回原住地的所有现象的总和",或者说是"非定居者的旅行和暂时居住而引起的所有现象及关系的总和"。

旅游表现出几个重要属性。首先,旅游是高层次的人类需求活动。旅游不是最基础的生存需求类活动,而是更高层次的人类需求,是人类求新、求异、求美的综合表现。其次,旅游和文化紧密联系,相辅相成。旅游最重要的目的就是感受不同的文化,这个文化既可以是有形的自然文化,也可以是无形的精神文化,还可以是外化的行为文化等,这些文化都是旅游的重要组成元素。同时,丰富的文化也将推动旅游内容的扩展,提升旅游的内涵和品质。最后,旅游还是一种重要的经济业态。旅游一直是一项重要的经济来源,不同区域,尤其是旅游资源丰富的地区已将旅游作为一项重要的产业带动地方经济发展,因此也使得旅游具有鲜明的市场属性和经济特性,广受地方政府重视。

(三)文化旅游融合的内涵

文化和旅游既是相生相长的一对儿亲密伙伴,如何才能更好地结合,彼此促进,切实推进文化和旅游的有效融合是当前理论学术界和政府部门亟待解决的问题。时任文化和旅游部党组书记、部长雒树刚在出席"2018旅游集团发展论坛"时发表主旨讲话,明确提出了"宜融则融,能融尽融,以文促旅,以旅彰文"的基本工作思路。随着人们对文化和旅游内涵的深入认知,也使得文化和旅游的发展越来越多地联系在一起,要想做好旅游,没有文化就没有灵魂,同样要想做好文化,没有旅游就没有翅膀。

文旅融合,并不是简单地把"文和旅"拼凑在一起,而是要真正理解融合的内涵。事实上,当前各界对"文旅融合"的含义理解是较为模糊的,到底"文旅融合"讲的是"文化和旅游",还是"文化产业和旅游产业",抑或指的是"文化旅游""文化旅游产业"也未可知,又或者说是"文化和旅游的产业融合",这些内容全凭各自的理解。

1977年,美国学者罗伯特·麦金托什和夏希肯特·格波特在《旅游学:要素·实践·基本理论》一书中首次提出"旅游文化"的概念,引起学界关于文化旅游的思考和讨论。而在1966年,联合国教科文组织的《信使》杂志在第12期为联合国第一个以旅游为主题的"世界国际旅游年"活动发了专刊,其头条文章的标题是《文化旅游:尚未开发的经济发展宝藏》,首次提出了文化旅游发展的经济意义,当时所强调的是如何通过发展文化旅游业来保护文化遗产和促进当地社区获得经济收入,引发了各国学者对文化旅游的关注。33年后,联合国教科文组织的期刊《信使》在1999年7—8月合刊中设定了《焦点》专栏,其标题是《旅游与文化:融合的反思》,讨论在文化旅游发展过程中出现的新问题、案例和解决方案,规范文化旅游的发展。同年10月,世界旅游组织发布了《全球旅游伦理规范》,谈到了如何在旅游的发展和融合过程中保护文化。

从前文的论述中可知,旅游活动是一种社会现象,是特殊群体(旅游者)的社会活动及其影响的总和;而文化亦是人类在社会发展过程中创造出来的所有财富的总和,特别重要的是精神财富。这两种现象同时具有模糊的外延,其内涵又似乎无所不包,很难从自身进行统一的界定。2017年,联合国世界旅游组织对文化旅游进行了重新界定,认为文化旅游的基本动机是学习、发现、体验和消费旅游目的地的物质和非物质文化景点。文化旅游景点涉及社会独特的物质、文学、精神和情感特征,包括艺术和建筑、历史和文化遗产、烹饪遗产、文学、音乐、创意产业、生活方式、价值体系、信仰等。这一定义也并未真正阐明文化旅游融合到底是什么,但是却向人们展示了文化和旅游之间存在着紧密的联系:旅游的过程就是文化传播与推广的过程,文化事业的发展能够激发旅游产品的开发创新。

我国学者关于文化和旅游关系的认识相对较晚,尚未形成定论,目前比较集中的观点有:一是"灵魂载体说",即认为"文化是旅游的灵魂,旅游是文化的重要载体";二是"诗和远方说",如张玉玲的《文旅融合:奔向诗和远方》;三是"资源市场说",如"从经济和产业角度讲,文化是旅游最好的资源,旅游是文化最大的市场";等等。另外也有学者提出"文旅融合"是一种以传统旅游业为基础的新型"旅游+"产业模式,推动"文旅融合"发展是满足人民群众消费需求、促进旅游产业与文化产业转型发展的必然选择。

(四)文旅融合的维度

在文化和旅游融合的维度上,理念融合、职能融合、产业融合、市场融合、服务融合以及交流推广融合,是业界广为认同的六大融合维度,以此推动文旅资源共享,优势互补,协同并进。学术界也有观点认为,文化和旅游之间存在三个层面的关系,一是文旅产业的"全面融合、一体发展";二是公共服务的"边界清晰、相互带动";三是在艺术、科技、法规、政策、管理等方面要"明确主线、强化支撑"。

同时,文化与旅游融合也需面对多种挑战和障碍,具体如利益相关者的目标差异、各级政府之间的协调困难、确保旅游收入流入文化产业、利益相关者之间的文化差异、新技术在文化旅游中的应用、促进文化和旅游利益相关者的接触、建立强大的文化旅游品牌等。

文旅融合，到底融什么？怎么融？这是当前文旅研究领域面临的重大课题。根据国外相关经验，文化和旅游的融合，大多聚焦在文化产业和旅游产业的融合，其基础包括非物质文化遗产、物质文化遗产与当代文化，而主要的融合模式有开发型融合、体验型融合、活化型融合、保护型融合、创意型融合、重组型融合、延伸型融合等。表1-1中所展示的是国外典型国家对于文旅产业融合的具体经验做法。表中内容显示出，文旅融合更多的是利用旅游资源，挖掘其所具备的文化内涵，从而更好地发展其文化旅游业，由此促进文化和旅游的融合共生。

表1-1 国外典型国家文旅产业融合经验做法

国家	文旅融合类型	经验做法
法国	家庭农场、教育农场、自然保护区、家庭农园等	出版专门的宣传和指导手册，促销乡村旅游；推出农庄旅游计划，使大批农家建立家庭旅馆；鼓励农民参与开发，加强培训引导
日本	观光农园、市民农园、农业公园、乡村休养、交流体验等	农产品直接销售，提高乡村旅游对当地的带动效应；经营者成立行业协会，提高行业自律、卫生条件、管理和服务水平；注重活动的参与性，实现科普教育、亲近自然、修身养性的目的
西班牙	度假租住屋、山乡游乐、农园观光与体验	注重主客交流和生活方式的体验，游客可与农场主人共同生活；经营形式多样，农场范围内，游客可以把整个农场租下，自行料理生活的事务；重视文化的复兴和传统习俗的渗透，保持乡村旅游的独特魅力
意大利	农场度假、农场观光、乡村户外运动、乡村美食	根据资源特色，推出专题旅游线路；成立旅游协会和行业互助组织；农业部门对乡村旅游进行资助；政府的干预机制与市场经济相整合
美国	观光农场、农场度假和家庭旅馆	鼓励农牧业生产者加盟行业协会或组织；政府在资金和政策上予以支持，提供优惠贷款或补贴等；制定严格管理法规；发挥非营利组织作用

目前，国内学者对于文化产业和旅游产业融合的方式主要概况为两种：

第一种是文化+旅游=文化旅游（文化旅游业），也称为"1+1=1"的融合模式。基于文化产业和旅游业的特殊关系，两业融合可形成一个新的旅游业态。这种融合其实由来已久，而且随着时代的发展，经历了多次变化与提升，不断赋予新的理念和内容，形成了多种不同业态和发展模式。世界旅游发展的实践证明,这种融合是非常成功的,并得到了联合国世界旅游组织(UNWTO)和联合国教科文组织(UNESCO)的认可。文化旅游是一种基于寻求或分享新鲜而深刻文化体验的特殊兴趣旅游,不管这种体验是美学的、知识的、情感的,还是心理上的。文化旅游是以文化作为吸引物的特定旅游形式,其活动与某种文化形态相关联,是文化和旅游融合最为成功的发展模式。

第二种是文化/旅游+其他行业的合作,也就是"1+1=2"的跨界合作。基于文化产业和旅游业均为独立的产业,却又有着突出的包容性,文化产业和旅游业均可以分别与其他产业进行跨界合作,增强产业自身和共同的发展空间及竞争力。也就是说,文化和旅游的融合是这两个产业实行融合的一个部分,是最应当实现融合的一种方式,但绝非是唯一的方式,无论是文化还是旅游,仍存在许多与其他产业融合的方式。没有必要用"文旅业"涵盖所有与其他产业融合的方式,文化旅游业不是旅游业的全部,自然旅游也是非常重要的旅游方式,同样也会发挥其经济功能和其他功能。

如前文所述,我国当前所提出的文旅融合,不仅仅限于文旅产业的融合。旅游和文化在社会发展过程中都不再是新现象,都有着巨大的发展潜力和广阔的市场,但又都不是纯粹的产业,有着明显的社会功能,具有"事业"属性。在19世纪中期,英国人托马斯·库克创办了世界上第一家旅行社,其是近代旅游业的开端,但迄今为止学术界对旅游业是否是真正的"业"仍存在着质疑的声音,一些国家似乎更愿意把旅游业称作business(商业),而不是industry(产业)。同时,旅游和文化的产品也都具有一定的公共产品性质,二者更多的是满足人的精神需求,不是必要消费品。文化元素是旅游业和文化产业的共同基础资源,但旅游资源范围更加宽泛,除文化元素之外,还包括自然现象,更具有无限性和不确定性。文化产业发展过程主要是人的创造与加工,人的智力、才能、创造力起着非常重要的作用,一般对原有资源不造成直接消耗,文化产业的发展需要大量的人力资本和金融资本投入。此外,旅游和文化产业的政治性较为突出,二者与价值观、道德规范以及国家安全等方面均有关联,其发展会对国家形象和"软实力"产生影响,因此会受到国内外多方面政治因素的制约。

旅游和文化作为产业,其发展过程中还要与其他各个行业之间相互作用,进而能充分发挥文化在旅游发展中的作用和旅游业在整个社会经济发展中的作用,不应把文化旅游业局限在文化旅游产品或景区建设的简单范畴。正因为文化和旅游有着上述的特性,在文旅融合的维度上,其所涉及的范围才更为宽泛。基于当前我国文化和旅游行政职能机构融合的基础上,以文旅产业、文旅市场、文旅服务、文旅交流等为主要融合维度,"以文促旅,以旅彰文",从理念上打破文旅的边界,才是文旅融合未来发展的正确方向。

三、文旅融合的政策基础

有关文旅融合方面的文件主要包括以下几个:一是《文化部关于促进文旅融合指导意见》;二是《关于进一步优化创意思维和产业发展相互结合的发展建议》;三是《"十三五"文旅融合实践条例》;四是《文旅部强化文旅汇演的发展建议》。这些文件都为文旅发展提供了宝贵的支持,可以说是未来文旅发展的灯塔,指引着我们的前进方向。

笔者以上述政策为起点,围绕它们从各个视角、多元层面进行深入研究,对文旅融合相关研究做出了有益的探索。

(一)系统地阐述文化和旅游关系

旅游"热点"培育是尤为重要的,它需要与文化相互结合起来才能真正实现价值的增长。《文化部关于促进文旅融合指导意见》特别强调了促进二者相互融合的基本理念:"建立在文化基础上的旅游才更具内在的价值魅力。"建设知名度较高的文旅品牌,提升文化旅游产品的创新力度,以农村旅游为基点进行文化产业的发展融合,大力宣传红色旅游都是文旅融合的典范。所有与品牌建设、个性化发展、消费拉动经济的创新性行为都应该坚决贯彻这一基本理念。需要注意的是,这里的"文化"内涵是较为宽泛的,具有创意的产品、多样化的"文化建设与服务"等都是文化资源的重要内核。

《"十三五"文旅融合实践条例》中明确强调了要将文化发展与旅游业的建设结合起来,充分挖掘博物馆、非物质遗产等在创意旅游、体验旅游以及乡村旅游等方面的文化创意产品的价值。引导文化旅游与数字文化发展紧密联系起来;进一步扩大文旅演出的实践范围,让更多的品

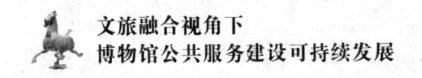

牌发挥其带动效应;让"多彩民族"绽放其多元化特色,让具有当地特色的多样化村落绽放各自的文化魅力。

(二)指导培育文化旅游消费新热点

1.以平台为依托,带动旅游业深化发展

可以举办一些展览会,利用大型活动进行消费热点的培育。

2.打动旅游消费业进一步发挥力量

要对知识产权有一种明确的保护意识,真正体现出地方特色旅游品牌的影响力。要加大对老字号品牌的宣传,将当地具有区域特征的商业模块建设起来,支持区域餐饮、主题餐厅的影响力进一步扩散。

3.强化消费市场的培育力度

要抓住当地具有特色的旅游区域,围绕消费者的需求进行市场的培育。让更多有条件的区域利用消费节、文化节、时装周、电影节等丰富文化生活,真正打造与国际接轨的,具有较高质量的文化展会。和周边地区建立紧密的联系,促进文化娱乐活动的丰富化,进而推动当地的经济发展。

(三)强化提升文化旅游产品品质

1.文旅演艺

让一些有条件的旅游地和艺术团建立紧密的合作关系,真正创造出具有发展特色的、艺术水平较高的剧目。

2.节庆旅游

利用当地的一些特色品牌,把品牌所具有的节庆特征充分挖掘出来,让群众自觉参与其中,充分发挥这类文旅活动的影响效应。

3.文化旅游

以古村落、文物古迹、各级展览馆、美术馆、书法馆、地方特色艺术厅为依托,开展各种各样的旅游文化建设,使当地的旅游文化影响力迅速扩大。

4.体验旅游

体验旅游近些年来的影响力逐年扩大,动漫、影视、娱乐游戏等都可以作为体验旅游开展的重要依托。

5.娱乐业

打造旅游与娱乐结合的多样化模式,让景区旅游与娱乐活动相互结合起来。同时,还要充分发挥新技术对娱乐旅游业的促进作用。发挥品牌的影响效力,打造各种各样的主题公园,真正建设有特色、有影响力、高质量的主题公园。

(四)突出建设新型文化旅游功能区

1.培育具有当地特色的、功能齐全的特色旅游区

要以地域文化为单元和基本组织,带动具有地方特色的功能区建设,让区域旅游更具特色,品牌建设能力获得进一步提升。

2.构筑精品旅游带

围绕环渤海、长江、珠江、黄河流域、青藏高原以及红色旅游区进行文旅区域的创建,突出特色文旅带的鲜明特征,打造结构布局合理、品质精湛的多元化精品旅游带。

(五)打造红色旅游文旅融合重要形式

1.以红色旅游为依托

与"十二五"规划中的相关要求相互吻合,促进红色旅游以更加多元的方式,更加立体的陈设进行精品创作,创作出更多的高品质作品。

2.研学旅行

要充分利用各种各样的研学活动进行红色精神的宣讲,促进研学旅行的质量提升。

3.红色旅游工程

以红色景区为依托,真正彰显出它的教育价值,让红色旅游成为脱贫攻坚的重要引领。

4.基础设施建设

将红色旅游的设施进行类别划分,关注基础设施建设实际,优化配套服务,进行红色资源的区域整合,将其与爱国主义教育、社会主义教育相互结合,发挥精神引领的作用。

(六)加强旅游工艺品(纪念品)创意设计

1.建设具有中国特色的商品品牌

要关注商品的创业,使其文化价值充分彰显出来。要发展系列化商

品品牌构建,让更多优质的红色资源能够与各大码头、车站、机场等商业区域等建立紧密的联合。支持上述区域商场范围的扩展,建立线上销售通道等。

2.丰富特色旅游商品

以创新为引领,带动当地旅游产品的形式创新、内容创新,开发出更多具有地方特色的多样态产品,让游客对其充满兴趣。加大对特色龙头企业、老字号品牌的投入建设力度,扩大宣传的范围。

四、文旅融合的发展路径

2019年初,时任文化和旅游部部长的雒树刚在全国文化和旅游厅局长会议上就文化和旅游融合提出了具体的要求,其融合路径是"理念融合、职能融合、产业融合、市场融合、服务融合、交流融合"。

(一)理念融合

理念是整个文旅融合工作的基础,真正实现文旅融合需要从理念入手,达成共识,实现最大程度的融合发展。在具体理念上,围绕"以文促旅""以旅彰文"与"和合共生"三大理念进行。"以文促旅"是要认识到文化资源是旅游的核心要素,在旅游产品中融入文化元素,使旅游产品内在更加丰富,内涵更加丰满,使人民群众享受到更为优质的旅游服务。"以旅彰文"则是要认知旅游是文化传承与交流的重要载体,通过提供旅游服务,使文化资源得到广泛的传播,扩展文化产品及服务的受众群体和覆盖面,进而带动文化事业和文化产业的发展,更好地传播中华优秀传统文化。"和合共生"是要理解好文化和旅游两者之间的关系,文化是旅游的灵魂,旅游是文化的载体,两者之间相互交融、相辅相成、互相促进,文化和旅游之间通过相互借力,实现共生发展。

(二)职能融合

由于文化和旅游原本属于不同的职能部门,部门之间职能明确清晰,但在文化部和国家旅游局合并后组建成新的文化和旅游部,内设部门的职能将重新整合。同时,要切实实现文化和旅游的深入融合,新部门组建后的职能融合将成为关键因素。根据文化和旅游部整体要求,实现职能融合要做好三项工作,即落实好"三定"规定、做好顶层规划设计和整合好工作抓手。在落实"三定"规定中,要充分结合文化和旅游融合发展的整体要求，处理好文化和旅游的业务边界，确保各职能部门职责明确，履职有力有效。顶层设计则要充分考虑好长远性及前瞻性问题，做好战略规划和目标，尤其要充分基于下一个五年规划的要求，深入调研，提前谋划，总结成功经验，做好总体发展规划和政策制定。整合好工作抓手则是通过对文化和旅游原有各类政策、法规、标准等的梳理、整合工作，推进和实现文旅兼容，并促进文旅平台资源、项目的融合，确保实现各类资源平台的最佳效益。

在国外，旅游与文化的紧密关系越来越为各国政府所认识。通过政府管理机构的调整，促进这两个产业和事业的共同发展和融合。我国政府在文化和旅游的职能融合上也充分借鉴和参考了国外的经验。各国政府在文化和旅游部门职能的融合变化趋势主要集中在亚太地区。尽管不少国家把文化和旅游组成了一个混合部，但机构内部的设置又各不相同，其中不少国家的旅游局仍然是独立开展工作的，仅把公共服务部门进行了整合。更多的模式是把新的文化和旅游整合在一起，同时在政府机构之外设立专门从事国际旅游市场营销的准政府机构或者是非政府机构，政府除了授予这些部门或机构一些特权外，还给予特定的财政支持或特殊政策。总而言之，这些新机构的设置都旨在加强文化与旅游的融合，为文化旅游创造更好的发展环境和条件，助力文化和旅游的共同发展。

（三）产业融合

文化和旅游产业的融合要充分整合两者产业优势，实现精准对接，形成新的增长点和发展方向。原先旅游产业的市场化程度较高，产业发展较快，并形成了较好的产业链和基础，而文化产业则相对起步稍晚，在具体的产业格局方面，也还处于不断探索和发展之中。文化和旅游的产业融合也为各自原先的产业发展模式提供了新的发展契机，旅游产业的内涵将更为丰富，文化产业的外延将更为多元。在文化和旅游产业的发展中，将进一步推动业态融合与产品融合。业态融合将深入运用好"+"模式，即通过"文化+""旅游+"和"互联网+"等方式，实现文化和旅游以及科技的融合发展。产品融合则是通过对文化资源和旅游资源的挖掘和梳理，运用文化创意的形式，将更多的文化元素融入旅游产品中去，彰显文化特色和内涵,打造集文化创意、休闲旅游、研学游一体化的综合性文化旅游产品,更大程度地满足群众多元化的文化旅游需求。最终,形成打造文化和旅游消费的长效机制,培育文化旅游新热点,规范行业发展。

(四)市场融合

文化和旅游市场经过多年的发展已形成了一套自有的运行模式,如何将文化市场和旅游市场进行有效融合,形成相互促进的整体,需要从市场主体和市场管理的角度进行整合。在市场主体方面,文化市场和旅游市场主体由于原先各自业务的差异性,在经营及服务的提供上相对独立,随着文化和旅游的融合,各服务主体也需要进行有效融合,融合的方式既可以通过企业间的合并,实现资源整合,业务扩张,也可以通过主体间的合作,构建文化旅游产业链发展模式,形成业务联盟或合作伙伴,打造更富有竞争力和活力的市场主体。同时,在市场监管方面,加大市场主体监管的融合,探索形成文化和旅游市场综合执法力量,加大文化和旅游市场的协调监管,在监管执法中促进文旅市场的有效融合,在市场的融合发展过程中再进一步改进和完善文化和旅游市场的执法监管。

(五)服务融合

公共文化服务和旅游服务原先作为相对独立的服务内容,在性质上存在着一定的差异,公共文化服务更多地强调了公益性、基本性、便利性和均等性,而旅游服务则更多地体现了不同人群的差异化服务。在文化和旅游融合后,两者的服务也将随之发生调整和融合,具体通过公共服务设施、公共服务机构和公共服务资源等方面的融合,实现文旅服务的深度融合;在公共文化服务设施和旅游服务相关设施的配置上形成有效协调与融合;在公共服务机构的建设上充分考虑文化与旅游的需要,通过增加文化内涵和地方特色旅游元素,凸显文化旅游融合发展的魅力;在公共服务资源的配置上,充分考虑文化场所和旅游景区的协同,构建主客共享的服务空间。

(六)交流融合

文化和旅游都是交流的重要形式,是地区与地区,甚至国家与国家增进友谊的重要途径。文化和旅游的融合也使得交流主体更加多元,交流渠道更加多样,交流内容更加丰富。在旅游交流中传播文化,在文化交流中做大旅游。文化和旅游的交流融合可以通过各类区域间交流的项目和活动,借助国内外文化和旅游交流机构,深入推动各项交流工作。同时,提升公共文化服务机构、旅游景区景点,以及旅行社、酒店、饭店等的交流沟通渠道和综合服务能力,积极传播本地特色文化和优秀文化,持续扩大本区域文旅资源的知名度和美誉度。[1]

第二节 文旅融合发展的新业态

近年来,文化和旅游部、各地文旅部门推出一系列文化与旅游融合发展的政策,文化与旅游融合实践步伐不断加快,形成了一些新的文化与旅游结合的业态发展新趋势。例如借助数字技术(如5G/AI/AR/VR等)驱动迅猛发展,以探奇体验旅游为表征的文旅融合新业态就是其中的显著领域之一。探奇体验旅游系旅游者追求一种探索奇特的新现象、新场景、新(剧本)故事的体验过程。按照目的地不同可分为两种:一种是以少有人涉足的自然生态景观为目的地,在大自然中寻求探险体验的乐趣;另一种是利用数字技术手段打造出奇特的虚拟仿真世界,在数字场景和剧本故事线索指引下开启的探险体验旅程。后者的代表有近两年新兴的密室逃脱、智力闯关游戏等探险体验类文旅新业态项目,除了让受众感受到虚拟世界的奇妙幻觉外,可以为探奇体验旅游注入更多的文化符号元素,使其在人工密室+剧本故事+数字技术场景构建的拟态环境中实现高质量发展。

面对以探险体验类文旅活动等为代表的新业态,以下分析文旅新业态的生成机制、发展逻辑与高质量发展路径,为文旅新业态高质量发展提供新思路、新方案。

---

[1] 祝坤. 公共图书馆发展及其文旅融合路径探究[M]. 长春:吉林人民出版社,2021

一、基本概念阐释

(一)业态与旅游业态

"业态"的说法起源于20世纪60年代的日本,它是对目标顾客群、产品和服务、售卖方式的具体经营形态的概括。其主要应用领域是零售业,特指零售业经营者面向特定的消费群体,根据他们的消费需求,以某些具体的经营方式售卖特定的商品和服务。随着人民物质生活水平的提高、旅游的市场消费需求不断扩大,"业态"的概念被引入到旅游行业中,形成了"旅游业态"的概念,即以旅游消费为导向,以旅游业发展状态和旅游企业经营、管理与服务,以及旅游市场为表征的旅游产业发展状况和市场发展前景。

(二)旅游新业态

随着科技水平的不断进步和消费需求的不断升级,旅游业形成了新的态势和创新性突破。旅游业不再局限于传统意义上的观光游览,而是根据时代发展、技术创新、文化进步和消费者需求特点,增添了文化、技术、传播、营销等方面的新元素、新态势、新模式。于是,相较于传统的旅游业态,旅游新业态的概念应运而生。旅游新业态指旅游行业中的经营主体(企业或组织),为了适应市场需求变化以及不断细分化的旅游目标客户群,对旅游业的经营模式、发展策略、产品与服务类型、产品形态进行更新,它是一种融合传统旅游产业和商业经营形态、提供特色旅游产品和服务模式、满足旅游者的多元化消费需求、实现可持续发展的业态模式。旅游新业态的"新"主要体现在新型旅游组织、新型旅游产品与服务、新型经营模式等方面。

(三)文旅新业态

近两年来,政府高度重视文化旅游业发展,相关政策密集出台,文化与旅游融合的速度加快,文化旅游业异军突起,产生了不少新的发展业态。其中,文化、科技、场景、营销成为新业态的核心构成要件。这种文化与科技融合、与数字技术和数字场景的耦合形成新的文化旅游产品与服务、新的旅游营销模式即文旅新业态。传统旅游业关注"吃、住、行、游、购、娱",而文化旅游业关注"商、养、学、闲、情、奇"。文化符号、文化科技、数字技术与"商、养、学、闲、情、奇"的融合成为了文旅新业态。文旅新业态打破文化产业和旅游产业的边界,按照效用最大化原则转化为可供开发的文化旅游资源,拓展文化旅游产业空间,不断推出特色化的文化旅游产品与服务等经营业态形式。

(四)高质量发展

有别于传统的高速度增长,就本质和内涵层面而言,高质量发展是一种新的发展阶段和发展理念,是以质量和效益为价值取向的发展形态。高质量发展即基于质量优先的全面发展,不断满足人民日益增长的美好生活需求,解决发展不平衡、不充分的问题。高质量发展是新时代经济社会发展的战略选择,也是文化旅游新业态发展的重要方向。面对"创新、协调、绿色、开放、共享"的新发展理念要求,文旅新业态的高质量发展需要深化供给侧结构性改革,以文化旅游的消费需求为导向,提供高质量的文旅产品与服务、高质量的文旅消费、高质量的文化价值和文旅市场环境,满足或引领文旅市场新的消费需求。

二、文旅新业态的生成机制

文旅新业态是在多种力量共同推动下生成和发展起来的,其生成机制主要有:政府政策支撑机制、技术创新驱动机制、消费需求驱动机制、行业竞争驱动机制和文化发展推动机制(如图1-1)。其中,政府政策支撑机制是制度和政策保障,政府通过政策顶层设计和具体扶持举措给予文旅新业态政策、投融资支持,缓解企业经营压力;技术创新驱动机制是技术驱动要素,不同于传统的文旅融合,文旅新业态因为有4G/5G网络、AR/VR/AI、虚拟仿真等技术加持,注重技术场景、剧本故事和深度体验性;消费需求驱动机制是发展动力机制,一方面,消费是文旅新项目、新产品、新服务生成的目的和驱动力,90和00后新消费群体的崛起和其个性化、情感化、追求新奇性的消费需求催生了文旅新业态蓬勃发展;另一方面,稳定的新消费需求意味着企业稳定的收益来源,能为文旅融合新业态的后续发展提供资金保障;行业竞争驱动机制是内在支撑机制,借由行业内良性竞争,为文旅新业态不断注入创新发展的内在力量;文化发展推动机制是文旅产业内容创新的源泉,文化对于文旅融合新业态具有长期的潜在作用,缺乏文化与技术的融合,缺乏特色文化内容和文化活动支撑,文旅新业态就成了无本之木、无源之水。

```
文化旅游新业态 ─┬─ 政府政策支撑机制 ── 政策保障
                ├─ 技术创新驱动机制 ── 技术基础
                ├─ 消费需求驱动机制 ── 发展动力
                ├─ 行业竞争驱动机制 ── 内在支撑
                └─ 文化发展推动机制 ── 内容创新
```

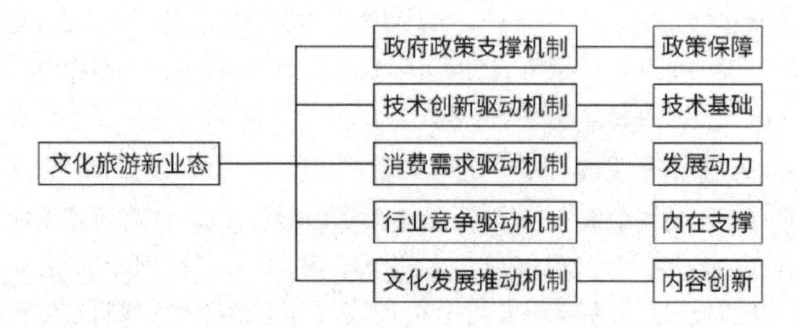

图1-1 文化旅游新业态生成机制的逻辑关系图

(一)政府宏观政策支撑机制

一个国家、民族或地区的经济社会发展离不开政府和市场两个主体。市场是一种"看不见的手",但有时会出现"失灵",靠市场的自身调节作用会产生一定的效率损耗。因此,除市场之外,政府在维护社会秩序稳定和谐和促进经济社会持续发展中起到重要的推动作用。政府的政策制定、市场监管、市场宏观调控、提供公共产品与服务等职能,能够有效培育和发展文旅产业,促进文旅新业态健康有序发展。当前,文旅新业态的政府政策支撑,可以分为宏观引导政策和经济金融扶持政策两种类型。

1.文旅新业态的宏观指导政策

关于文化旅游新业态发展的政策研究目前尚且处于探索过程中,政府已出台的相关政策举措,但大部分是文旅新业态整体发展的宏观引导,参见表1-2。

表1-2 国家层面对于文旅新业态的支持政策分析

支持政策	分类	对文旅新业态产品与服务的支持政策
关于进一步激发文化和旅游消费潜力的意见	宏观政策调控	该政策规划了文化旅游的宏观发展方向,提出以高质量的文化旅游产品与服务激发消费者更强烈的消费意愿
关于培育建设国际消费中心城市的指导意见	宏观政策调控	该政策注重时尚、创意等类型的文化产业新业态发展,借以推动建设国际消费中心城市
关于改善节假日旅游出行环境促进旅游消费的实施意见	宏观政策调控	该政策系"关于进一步激发文化和旅游消费潜力的意见"政策的延伸,细化了旅游节假日消费的具体举措

总体而言,相关的国家宏观层面的政策指导性意见对文旅产业新业

态持积极的扶持与推动态度,积极支持文旅新业态相关产业、产品与服务的发展,带动和升级消费需求。

2.文旅新业态的经济金融支持政策

当前,政府主体主要从财政政策、贷款政策、融资政策等多方面支持文旅新业态发展,分担文旅企业的经济负担和市场风险,助力文旅企业的新业态项目培育。

政府对于文旅企业的经济、金融政策支持,有助于激发文旅企业投资扩建、转型升级,促进文旅新业态创新发展。

(二)技术创新驱动机制

文旅新业态作为近两年新兴的产业形态,其生成和发展离不开新兴技术域的支持,或者说新兴技术域的发展驱动了文化与旅游融合,进而形成新的业态。

1.新技术的推动作用

文旅新业态依托的技术主要为:数字技术、互联网技术,以及部分AR、VR、AI等虚拟仿真和人工智能技术。数字技术早在1940年代就开始出现,互联网技术则在20世纪中叶已发展起来,那么,为什么文旅新业态直到近两年来才得以出现?这需要透过现象探索本质:真正驱动文旅新业态生成的技术因素,并非单个技术所能支撑,也不是几种技术的简单叠加,而是一种技术域的力量,是几种技术有机融合、相辅相成的结果。

(1)技术域的概念阐释

技术域是"关于设备、方法、实践的族群,它们的形成和发展具有与个体技术不同的特征"。因此,虽然数字技术、互联网技术很早就开始出现,但特定的技术域并不是从一开始就形成的,只有经过长期的技术碰撞与融合,相关技术的不断积累和更新完善,并且有相当深厚的实践运用基础,相关的技术域才逐渐显露出来。当适合于文旅新业态的技术域发展成熟后,文旅新业态才有了坚固的技术支撑,才能够发展壮大。

(2)技术域的生成机制和生命周期

技术域有两种生成模式:一是"围绕着核心技术联合而成",如互联网技术,当该技术作为一种核心技术形成后,很多相关支撑技术开始围绕着互联网技术发展起来;二是从技术现象簇中生成,即各个学科通过对某些技术现象聚焦式研究,分析出其中的原理并加以实验和实践应用,建立起新的技术域,如集成电路和芯片技术。但由于社会对新生事物(即新生的技术域雏形)往往持较为保守的态度,并且新生的技术域雏形尚不够完善,只是一些粗浅的技术堆积,甚至难以被称为"域",因此,这种新技术域雏形往往会和现有的较为成熟的"域"相联系,形成一部分技术组合。而新技术域的生成需要漫长的培育和发展过程,才能成长为较为成熟的技术域。

技术域成熟后,有自身的生命周期或发展阶段,主要分为四个阶段:第一阶段是产生阶段,它通过和母域的结合,逐渐发展固化;第二阶段是成长阶段,在前一阶段的基础上进行修正或更新,并且逐渐运用于实践领域;第三阶段是成熟阶段,也是市场推广和应用阶段,对企业产品改造和服务升级产生变革性影响;第四阶段是衰亡阶段,这一阶段,技术域难以有新的突破,有些技术域会存留下来,有些则会被新的技术域所取代。总之,技术域的生成与发展需要漫长的过程,并且不断会有新的技术域出现,以推动经济社会向前发展。

(3)技术域对于文旅新业态的驱动作用

随着信息通信技术、数字技术、虚拟仿真技术的发展成熟和类型细分,适合于文旅新业态发展的技术域逐渐形成。这种技术域在消费升级驱动因素、行业竞争加剧因素、政策扶持因素的组合作用下,有力促进文旅新业态的生成和发展。

2.产业经济和技术的融合

(1)技术域对于产业经济实践的影响

根据技术域的生命周期可知,由于新的技术域不仅有自身的创新,也融合了母域的部分特点,新的技术域往往更加先进和成熟,取代原有技术域的地位,并被更多地运用到产业经济活动实践中。但从更深层次来看,新技术域与产业经济实践之间相互融合、相辅相成。新技术域与某种产业实践相互融合,产生新的技术和业态组合形式,当这些新的组合形式发展壮大后,新的次级产业甚至新的产业形态就生成了。

(2)技术域对于文旅新业态的驱动作用

近年来,随着信息通信技术、数字技术、人工智能技术、AR/VR等虚拟场景技术的推广应用,新的技术域正在形成,而它与文旅产业相融合,便产生一系列新的数字场景、沉浸式体验类文旅产品和服务,扩展了原有的文旅产业发展形态,增添了更多技术场景性、内容性和互动性元素,生成了文旅新业态。

(三)消费需求驱动机制

随着经济社会的发展,文旅市场产品和服务供给越来越丰富,人们的消费需求越来越多样化、个性化、体验化,催生新的文旅产品与服务蓬勃发展。

1.新消费者的主要特征

在当今消费社会时代,"新消费者"具有以下特征:一是受教育程度较高,家庭经济状况较好,能够自由选购所消费的物质产品或服务;二是在当今商品供给盈余时代,商品可选择性强,新消费者讲究商品的外在形态、审美风格、感觉体验,更看重产品的身份、符号、审美、品牌价值而非实用价值;三是消费心理更加复杂,他们更愿意追求个性化、差异化的消费。新消费者的消费行为特征主要表现在:一是消费者的理性判断水平较高,新消费者的知识素养为他们提供了理性消费的基础;二是消费者在消费过程中更加注重参与、体验和互动感,他们不再单纯地消费物质产品及其使用价值,或者服务及其感官体验,他们消费的是一个集自由选择、参与、体验和互动交流的过程,注重消费的物质、精神享受和愉悦体验。

2.新消费需求驱动文旅新业态发展

新消费者的消费心理需求和消费行为与传统消费者有很大的差异,他们具有更强的理性选择与判断能力,看重产品或服务的效用性,追求个性化、差异化和参与度、体验感。在这种消费态势下,传统文旅产品和服务需要顺应新消费者的需求,进行转型升级。美国学者约瑟夫·派恩提出了两个消费体验公式:"顾客满意度=顾客期望值-顾客感受值;顾客损失=顾客的期望-顾客勉强接受的现实",要提高消费者(游客)在消费过程中的认同度、参与度、满意度,主要有两种途径:一是降低消费者的期望值;二是提高消费者的感受值。当前,文旅行业的产品、服务种类日益丰富,消费者自由选择权利更大,文旅企业要吸引更多的消费流量,就要努力提升产品与服务质量,满足消费者的心理预期(期望值、感受值)。"特殊美好的感受是消费者延伸消费行为的助推器",新消费者注重参与感、互动感、体验感,以及由此衍生的认同感、满足感、获得感,这意味着越能满足消费者参与感、互动感、体验感的文旅项目越能受到消费者的青睐。

(四)行业竞争驱动机制

党的十八大以来,我国文旅行业发展迅猛,全国各地都在大力开发文旅资源,并进行文旅产业化转化;传统文旅景点(或景区)不断转型升级,文旅行业内部的竞争越来越激烈,在这种竞争态势下,文旅新业态不断被催生出来。

1.同质化竞争驱动文旅新业态创新发展

文旅行业的发展立足于地方自然环境、区位交通和地方特色文化,区域化、特色化、差异化、产业化是文旅行业发展的显著特色。然而,在文旅行业蓬勃发展和文化消费兴盛时期,各地为开发文旅资源,在内容资源和运营模式、产业链延伸方面互相模仿、复制和借鉴,造成严重的同质化竞争现象,引发的后果是弱化地方文化特色和文化个性,稀释游客流量和行业效益。以少数民族地区的村寨旅游为例,各地原有的自然风光和人文环境具有一定的差异性,但随着商业化开发的趋同性,这种差异性被缩小,风俗仪式、节目表演、游客体验项目似乎出自同样的模式,沿街售卖的各种纪念品也大同小异,甚至是从外地批发过来替代当地特色,文旅景点的场景设计和故事内容也缺乏明显的地域特色。在这种同质化竞争态势下,面对总需求量弹性不高的消费群体,文旅企业要想更大程度地吸引顾客,占据更多的市场份额,就要不断地进行产品和服务创新,并加持数字场景技术,形成新的文旅业态,创造新的消费需求。

2.文旅产业内部竞争驱动文旅新业态发展

加拿大学者R.W.巴特勒提出了旅游地生命周期理论模型,该模型探究影响旅游地生命周期的因子指标,以及如何带动旅游地复兴,如何发展文旅产业等问题,引发学术界讨论。在数字化消费、体验消费、审美消费、情感消费等现代与后现代交织的消费社会时代,传统的"观光式"文旅业态已进入巩固与停滞阶段,一方面需要"通过开发新的吸引物、开发尚未开发的内容资源,以及重新定位客源市场,可以带动旅游地复兴";另一方面,更需要创意内容资源+科技赋能+特色化、体验化和情感化的场景构建,在这种新消费潮流引领的市场竞争中,催生出新的文旅业态。

(五)文化发展推动机制

文旅新业态项目是文旅融合的新成果,也是文化与数字技术发展到一定程度出现的产物。中华文化始终处在不断的传承创新中,每个时代都具有特定的文化形态,现代经济社会发展受到文化因素的深刻影响。

1. 文化特色构成文旅新业态的内核与灵韵

根据德国学者安德雷亚斯·莱克维茨的观点,当前已经进入到一种文化资本社会,政治、经济、社会的文化化倾向越来越明显,无论是有形的物质产品还是无形的精神产品,"独异性""体验性"特质是其赢得消费吸引力的关键因素。在文化资本环境中,相对于传统文化消费活动,文旅新业态在地方文化资源发掘与地方文化特色提炼上被赋予新的时代内涵。在新消费群体中形成了感知、参与和互动体验效应———基于具身性体验形成的地方文化想象、记忆与认同。文旅新业态的特色文化与场景化、数字化表达形态之间相互影响、相互成就,前者是后者得以表达的内容资源,后者为前者提供了全新的数字化场景空间。

2. 新业态成为创作主体实现文化理想的场所

文旅新业态不仅体现于地方文化内容与形态的创新,还体现出诸多文化参与主体身份与形象的转变,文化艺术教育尤其是专业院校艺术教育的发展,为社会输送了一批艺术人才,他们兼具艺术修养、职业技能和文化素质于一身。这群艺术工作者构成了文旅新业态的人力资源,一方面,他们的艺术设计与演艺创作为文旅新业态赋予了艺术创作灵韵与表演内涵;另一方面,文旅新业态吸纳了众多演艺人才,为他们提供了就业机会,为这些文化艺术工作者实现艺术创作、设计、演艺的文化理想提供了重要的实践途径。

以上五种机制互相渗透与交融,相辅相成,共同构成文旅新业态的生成要素。首先,政府政策支撑机制具有政策宏观调控的作用,政府通过政策指导、财政金融税收等经济支持,以及为文旅新业态发展量身定制特定的行业标准,使其发展更加规范、健康、可持续。其二,技术创新驱动机制催生文旅新业态形成和发展,技术赋能传统文旅业态转型升级,确保文旅新业态在数字场景、人工智能和虚拟仿真技术的加持下创新消费活力。其三,消费需求驱动机制不断提供和创造新消费需求,推动文旅新业态企业提升产品与服务质量。如今,新消费者更为强调精神层面的体验,为维持客户黏性,文旅新业态企业需要顺应新消费需求,不断创新产品与提升服务质量。其四,行业竞争驱动机制可以避免"同质化"竞争现象,推动文旅新业态着力于自身场景技术和内容特色的挖掘,寻求差异化竞争,打造特色文旅新业态品牌,达到"百花齐放"的文旅新业态景象。最后,文化发展推动机制让文旅新业态成为文旅场景、文化科技和内容创新的新载体,成为演艺工作者实现演艺文化理想的新空间。五大机制以"五位一体"的合力推动文旅新业态生成和持续发展,但同时要克服"木桶效应",保障场景和技术安全、推动文旅新业态内容的创新性与市场空间的延展性,让文旅新业态更具有发展活力。

三、文旅新业态的发展逻辑

文化和旅游具有内在的耦合联动、依存共融关系,文化资源借助现代旅游市场的纽带,逐渐提升地方文化的产业化程度。为进一步实现绿色可持续发展,拓展多元发展思路,文旅新业态需要基于生态、文化、技术、场景与体验逻辑,形成稳定的在地化发展实践系统。

(一)生态逻辑

文化旅游产业是新型绿色产业,文旅新业态是新时代文化和旅游深度融合的产物,它是区别于传统产业的新业态和新产品,可产生1+1>2的生态型经济效应。文旅新业态、新产品、新服务能够展现绿色生态产业魅力,为生态环境提供强有力的支撑,在发展旅游经济的同时,强化生态文化、在地文化、创新文化之间的融合,回归绿色发展路径,促进经济效益、社会效益和生态效益的统一,在高质量发展中创造绿色高品质生活。同时,文旅新业态的发展,为文化旅游产业绿色、可持续发展提供了良好的基础,是发展区域经济绿色化转型与绿色产业可持续发展的重要动能,是"生态优先、绿色发展"的重要推动力。文旅新业态的有序发展能够改善旅游乱象、升级旅游产品生产环境、留存当地民俗资源、活化绿色旅游生态。文旅新业态产品与服务有利于优化生态环境,提升文旅资源的留存率和传承率,进一步壮大文旅融合的市场需求,促进新文化景观的生成与创新。为此,大力推进生态文明建设与文化旅游产业协同发展,充分发挥文化旅游和生态环境相辅相成的优势,在加强生态保护和修复基础上,以环保、生物多样性以及新兴绿色发展理念为主题开发文旅新产品,探索将"绿水青山"转化为"金山银山"的有效途径,促进文旅新业态健康可持续发展,进而通过文旅新业态产业的"绿色禀赋"促进生态环境的保护。

（二）文化逻辑

文化内容(包括文化底蕴、文化内涵、文化特色、文化灵韵、文化活动等)及其创新融合是文旅新业态发展的内核动力。文化内容主题所带来的独特性、精神内涵与情感共情是文旅新业态吸引消费者的主要动因。当前,以传统文化为主题的文旅项目对传统文化资源进行再创作、再开发已催生出诸多文旅新业态,如国潮音乐节、以唐代开元年间为背景的大型沉浸式剧本杀《簋唐楼》、长城的"万里雄关雪糕"文创产品等。从"以文化人"的角度来看,文化即是对人进行知识、智力、道德、美学等方面的培育,它被认为是在某一社会中人们后天观念、价值、情感的有机整合。引入文化的内容、符号、元素,既增添了旅游新业态产品与服务的品质,也容易带动游客对文化内容的价值认同与情感共鸣,形成持久的影响力。地方特色文化为文旅新业态提供了丰富的IP素材与文化活动的内容与形态。目前,文化内容、元素、符号的植入成为文旅新业态的发展趋势,但部分文旅新业态产品与服务呈现出简单模仿、生硬移植、符号化、同质化现象,文化成为表面点缀而失去了地方文化的本真魅力。文旅新业态的长久发展需要深入挖掘地方传统文化资源与地方特色文化,将文化内容用精妙、贴切、易于受众理解的新形态表达出来。在当前各类文娱产品与服务极大丰富的背景下,文旅业要善用文化内容资源与文化活动讲好中国故事、讲好地方特色故事,推动文化与旅游产业的深度耦合,为文旅新业态的持久发展提供精彩的内容支撑。

（三）技术逻辑

技术创新尤其是数字技术的创新性应用是优化文旅新业态产品与

服务表达形态、驱动文旅新业态健康运行的外在动力。新技术的应用改变了传统文旅业态的生产、分发、推广与消费过程,推动文旅新业态的生成发展。在生产阶段,数字化技术改变了文旅产品与服务的生产形态、场景与内容,互联网、大数据、VR、AR、AI、云等基础技术设施的装备与市场化应用将文旅新兴业态的生产场景转变为线上、线上与线下相融合的供给形态,如旅游直播、云端游、3D实景游、云端拍卖会、VR游、数字博物馆等数字化文旅新业态生产。在分发与推广阶段,大数据、物联网等技术帮助分析游客偏好与文旅营销内容分发,帮助定制消费者的文旅产品与服务体验。在消费阶段,数字技术创新改变了传统消费方式,帮助营造多元体验的消费场景与便利的数字化服务。文旅新业态向生态友好型转向需要技术升级以改造传统生产模式,技术与文化的融合需要技术辅助传统文化内容的深度挖掘、保护与数字化呈现,沉浸式场景搭建与安全保障需要数字化场景技术支撑,互动体验的数字化、多元化与数字化需要技术创新。当前,文旅新业态数字化技术应用不应停留在低层次、表面化、空有技术噱头而没有实质改变阶段,需要加强数字技术与文旅新业态的全过程融合与商业化应用,用创新型、数字化技术的力量提升文旅新业态产品与服务质量。

(四)场景逻辑

基于文化和技术的重构力量,作为展示和表征的场景,拓展和创新文化旅游的体验空间和文化符号、文化活动、文化价值表达形式,创造新消费价值。芝加哥学派学者特里·N·克拉克认为,"场景具有真实性、戏剧性和合法性三个重要特征,真实性包含本土、族群、国家、企业、理性、全球六个子元素;戏剧性包含爱炫、迷人、睦邻、越轨、礼节五个子元素;合法性包含传统、领袖魅力、功利主义、平等主义、自我表达五个子元素"。这些元素的组合塑造了场景空间的符号价值和个性特色,影响人们的体验方式和消费行为。根据地方环境和空间特征对文旅新业态场景的合理化运用,能够深化游客的沉浸体验,让他们进入到场景空间所布局的角色中,融合各种消费场景元素、符号和形态,引导游客的意义消费与情感消费。传统文旅业态场景空间通常显现出族群的、睦邻的与传统的场景符号要素,缺乏数字化技术支撑,难以带动游客的主体能动性、交互体验性与审美娱乐性。文旅新业态在数字技术的加持下,将场景空间的元素、符号进行多元重组,为游客带来新奇的沉浸体验,突出神奇迷人与自我表达的场景特征,增强游客的空间体验感。

(五)体验逻辑

在场体验是文旅新业态的场景符号和消费价值体现。消费者进行文化旅游的主要目的是在惯常的日常生活之外体验差异化、新奇的场景、文化、艺术和审美,获得文化、情感和审美的"难忘性记忆"。体验被视作文化旅游的核心属性之一,高质量的文化旅游产品与服务能促进游客积极参与共创体验,获得感知价值、体验价值,导向难忘及美好的经历与记忆。文旅新业态将关注焦点置于构建具身性的体验价值上,游客们通过在场的具身性感知体验,沉浸于具体场景下民俗风情、历史建筑、节庆活动景观中,进行身心交流互动,进而更深刻地理解地方、他者与自我。在深度体验下,游客被真正纳入文旅新业态产品与服务所讲述的故事与场景中,从"看客"成为"参与者",从被动的"观看"到消费主体的体验能动性强化,游客参与到文化特色、剧情互动体验场景中,完成景区价值共创。在这种体验过程中,游客的体验是鲜活的、自由的,具有主体性、交互性与创造性。深度体验与价值共创带来了游客情感共鸣与态度忠诚,进而通过正向人际传播,吸引新的消费者。从传统文旅产品与服务的单向度输出"观看"体验,到游客与数字化场景、地方文化特色与文化活动、景区服务人员、其他游客之间的多维互动体验,从传统的互动体验到深度的沉浸式体验,文旅新业态的魅力还有待文旅新业态产品与服务充分融合周边生态、场景、文化与技术,不断优化深度互动的、高质量沉浸感的用户体验。

(六)在地化逻辑

文旅新业态发展壮大始终需要立足于地方生态环境、地方特色文化内容、可落地执行的数字技术支撑、贴合地方文化价值取向的可体验方式,以及不脱离地方环境、语言、文化、行为逻辑的场景构造。"在地化"贯穿文旅新业态发展的生态、文化、技术、场景、体验各逻辑环节中。在文旅新业态发展过程中,"地方作为一种物理、社会、文化和情感的复合体,是旅游体验的一部分",承载着人们的地方体验、情结和依恋。文旅新业态的在地化具体体现在:一方面,文旅产业中发现、建构和重构文化遗产的地方想象,深化游客的具身性体验和地方性记忆;另一方面,挖掘与旅游所在地生态环境、场所空间的原真性、独特性、地方性相融合的本土文化资源、文化符号元素、文化活动等,多维度升华旅游目的地的文化特色与内涵。文旅新业态发展要立足于地方,从地方的生态环境、风土人情、居民日常生活习俗出发,探索文旅新业态发展新模式。文旅新业态产品与服务要"因地制宜"而非"千篇一律",要扎根于地方文化沃土中而非急功近利地模仿复制,谋求短期效益。文旅新业态发展既要把握经济效益,更要注重社会效益与生态效益,保护地方生态环境和文化特色的本真性,在传承中弘扬地方优秀文化,在创新中发展地方特色文化,使得地方文化借助数字技术之力,实现传统地方文化的现代转型,将"在地化"渗透至场景体验空间中,满足游客的在地化体验与精神娱乐需求。

在文旅新业态的发展逻辑中,六种逻辑相辅相成,相得益彰,共同促进文旅新业态绿色、健康、可持续发展。其中,生态逻辑是立足之本,良好的生态环境是文旅新业态可持续发展的基石,能够产生生态型经济发展的多重正向效应。文化逻辑是内核和灵魂,具有统领作用,它是激活文化旅游新业态"地方性特色",传承与活化地方叙事、地方记忆、地方想象、地方认同的"灵韵"。技术逻辑是创新发展的驱动力,技术与文化之间存在着映射与同构的辩证耦合关系,技术赋能文旅新业态文化资源、文化特色、文化活动等文化内容场景化、数字化、可视化、审美化、体验化表达的活力。场景逻辑关联文旅新业态的外在形象和外在表征,是生态、文化、技术、消费者体验的中介载体,它塑造了文旅新业态的价值共创与消费空间,是引导消费者行为与体验重要载体空间,同时也是一个开放交互的意义生成、体验与记忆场所。体验逻辑是文旅新业态的发展目标,它创造消费者具身性体验价值,是文旅新业态价值实现的外在体现,也是建构游客与地方之间的关系纽带,通过生产和再现游客的地方感知、地方情感、地方想象、地方记忆,拉近游客与地方的距离。在地化逻辑是支撑点和主线,贯穿文旅新业态发展的生态、文化、技术、场景、体验各逻辑环节中,共同服务于地方文旅新业态建设。文旅新业态的持续发展既需要把握经济效益,更需要注重社会效益和生态效益,保护地方原生态环境,在场景、空间、数字化技术改造中以"在地化"为原则,尊重地方特色和文化个性,注重地方性体验,唤醒文旅新业态、新产品、新服务的"在地化"发展活力。

四、文旅新业态高质量发展的理论逻辑与实现路径

在习近平新时代中国特色社会主义思想的指引下,中国经济发展由高速增长迈向高质量发展新阶段,为顺应新时代潮流,文旅新业态转向高质量发展成为应有之义。旅游是文化的形和体,文化是旅游的根和魂。文化、科技和旅游的融合是产业转型升级、实现高质量发展的内在要求,也是满足人民美好文化与旅游消费需求的路径选择。现阶段,文旅新业态通过文化赋能、创新驱动、生态护航、企业助推、品牌赋魅,推动文化、科技和旅游融合走深走实,由"以文促旅、以旅彰文"走向健康可持续的高质量发展,实现文旅产业整体提质增效。

(一)文旅新业态高质量发展的理论逻辑

1.文化内涵赋能高质量发展

文化(符号、元素、IP等)是文旅新业态发展的核心和灵魂。每个人都拥有好奇心、休闲放松心态、恋地情结和审美情怀,地域性、审美化、特色化的本土和异域文化与旅游成为游客们的精神依托。以乡村旅游为例,无论是农耕技术、生活习俗还是民间工艺等,均蕴含着深厚的地域传统文化,承载着特色化的文化符号元素,具有明显的地方性、区域性、民族性特色。文化、科技与旅游的融合正是维护与传承原乡性、可体验性、审美性、娱乐性,充分挖掘旅游地的独特文化价值和文化魅力的重要途径。文化、科技与旅游融合传承与创新了在地化的文化底蕴和民俗风情,通过创造内心的体验,唤醒人们的文化记忆,代入人们的文化想象,满足游客的精神需求。

2.产业创新驱动高质量发展

"产业创新"是文旅新业态走向高质量发展的重要突破点。目前的文旅业态存在的问题主要体现在:一是陷入旅游产品与服务高度同质化、缺乏创新和特色的困境中;二是产业链短且不稳定,市场竞争优势薄弱;三是数字技术应用不成熟,文化旅游产品与服务的可展示性、可体验性尚没得到充分开发,难以满足游客多层次的消费需求。为此,全局谋划和延伸文化旅游新业态价值链,多层次创新产品与服务,推进一、二、三产业融合,融5G、VR/VI、大数据、人工智能、数字场景等新技术、新体

验于产业链上下游,逐渐补齐文旅新业态的短板,丰富文旅产业产品、服务、模式,促进产业结构优化和效能提升,助力文化旅游业态转型升级,打造文旅精品品牌。

3.绿色生态护航高质量发展

文旅产业与生态环境具有天然的同构关系,良好的生态环境是文旅新业态高质量发展的支撑。早期的旅游资源开发常常无视生态环境可持续发展,重经济效益,轻生态环境保护,过度消耗并严重破坏旅游资源,造成的环境污染和生态破坏短时间内难以恢复,难以实现高质量发展。进入新时代后,"绿水青山就是金山银山"和"山水林田湖草是生命共同体"理念为文化旅游发展提供了生态遵循,文化旅游新业态只有践行绿色发展理念,构建生态经济新模式,才能实现文化、产业、数字科技、社会和生态的协调统一。

4.组织创新助推高质量发展

企业组织创新是推进文旅融合的经营载体。文化、科技与旅游产业通过组织协同创新,促进文旅产业化组织功能转型升级,优化资源配置。文化、科技与旅游企业之间进行文化与技术、产业经营交流与合作,实现信息互通,预测市场不确定因素,减少企业经营风险,特别是在场景文化资源、技术、设备层面优势互补,实现互利共赢。文旅企业联盟把新的经营方法、手段、模式、管理要素组合引入企业组织创新,更有效地实现组织目标。通过企业组织创新,整合组织资源,可以实现文旅产业组织的集约化、专业化、组织化、社会化、网络化发展,深度融合文化、数字科技与旅游,推动文旅新业态高质量发展。

5.创意品牌赋魅高质量发展

文化IP与文化创意的结合是文旅新业态高质量发展的新亮点。文化IP具有超强渗透力,可以通过多种形式与旅游产业融合,提升文旅产业中以创意为核心的要素比例,构建文化价值系统,塑造文旅创意品牌。特别是通过数字科技、文化灵韵、品牌创造力的有效嫁接,改变各自的固有形态,实现文化IP与文化创意耦合的品牌延伸与升级,形成旅游文创产品与服务品牌。文化IP是文、旅、科技融合的纽带,它既能沉淀用户情感,将文化IP蕴含的文化与审美特色传递给更多消费者,又能够推进文化资源与技术、产业融合,延长文旅新业态生命周期及变现能力,创造更多的经济价值,达到创意品牌赋魅高质量发展的实际效果。

(二)文旅新业态高质量发展的实现路径

尽管文游新业态具有广阔的市场前景,但在蓬勃发展过程中也面临着一些问题和挑战。因为文旅新业态产品与服务业态较新,同质化现象明显,需要转换思维,释放要素潜能,创新发展之道,在保护当地生态环境的基础上,加持数字化技术,构建场景空间,赋值文化内涵,增强体验性、互动性和消费者黏性,实现高质量发展。

1.深入挖掘地方文化内涵,打造特色文旅品牌

(1)重视文化"灵韵",凸显其意义和价值

我国历史文化资源丰厚,历史文脉传承性强,各地拥有内涵丰厚的传统文化资源和地域文化特色,也是文旅新业态的文化优势。在文旅新业态场景构造和故事内容中注入传统的或地域的特色文化内涵,减少简单的文化符号消费,向市场和社会传递文化符号背后的意义和价值,营造人文气息浓郁的文旅环境,给予消费者更多的文化体验,用文化灵韵滋养人的心灵。比如,坐落于巫山余脉与武陵山余脉交会处的武陵山区利川村,具有得天独厚的自然资源和地域文化资源优势。在政府政策引导下,充分活化当地自然和文化资源,以地域民俗文化为核心,发展特色村寨民宿旅游,留住地方文化根脉,为即将消亡的当地民俗文化注入新的活力。以利川村寨为例,文旅新业态可以充分活化地方传统文化资源,打造文化品牌。其一,在场景构建上融入地方特色风土民俗元素,以本真与现代、数字化与场景化相融合的方式呈现;其二,文化活动中融合本土生活方式、民俗文化,注重参与度与体验感,减少游客与景点(景区)的文化距离;其三,演艺表演活动中注重游客的感官审美与互动体验,吸引消费者审美注意力和现场沉浸度;其四,在文旅纪念品、民俗产品与服务的制作与包装设计方面,注入地方文化符号元素,增加产品与服务的纪念价值和审美价值。总之,让地方文化符号、文化特色充分渗透到文旅新业态供应链、产业链、价值链各环节中,打造特色文旅品牌,提升文旅新业态的文化软实力。

(2)借鉴优秀实践案例经验,在地化孵化IP

在内容为王的文旅新时代,IP是活化特色文化资源、促进传统文旅

产业现代化转型的新动能。比如,日本熊本县原是一个名不见经传的弹丸之地,也是一个传统"农业大县",当地巧用"熊"文化元素与当地观光农业、生态农业相融合,创造了"熊本熊"这个憨态可掬的吉祥物,经过周密的创意设计与宣传营销,迅速引爆熊本县的名气,使一个经济发展落后的农业县摇身一变为国际知名的文旅新景区,产生了巨大的经济效益、社会效益和生态效益。当前,我国不缺少可以转化为特色IP的优质文化资源,但缺少懂得创意开发的文化思维。针对文旅新业态缺乏超级IP的现实,结合90后和00后新消费者的消费特点,文旅企业可采取以下措施孵化IP:一是依托专业团队设计传统或地方文化特色鲜明、形象讨喜、简约易记的IP或吉祥物,建构让新消费者眼前一亮的地方或景区文化形象;二是丰富IP内容,赋予一系列贴近新消费者需求的文化故事、剧情故事、连环动漫、娱乐游戏等,引发新一代消费者心理共鸣和文化共情;三是加大营销推广力度,如在社交媒体平台上推出相关表情包、相关趣味文化活动,增强文化亲近感,并融入消费者群体的日常生活中;四是设计精美的文化创意产品和服务活动,举办线下市集,扩大文旅新业态产品的知名度。在借鉴优秀实践案例经验的基础上,以地方文化为本,量身定做独一无二的特色产品,在地化孵化IP,催生文旅融合新形态,形成特色文化品牌。

2.多元创新,延长文旅新业态生命周期

(1)融文旅新要素于人们的日常生活方式

当前,以"吃、住、行、游、购、娱"为主的传统旅游业逐渐拓展至"商、养、学、闲、情、奇"等新业态,在后续发展上需逐步扩展各文旅要素之间的融合程度,大力发展文化商务旅游、文化养生旅游、文化研学旅游、文化休闲旅游、文化情感旅游、文化探奇旅游,把文旅新业态融入人们的日常生活之中,成为人们的日常生活方式。比如,苏州地方戏从生活、场景、内容三个维度与旅游深度融合,带动新一波"戏曲热",让更多年轻人浸染于昆曲、苏州评弹的魅力中。将文旅新要素融入人们的日常生活方式中,需要充分释放文旅新要素活力:一是注重艺术生活化、生活艺术化。在周末和节假日增加文旅产品或服务展演活动次数,让文化活动走进人们的日常生活,使文化艺术"生活化"。二是强调场景特色化、演艺审美化。比如,苏州当地在沧浪亭、狮子林、拙政园等古典园林举办游园特色文化活动,在园内各亭、厅、堂、斋、阁布置富有江南文化特色的评弹、丝竹演奏等演艺节目,让曲艺与景区旅游交相辉映,产生审美"溢出效应"。三是强化思维创意化,内容IP化,基于文化艺术创作、充分挖掘IP含量丰富的文旅新业态产品与服务,延伸文旅产品与服务的供应链、产业链。

(2)拓展文旅新业态产品服务的价值链

构建文旅大数据平台,整合文旅新业态资源,通过共享数据拓宽新业态发展渠道,增强各文旅机构、企业之间的交流与合作,突破现有的发展瓶颈,合理配置文旅要素。例如,文化养生旅游借由大数据平台和社交媒体数据平台,并与地方特色文化耦合,宣扬健康养生文化理念,推出健康养生和体验消费,如温泉文旅度假区、水文化综合康养区等,打造文化+养生文旅新业态小镇;以"中医药养生文化"为核心,培育特色中医药养生产品品牌;以"健康生态文旅"为消费理念,聚力原生态的本真文化资源,吸引人们返璞归真;以"美丽乡村"为主题,将绿色环境、生态农业、观光农业与农村特色民俗文化、地方艺术创生融为一体,并赋值场所精神,将传统农居转变为别具文化特色的演艺场所、民宿、农家乐等,集演艺、住宿、餐饮、游玩、深度体验于一体,艺术介入带动乡村文化创生,延伸乡村文旅新业态价值链。因此,构建科学、合理、系统的文旅新业态产品开发体系,夯筑全面、立体、多层次的文旅宣传营销体系,优化文旅新业态创新价值链,力求进一步提升文旅新业态产品与服务的附加值。

(3)推进不同文旅业态之间的融合创新

以"文旅+"发展战略为主,"文化+""互联网+"为辅,促进不同类型文旅产业间的要素融合,创新发展模式,构建层次丰富、产业链完整、体系健全的文旅新业态,实现跨越式发展。当前,作为文化遗产涵养地的乡村,其文旅业态亟须转型升级。在乡村振兴战略指引下,乡村文化资源可以在核心层建立物质与非物质文化资产档案和数据库,为特色文化资源存档,保护其原真性、特色性和完整性;在形态层改善传统文化设施,丰富文化活动表现形式,如浙江桐庐的"乡村图书馆+民宿""书店+演艺"模式,升级乡村公共文化场所功能,采用数字化手段,线上线下结合,创新乡村菜系文化、民俗音乐纪录片,提升乡土特色文化资源的利用率;在附加层搭台京东、淘宝、拼多多等电商平台,助力民俗风情文旅产品营销推广。

随着受众文旅消费需求逐渐多元化、个性化，文旅行业应突破原有的传统模式，吸收文创、资本、科技领域人才，创新表达形态，开拓文化空间和视域。在数字科技高歌猛进的数字经济发展态势下，VR主题公园、VR文博展览、AR场景和灯光秀层出不穷，将逐步成为游客偏爱的文旅新业态场所。

(4) 数字科技赋能，激活新业态市场

当前，单纯"看山看水看风景"的传统型文旅产品与服务已经很难留住游客。文旅新业态与新科技、新创意结合，线上线下融合，塑造场景新形态。比如，贵州的屯堡文化数字博物馆，"充分利用真实感角色生成技术、动作绑定技术、场景生成技术等情景建模及行为控制技术，再现屯堡文化的三维场景"。

"科技+"赋能文旅新业态主要体现在：首先，构建文旅大数据中心，让"文旅大脑"和"智能云"共造智慧文旅，实时展现城市和乡村消费活跃度，在文旅旺季根据数据系统分流人群，改善游客体验环境，提升文旅体验质量；其次，依靠4D(5D)/5G/VR/AR等新兴数字技术手段创新场景空间和互动体验方式，比如，游客站在文化遗产面前，眼前立马呈现出古代工匠打磨、铸造、抛光文物的栩栩如生的动态画面；再次，开发"夜游经济"，通过绚丽多彩的灯光秀、灯会、游园文化活动，点亮夜间消费场景，营造轻松闲适的夜生活氛围，再结合线下人情味浓厚、特色产品频出的小摊、市集，刺激游客释放消费需求。创意文旅与数字科技碰撞出的新体验让文旅"活"起来，变得可品、可触、可闻、可听、可观，改善消费者感知体验和审美愉悦，延伸产业链。

3. 以人为本，铸牢文旅新业态各主体社会责任意识

(1) 坚持社会和生态效益优先，实现文旅新业态可持续发展

社会效益作为文旅新业态的重要考量标准，可细分为休闲游憩效益、文旅就业效益、脱贫致富效益、文化传承效益、环境生态效益等。坚持社会效益优先，确保文旅新业态以人为本、健康可持续发展，为经济社会发展注入更多"人性的温度"。一方面，文旅公共空间要增强社会责任意识，美化自然和人文环境，改善基础服务设施，扩大文旅产品服务功能，可通过招募志愿者方式扩大文旅服务的宣传推广效益，以公共文化

服务存量带动增量供给,做到公共文化服务体系与文旅新业态服务体系双管齐下,双效并举;另一方面,社会文化机构和文旅企业要积极营造美好的自然和生态环境,拓宽特色化产品经营思路,举办地方特色化、专题化、精品化的展览、演出、场景体验等文化活动,力争打造当地的"文化地标",延伸产业价值链,提升社会影响力,在促进文旅新业态行业发展的同时带动周边地区经济社会发展。

(2)树立整体观,注重经济、社会和生态效益间的平衡

在文旅新业态发展过程中,经济、社会、生态效益要实现和谐统一,需要为文旅融合注入新动能。首先,政府主体需要进一步完善相关政策法规,树立正确生态价值观,营造健康向上的社会环境,激励文旅企业在开发经营过程中增强社会责任意识、生态保护意识;其次,文旅企业在开发、运营文旅新业态项目时,要重视事前调研环节,对项目开发运营前期、中期、后期可能对周边民生环境、生态环境、文化遗产造成的影响做风险评估,根据评估结果合理调整后续发展方向,最小化项目风险;再次,行业协会在文旅新业态开发运营过程中,要发挥政府、企业和民众之间的桥梁和纽带作用,一方面助力政府出台、完善政策法规、担负行业监管责任,另一方面,加强协会与企业以及企业之间的交流合作,监督企业履行主体责任,捍卫企业合法权益,防范市场风险;最后,当地居民要有监督意识、信息及时反馈意识,构建友好和谐的文旅新业态氛围需要多方主体共建、共治、共享。

4.建立企业联盟,抵御文旅新业态市场竞争风险

当前,我国文旅新业态行业组织发育不成熟,没能发挥应有的治理主体作用。为此,亟待建立企业联盟,助力文旅新业态行业健康发展。一是优化技术合作。文旅新业态依托于数字技术的运用,新业态发展壮大离不开大数据、数字技术、虚拟场景技术的迭代升级。当今科技进步不是单个企业能独当一面,技术之间相互交叉融合,形成一个个技术域,在技术域框架下催生文旅新业态。企业之间联合、分工与合作,可以最大限度地实现文旅场景新技术的革新突破。二是减少文旅企业经营风险。在企业联盟中,企业之间信息互通共享,共同研判市场不确定因素,抵御市场风险。文旅企业联盟,可以实现技术、人力、设备设施共享,降低项目更新换代成本,实现资源的最大化利用。三是减少企业过度竞

争。同类企业的过度竞争会伤害企业自身利益,造成"伤敌一千、自损八百"的现象。当前,文旅新业态企业存在同质化竞争倾向,如在IP开发和内容故事方面模仿侵权、在场景构建和文化赋值方面雷同化等。构建企业联盟,有助于保护知识产权,防止同质化甚至恶性竞争。四是促进企业资源互补。在竞争市场中存活下来的企业有其生存发展的合理性,不同企业之间有其特色和优势。当企业联盟建立后,企业之间可以在场景技术、内容资源等方面有效互补,实现互利共赢。

5. 考量异质文化的适应性,提升在地化转化质量

文旅新业态注重差异化、特色化的文化体验,需要采取各种措施,加强项目本身与新消费者、地方特色文化、社会主流价值观和整个文化环境之间的适应性。当前,一些文旅新业态项目尤其是密室逃脱+智力闯关游戏等探奇类项目,常常移植国外公司的剧本杀故事,以惊险、恐怖、刺激为追求,没有充分考虑其文化价值观导向和内容故事的本土适应性,值得引起重视。

(1) 鼓励扶持国产原创IP开发

目前,一些文旅新业态项目依托于国外成熟的IP化经营理念和管理运作,但国外IP难以实现本土化转换,以致出现水土不服的文化不适应现象,如造成消费者心理不适、过度惊吓和不太理解内容故事的问题。而国内文旅企业IP开发程度还不高,市场竞争力较弱。为此,文旅新业态企业可以在内容故事征集与创作阶段,在原创性IP资源开发方面发力,塑造特色鲜明的IP形象、独特的场景设计和空间布局、科学的体验程序设置、合理的文化想象空间,以及相应的市场推广和营销手段,提升原创IP的文化品质、审美效果以及知名度、美誉度,以文化内涵、艺术审美、文化品牌赋予丰富的内容价值与吸引力。

(2) 坚持正确的内容价值观导向

文旅新业态的新消费群体多是80、90后和"Z世代"(1995年到2009年出生),他们的人生观、世界观、价值观容易受到各种外界因素的影响。文旅新业态企业要增强文化责任感,在项目内容和数字场景空间设计上,尽可能选择那些具有优秀价值观导向的剧本故事、表达风格,提高内容故事的文化含量和正能量品性,逐渐改变社会民众对娱乐游戏体验项目的"文化品质不高"刻板印象。此外,文旅新业态企业还应当照顾年轻

人网络社群集聚的特点,提高新媒体、社交媒体平台宣传推介内容的文化品质、表达技巧和推送频率,更好地传递项目内容故事灵韵,充分体现文化内容价值的引领性,以优质的内容吸引受众体验消费[①]。

第三节 博物馆公共服务的内涵

一、博物馆公共服务内涵

公共服务一般包括服务目标、服务主体、服务机制、服务内容、服务对象等方面。从服务目标来看,是为了实现社会现实要求,保障公众的文化权利,从而满足公众的基本文化需求。从服务主体来看,以公共部门为主,包括了企事业单位、社会团体、公益组织等。近年来,逐步呈现政府部门或事业单位为主体,其他各类主体相辅相成、互相补充的形式,让公共文化服务水平不断提升。从服务对象来看,一般指广泛的人民群众,并且群众在公共服务体系中处于核心的位置,是公共服务的出发点和立足点。从服务内容来看,主要包括公众的文化娱乐享受、文化信息获取、文化知识学习等服务。第五是服务机制,主要包括管理机制、合作机制等工作运营机制。

公共服务需要坚持如下的原则:第一是公益性原则,公共服务是不以盈利为目的,其所提供的服务和产品是为广泛的社会公众所服务的。第二是公平性原则,公共服务对所服务的对象是平等一致对待的,并不设立门槛条件,或附属规则,并应不断拓展渠道努力实现服务的均等化全覆盖。第三是以人为本原则,公共服务不仅是一个单向的输送过程,而应是一个双向互动的过程,在互动中服务方应当坚持以人为本,充分考虑最广大人民的需求,实现良性互动,达到有效供给。第四是效率与经济并重原则,在公共服务过程中,应当尽量减少资源的浪费,将资源的利用效率最大化,并且找到适合在不同社会条件下发展的公共服务方式。

---

①江凌.文旅新业态的生成机制、发展逻辑与高质量发展路径[J].贵州师范大学学报(社会科学版),2023(3).144-160.

博物馆的公共服务主要体现在：从公共服务目标来看，传承与弘扬中华传统文化，发挥博物馆文物文化价值；从服务内容机制来看，是以博物馆为服务载体，充分发挥博物馆文化资源和场地资源优势，带动本馆及区域文化建设；从服务内容来看，包括文物展览、社会教育、文化创意产品、公共服务措施和公共宣传等主要内容；从服务对象看，是面向所有社会公众的公共文化机构[①]。

公共服务能力是指一定时期内向社会提供各种形式文化产品的能力，这种能力可以表现为提供文化产品和服务的数量和质量。博物馆是以教育、研究和欣赏为目的，收藏、保护并向公众展示人类活动和自然环境的见证物，博物馆公共服务能力是指保管研究文物、举办各类文化展览、组织公共文化教育等能力，要求博物馆要在传承历史文化的同时，宣传优秀文化，引导公众树立社会主义核心价值观，履行文化职责。

对博物馆而言，公共服务能力是博物馆在社会文化建设和公共服务体系建设中下生存和发展的关键，只有提升公共服务能力，才能充分发挥出文化职能，满足公共需求。博物馆公共服务能力是博物馆将对内、对外资源有效整合后的系统能力，形成的对博物馆发挥社会效益和竞争优势的综合能力，主要包括增强服务力量能力、服务保障能力、文化赋能能力和精准供给能力。

博物馆的公共服务能力是包含多种能力的"能力系统"，在该系统中，服务力量是基础，保障能力是支撑，文化赋能能力是核心，精准供给能力是关键，服务力量和保障能力偏向内部能力，文化赋能能力和精准供给能力是外向能力，四者相互联系、相互促进，决定着博物馆公共服务能力的强弱。

二、文旅融合视角下博物馆公共服务原则

（一）社会效益和经济效益相互统一

在文旅融合大背景下，博物馆通过文创产品的方式，将历史文化资源积极转化为优质的经济产品，不仅充分发挥了博物馆的文化传播功能，极大地促进了中国文化的发展和传播；而且有利于优化创新博物馆

---

①贝文玥. 公共需求导向下博物馆公共服务能力提升路径研究——以上海博物馆为例[D]. 上海：中共上海市委党校，2021.

公共服务发展理念,以更加直接的形式传播博物馆展品文化,实现社会效益和经济效益的统一。目前,故宫彩妆系列以及河南考古院考古盲盒系列等文创产品已经取得了明显的经济效益。

(二)历史价值和现实价值相互统一

众所周知,博物馆是重要的文化传播机构,记录了历史时期中国共产党领导全国人民伟大奋斗的历程以及全世界人类的奋斗史,其历史价值不言而喻。现阶段,人们的生活水平越来越高,更应该时刻铭记当下幸福生活的来之不易,人们的幸福生活是由中国共产党始终遵循"不忘初心、牢记使命"的原则,不断传承红色基因和红色传统以及艰苦奋斗得来的。

近年来博物馆开设了红色展览,例如新疆博物馆推出的"永远跟党走——庆祝中国共产党成立100周年新疆革命文物展""共有的家园——铸牢中华民族共同体意识主题陈列展"等一系列红色展览,受到了公众的一致好评,有效实现了博物馆历史价值和现实价值的高度统一。

(三)教育和娱乐相互统一

传统方式下,人们参观博物馆以追求自身对历史文化的需求为目的。新形势下,人们更加注重在满足自身娱乐的同时学习历史文化,对博物馆提出了多样化的要求。因此,文化资源成为娱乐的一种新载体。

新形势下,博物馆应该充分利用自身优势资源,创新讲解展品和展示文物的方式,进而创新公共服务理念,推陈出新,促进教育与娱乐相统一。人们在参观博物馆时,要发现美、感知美,挖掘出美好生活的深层次意义,进而有效推动我国社会主义精神文明建设。

(四)传统与现代相互统一

随着社会经济的发展,传统方式下博物馆公共服务体系已经难以满足当前人们的多样化需求。优化创新博物馆公共服务体系刻不容缓。

在互联网技术不断深化的新形势下,博物馆应该在传统公共服务体系的基础上,充分利用AR、VR等技术手段,优化创新博物馆公共服务体系。

与此同时,利用云计算与大数据分析手段,促进博物馆的智能化发展,进而实现博物馆公共服务体系传统与现代化相结合。现阶段,在博物馆创新发展过程中,广东省博物馆借助先进的数字化技术手段和各类管理系统平台,在博物馆智能化方面取得了显著的成果[①]。

第四节 目前博物馆公共服务建设的现状

一、国内博物馆公共服务发展现状

从数量上来看,截止到2016年,中国博物馆数量已达到4692座,其中公立博物馆3582座,私立博物馆1110座。相较于2007年的1722座,在过去的十年,中国的博物馆数量呈现持续快速增长的态势。

从博物馆类型上看,以历史类博物馆为主,专题类博物馆、艺术类博物馆、行业类博物馆以及科技类博物馆形成了有益的补充,形成了较为全面的博物馆体系。此外,博物馆的办馆主体也日益多样化,国家积极鼓励企事业单位、社会团体和公民等社会力量依法设立博物馆,进一步促进了博物馆事业的发展。为促使博物馆更好地服务公众,提升博物馆服务管理水平,国家文物局先后颁布实施了《全国博物馆评估办法(试行)》《博物馆评估暂行标准》和《全国博物馆评估委员会评估原则及办法》,对全国的博物馆进行分级评定和管理并对不同等级的博物馆的公共服务提出了不同的要求。此外,为了解博物馆运行情况、提升运营水平和创新博物馆机制,依据《国家一级博物馆运行评估规则(试行)》和《国家一级博物馆运行评估指标体系(试行)》,以定性指标和定量指标相结合的方式对国家一级博物馆的运行状况进行了评估,为博物馆更好地为公众服务提供了保障。笔者以2008—2011年评估数据为基础,对国家一级博物馆的公共服务方面的评估情况进行汇总分析,从而窥见博物馆整体公共服务水平。

按照《国家一级博物馆运行评估指标体系》,定性评估是对一级博物馆的藏品管理、科学研究、陈列展览与社会教育、公共关系和服务、博物馆管理与发展建设五个一级指标项,十六个二级指标项;定量评估是对

---

①塔依尔江·力提甫.文旅融合背景下的博物馆公共服务创新研究[J].文化产业,2022(19):100-102.

一级博物馆的藏品搜集、科研成果、临时展览、教育项目、人才培养五项量化的指标进行数据核查。国家一级博物馆指标体系中选取定性与定量权重比为7∶3,突出将博物馆社会服务性作为主要考察指标。

研究表明,国家一级博物馆整体运行状况良好,在博物馆陈列展示与教育、公共关系和服务等方面的能力不断提升,但也存在一些问题。

(一)博物馆陈列展示与教育与公共服务

2008—2010年博物馆定性评估的一级指标项中,博物馆陈列和社会教育得分率略高于其他指标项,但在2010年的评估中得分率有所降低,这在二级指标项的基本陈列和教育项目的得分率也有所体现。目前博物馆在布置展览的过程中,更多关注展览的科学性、逻辑性等方面的教育功能,而对审美和娱乐功能关注较少,与展览相关的讲座以及观众互动参与性项目也较少。博物馆展览大多存在为办展览而展览的情况,在陈列展览的前期调研中,较少进行充分的观众调研,在布置展览的过程中并不清楚观众的真正需求。笔者在对各类型和级别博物馆调研的过程中也发现,大部分博物馆陈列展览的主题陈旧,存在雷同的现象。陈列手段单一、缺乏与观众互动等现象。此外,博物馆基本陈列展览陈列周期较长,展览内容和公众的生活关联度不高,影响了观众参观博物馆的积极性和效果,多数观众在参观结束后并不能真正了解博物馆陈列展览的主题及内容。究其原因,一是博物馆工作人员缺乏公共服务的意识,在设计展览时更多考虑陈列的专业性以及学术价值,忽略了很大部分的公众教育程度不高的事实,在展览的实施阶段又未能采取有效的分众化教育,影响了博物馆教育功能的发挥;二是由于博物馆科学研究能力不强或者是专业人才的缺乏,缺少对展览主题深入发掘的能力,导致陈列主题目的不明确,不能吸引观众的兴趣;三是配合展览的教育项目较少且缺乏新意。配合展览的活动项目有助于诠释展览主题,帮助参与者更好地理解展览内容,同时一系列教育活动项目的实施,也有助于扩大博物馆展览的知名度和美誉度。应当进一步将意识上升为使命,不断强化服务的根本,提高服务的能力,提升服务的质量和规范性。因此,博物馆陈列展览和教育活动中应更加注重对审美的教育,更加关注观众自我实现的需求。在展览内容上应确保科学性与真实性,在陈列形式上要

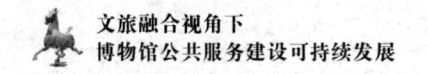

兼顾趣味性和观赏性，使观众在休闲娱乐的同时受到教育。

（二）博物馆公共关系与服务与公共服务

定性评估公共关系和服务项的公共关系和观众服务的二级指标项的得分率仅高于60%，通过横向对比可知，博物馆在这两项的得分是仅高于科学研究的得分率，成为影响博物馆整体得分率的指标项，表明了博物馆依旧是一个"孤芳自赏"的机构，尚未真正的成为社会有机整体的一部分，未能实现与社会、公众有效的沟通、互动。公共关系与服务包括三个二级指标项分别是：公共关系、公众服务和博物馆网站。在定性评估中，博物馆网站所占比例很低，但从整体得分情况来看，该指标项已成为制约许多博物馆得分率的一个重要因素。说明一是博物馆不注重自身宣传，二是未重视新媒体在博物馆宣传、教育以及公众互动等方面的作用。博物馆与公众的关系，已成为当今博物馆的核心问题之一。博物馆的工作重心也应是围绕"人"进行的，博物馆通过自身的藏品和陈列展览实现对公众的教育，博物馆也通过了解观众的多样化需要，完善自身的服务和提升运营管理水平。因此，公众是衡量博物馆工作的重要对象。

综上可知，中国博物馆在博物馆数量、博物馆类型逐年增多，办馆主体日益多样化，博物馆的公共服务能力也得到较大的提升。为提升博物馆公共服务水平和提升博物馆运营管理水平，国家也制定了一系列促进博物馆发展的政策和运行评估体系，对博物馆运行管理有了政策上的监督和管理，也促使博物馆更好地为公众提供公共服务。目前的国家博物馆运行评估体系虽涵盖了涉及博物馆公共服务的各指标项，但缺少了对博物馆公众满意度的考核，而公众满意度是最能检验博物馆公共服务能力的指标项，该项的缺失也导致了对博物馆运行能力的考核不够全面[①]。

二、博物馆公共服务的发展趋势

（一）目标从内部性向公共性转变

国内各大博物馆的发展虽然日趋多元化，但总体来说，一方面都更加强调要将公众置于博物馆开放服务工作的中心，以多种手段为公众诠释人类优秀文化；另一方面都更加突出博物馆对所在地区发展的积极作

---

① 刘秀娟. 洛阳地区博物馆公共服务现状调查[D]. 郑州：郑州大学，2017.

用,以文化软实力促进社会生活质量的有效提升。博物馆逐步从关注对物的研究,开始注重对人的研究,树立了"以人为本"的服务理念,公共服务和公共职责发挥的更加明显。2017年3月1日起施行的《中华人民共和国公共文化服务保障法》中,将博物馆界定为"公共文化服务机构"。这是对博物馆公共性的强调,进一步明确了其在收藏、研究等工作基础上,进一步聚焦直面公众的台前工作,也即以展示、教育、观众服务为主,为社会和社会发展服务。从博物馆公共服务的发展来看,立足文物保管到致力于公共教育,场馆建设到公共空间的打造,都充分反映了博物馆服务导向逐步面向社会、适应社会、引导社会,在满足公共需求的基础上,逐步提升公共文化职责,引领公众的文化建设和文化认同。

(二)模式从行政化向社会化转变

博物馆公共服务模式的转变基于目标导向的转变。服务模式作为博物馆内部建设的直观反映,主要体现在服务主体和服务机制两个方面。从服务主体上看,博物馆作为服务主体的主体地位没有改变。随着社会的不断发展,文化企事业单位、社会组织、公益机构等社会主体不断健全,博物馆开始需求社会力量的合作,不断搭建融合平台,主动让多元主体参与到博物馆文化服务中来,逐步转为博物馆为主导,与企业、学校、社区深化合作互动的服务模式。从服务机制上看,随着服务主体的多元化,博物馆开始借鉴目标导向、绩效管理等企业型、社会化管理方法和发展思路,探索法人治理模式和理事会机制,开拓文化事业和非营利性文化产业同向发展机制,逐步向社会化进行深入探索,不断激发出自身活力。博物馆的社会化转变,直观体现在其从文物故事到挖掘文化文脉,从展览展示到教育传播,从立足场馆建设到赋能旅游环境的服务内容变化,以不断创新文博+旅游的消费场景、消费模式和消费业态的形式,从而适应社会博物馆的消费需求。作为国家体制内的文化事业单位,博物馆为适应社会和市场的需求,逐步弱化行政色彩,从主体和机制上逐步向社会化开始转变。

(三)内容从精英化向大众化转变

随着博物馆的服务对象的变化,其服务内容也逐步从精英小众化转为大众化。随着社会经济的发展,"市场化"一词被越来越多地用于表达博物馆与公众之间与日俱增的"供给—需求方"关系。一方面,这源于文化娱乐休闲场所、博物馆数量的急剧增长,间接形成了买方市场;另一方面,我国博物馆观众服务的缺憾并不止于供给总量不足,更重要的是有效供给不足。因此,公共服务内容逐步以公众需求为导向,适应大众化需求,以帮助博物馆维持现有观众,吸引新观众。从服务内容上看,博物馆开始契合各个年龄层次和知识水平的需求,在讲解服务、路线导览上开始尝试有效区分,针对不同群体开展不同系列的公共教育活动。从服务形式上看更加偏向互动性与参与性,吸引更多人主动走进博物馆,习惯博物馆。博物馆公共服务大众化的发展趋势,推动其要主动融入当地群众文化生活,将精英化展示,逐步转化为大众普及性教育,增强公众对博物馆的"亲切感"和"亲近感",努力满足公众不断增长的多样化、个性化需求。

(四)与公众的关系从内向型向外向型转变

博物馆开放早期,由于自身能力有限、观众群体受限,博物馆很少关注观众的满意度,仅以提供单方面展示为主,而且观众没有对博物馆文化服务内容选择权利,只能以博物馆提供的产品为主,因此博物馆发展早期与公众的关系是单项的,以博物馆内向思考为主。随着博物馆公共性的提升,各个博物馆逐步开始关注到"人"的需求,在环境营造、服务设施建设和文化传播上开展注重对公众的研究。在环境营造上,博物馆的建设从场馆设施建设向空间环境建设转变,不断凸显出浓郁的文化氛围和地域特色,加深观众对博物馆的共情。在文化传播方式上,不断健全宣传体系,在传统纸媒和官方网站的基础上,陆续开通微信、微博、抖音等新媒体平台,与国家级、市级媒体合作加强新闻宣传,逐步加强与公众互动,在吸引观众的同时,也不断培养观众与博物馆的紧密度。

综上,在政策引导、公众精神文化需求和博物馆自身发展的过程中,博物馆公共服务的发展呈现出由内部性向公共性、由行政化向社会化、由精英化向大众化、由内向型向外向型的发展趋势,成为博物馆在一定时期内提升公共服务能力的现实要求。

三、提升博物馆公共服务能力的现实要求

(一)适应社会文化建设的发展新要求

博物馆作为公共文化服务体系的重要组成部分,在国家文化发展战略中不可或缺的有机体。贴合国家文化建设要求,成为博物馆提升公共服务能力的指示方向与必然要求。通过上文对博物馆公共服务发展历程的梳理可以看出,博物馆自身建设与社会环境变化息息相关,在当下文化建设与文化政策日益更新的背景下,博物馆更应提升自身能力,适应发展要求,将社会文化建设发展要求作为目标导向的主要内容,逐步提升博物馆公共性建设,才能发挥出应有的社会价值。随着文化强国战略与文化自信的提出,对博物馆文化价值赋能提出了更高要求,如何挖掘好、讲述好、传播好文物故事和中国故事,是当代博物馆的新课题。

(二)立足新时代公共服务体系建设新常态

实现公共服务职能,满足公众文化需求是博物馆发展建设的永恒课题,也是推动博物馆自身建设和提升服务能力的客观要求。要坚持把实现好、维护好、发展好最广大人民根本利益作为发展的出发点和落脚点。2021年开始实施的《上海市公共文化服务保障与促进条例》中,明确提出要保障基本公共文化服务的均等化、普惠化、便捷化,进一步促进公共文化服务往高质量方向发展。博物馆作为公共文化服务体系中的重要文化机构,在举办高水平的公共文化活动、强化优质公共文化服务、提供优质公共文化服务等方面有了新的方向,要逐步重视社会参与、公共文化数字服务,强调开放共享、融合发展,关注公共文化空间建设等。公众的需求是随着社会发展的变化不断变化的,会随着物质需求不断满足,而对文化的需求日益提升。长期以来,我国博物馆都偏重收藏和研究等幕后业务,后来虽不断加大对展示和教育等台前领域的重视,但对"公众服务"始终投入不足,并直接导致"一流的藏品、二流的展览、三流的服务"窘境。当下,文旅融合的大背景愈发凸显了服务经济时代博物馆在此领域的滞后。同时,博物馆面临的已不只是业内挑战,更严峻的还有业外文化娱乐休闲场所的竞争。因此博物馆若想脱颖而出,唯有强化"公共服务"能力,坚持丰富度、娱乐性、舒适度的三位一体。要主动融入当地群众文化生活,参与社区文化建设,要关注、研究公众对博物馆文化产品

的需求,绝不能再"关起门来搞策划",而应该根据公众的需要去设计策划文化产品,拓展服务功能,开展"菜单式""订单式"服务,主动走进"社区",通过举办夜场延长开放时间等形式,增强公众对博物馆的"亲切感"和"亲近感",努力满足公众不断增长的多样化、个性化需求,实现建设"公众友好型"博物馆的目标,打造博物馆与公众之间的新型关系。因此,只有能力提升,才能策划各类文化活动,深挖文化价值,丰富精神文化生活;才能搭建文化交流平台,激活文化事业的服务能力和文化产业的消费能力;才能提升供给的精准度,推动服务的均等化水平和覆盖面,不断提升公众的满意度。

(三)适应博物馆行业发展新要求

2018年底,文化和旅游部的成立推动了文化事业和旅游产业的深度融合,博物馆行业开始对自身的文化地位和服务方式提出了新的要求。博物馆在充分发挥文化传播的基础上,要不断扩大品牌效应,赋能文旅产业。特别是上海最新提出的"五个新城"建设,提出强化重点区域文旅赋能提升,推进五大新城文旅赋能,通过文博机构签约共建、文化交流合作等方式,深入挖掘五个新城文化基因,从而打造具有强大竞争力、影响力、辐射力的新城文化品牌。基于此博物馆公共服务给也要相应转型,从文物故事到挖掘文化文脉,从展览展示到教育传播,从立足场馆建设到赋能旅游环境,不断创新文博+旅游的消费场景、消费模式和消费业态,从而适应社会对博物馆的消费需求。

2016年至2020年的国际博物馆日主题直观地展现了博物馆行业对新技术应用、可持续化发展、维护文化多样性与包容性、营造城市公共空间、强化文化中枢作用等问题的关注。国际国内各大博物馆的发展虽然日趋多元化,但总体来说,一方面都更加强调要将公众置于博物馆开放服务工作的中心,以多种手段为公众诠释人类优秀文化;另一方面都更加突出博物馆对所在地区发展的积极作用,以文化软实力促进社会生活质量的有效提升。因此,如何通过改变管理思路和运营模式来吸引公众、服务公众,并进一步服务城市高质量发展成了各大博物馆管理者的新课题[①]。

---

① 贝文玥. 公共需求导向下博物馆公共服务能力提升路径研究——以上海博物馆为例[D]. 上海:中共上海市委党校,2021.

第五节 文旅融合对博物馆可持续发展的重要性

推动文化和旅游融合发展是新时代坚定文化自信,满足人民精神文化需求,建设社会主义文化强国和中华民族现代文明的重要战略部署。"推动文化和旅游深度融合、创新发展"成为"十四五"时期推动文化和旅游事业高质量发展的工作重心。党的二十大擘画了文化和旅游融合发展的宏伟蓝图,明确了"坚持以文塑旅、以旅彰文,推进文化和旅游深度融合发展"的战略。在文旅融合战略规划下,作为文化旅游重要载体的博物馆应充分发挥自身优势融入文旅融合体系,成为文旅深度融合的参与者和推动者。2021年5月印发的《关于推进博物馆改革发展的指导意见》指出要充分发挥博物馆在文旅融合发展中的作用,为推动博物馆文旅融合提供政策支持的同时也提出新的要求。随着博物馆事业在后疫情时代的恢复与重塑,博物馆文旅融合持续深化,文旅融合水平显著提升,但与"十四五"时期推进文化和旅游更广范围、更深层次、更高水平融合发展的要求和人们不断释放的文化旅游消费需求仍存在差距。提升博物馆文旅融合质量、推进博物馆文旅深度融合,需要对博物馆文旅融合的基本规律和现实问题作出探讨。

一、文旅融合视角下我国博物馆的发展概况

2018年是我国文旅融合中极为重要的一年,原国家文化部与国家旅游局合并组建为国家文化和旅游部,文旅融合的行政壁垒被打破,文旅融合发展进入"快车道",博物馆也进入蓬勃发展的时期。2018年至今,我国无论在博物馆数量、还是在举办展览、教育活动的数量上都发展迅速。据国家文物局统计,截止到2022年,我国备案博物馆总数达到6565家,比2017年的5136家增加了1429家,排名全球前列,免费开放率达90%以上,线上线下合计举办展览4万余场,教育活动约27万场,接待观众5.78亿人次,网络浏览量近10亿人次,新媒体浏览量超过百亿人次。接待观众人次虽受新冠疫情的影响从2019年的12.27亿人次下跌至5.78亿人次,但相对于比2020年疫情最严重时期的5.4亿人次已经开始有序

回升。

同时,我国博物馆的类型呈现多样化发展趋势,除历史、自然、艺术博物馆等传统博物馆外,行业博物馆、乡村博物馆、生态博物馆等新业态博物馆也不断涌现。全国各地博物馆不断推出各类展览、教育研学、文化宣传、免费讲解、互动体验等活动,博物馆资源不断向基层延伸,社会影响力大幅提升。类型丰富、主体多元、普惠均等的现代博物馆体系基本形成,博物馆不仅成为区域文化地标,更成为青少年教育的重要阵地、人民群众美好生活的组成部分。这为我国博物馆旅游的发展奠定了坚实的基础[①]。

二、博物馆文旅融合的基本理论

(一)博物馆文旅融合的内涵本质

文旅融合的发生从根本上归结于文化和旅游内在价值的一致性,体现为推动人的全面发展、追求内在精神满足、寻找文化身份认同等价值层面。加拿大著名学者托马斯·A.赫顿(Thomas A.Hutton)指出,文化和旅游的最终目的都是为了"身份塑造、个人认同和自我实现"。基于这一认识,可将文旅融合理解为文化和旅游在价值同一性基础上实现的内容和形式的交融,表现为资源、产品、服务、产业、市场等多维层面的互嵌共生。对文旅融合内涵的把握,需要注意以下三点。第一,文化和旅游融合过程中的地位平等,没有主次之分。文化不仅仅是融合中的内容和元素,旅游也不只是器用意义下的形式和渠道,两者在融合中的地位对等。第二,文旅融合是在两者共同效用和价值牵引下实现的由表及里的融合过程,体现了文化和旅游从资源、产品融合逐步深化到内在价值融合的逻辑,符合两者从自发性交互到共生性融合的趋势。第三,文旅融合是建立在文化和旅游互嵌基础上的主体互动关系建构,并非物理层面文化和旅游的简单叠加抑或两者全面合并的"化学反应"。文化和旅游主体互动关系的建构与表达需要经历一个渐进式的过程,使得文旅融合在相当长的时间内表现为阶段性融合,因此有学者将其称为承认差异基础上的"有限融合"。对博物馆文旅融合的理解应建立在对上述文旅融合内

---

① 孙汝文.文旅融合背景下我国博物馆旅游的发展路径研究[D].长春:吉林大学,2023.

涵和规律把握的基础之上。

博物馆文旅融合是博物馆文化和旅游资源要素在共同价值导引下通过互动关系建构实现的内容与形式的融合。公共性、非营利性的基本属性和文化传播与旅游休闲兼备的功能决定了博物馆文旅融合不同于文化产业和旅游产业的融合,不能类比于产业属性显著的营利性场所的文旅融合。对博物馆文旅融合内涵的阐释应充分考虑博物馆的基本属性和功能特质。

博物馆文旅融合在内容上体现为博物馆文化资源与旅游要素的融合。建筑、藏品、展览既是彰显博物馆公共性的文化资源,同时也构成了旅游的场所、介质、客体要素,即博物馆文化和旅游在资源要素层面具有显著的同构性。该特征决定了博物馆同时具备文化和旅游双重属性,这是博物馆文旅融合的基础和融合行为的依托。现实中,人们更多地强调博物馆的文化属性而容易忽视其潜在的旅游属性,以至于容易将博物馆文旅融合片面地理解为博物馆与旅游的融合。循此思路,博物馆文旅融合自然而然地成为"博物馆+旅游"的组合。诚然,博物馆作为当代重要的文化典藏机构拥有多维的文化资源禀赋,被视为"我们时代关键的文化中心"和连接传统与未来的"文化中枢",凸显出其在文化领域的重要地位。即便如此,仍然不可将博物馆作为文化的化身,与旅游相提并论。否则,博物馆文旅融合势必被窄化为博物馆与旅游的融合,以博物馆旅游代指博物馆文旅融合的现象将大行其道。为避免上述误区,需要立足文化和旅游资源要素同构、价值同源的角度,将博物馆作为文化和旅游价值的共同体看待。因此,博物馆文旅融合应当理解为博物馆的文化和旅游资源要素在共同价值驱动下实现的融合,本质上是围绕博物馆形成的文化和旅游多主体价值共创关系和价值共生系统。

博物馆文旅融合在形式上应当是文化和旅游全方位、双向性的融合。全方位是指在博物馆的资源、产品、服务、业态、管理等层面实现的文化和旅游的全面融合。在文化和旅游从自发性交互到共生性融合的规律使然下,从最初的资源、产品融合到两者间业态、要素的融合,博物馆文旅融合呈现出由表及里的过程。双向性意指文化和旅游在博物馆内外双向的融合过程,而非一方向另一方的单向性融入。现实中,从旅游发展角度片面将博物馆视为旅游吸引物或旅游景观的观点明显将博物馆与旅游割裂开来,不可避免地落入博物馆及其所承载的文化向旅游单向融合的窠臼,可能导致博物馆丧失其自身的主体性地位。因此,博物馆文旅融合不应停留于博物馆作为旅游景观面向旅游者展示的层面,而应当理解为博物馆文化和旅游主体通过互动关系建构实现的双向交融。

文化和旅游部将文旅融合的结构体系概括为理念融合、职能融合、产业融合、市场融合、服务融合、对外和对港澳台交流融合六个层面。这既是对文旅融合内涵的全方位概述,也为博物馆文旅融合的内涵提供了一个解释性框架。对博物馆文旅融合的内涵把握应立足博物馆作为公共文化机构和非营利性组织的性质,充分考虑博物馆的实际,从文旅融合内容、融合过程和融合程度等方面做出阐释。

产品和服务融合是博物馆文旅融合的直观表现和基本形态,是博物馆文旅融合内涵的切入点,如针对游客的陈列展览讲解服务、根据文献记载编排的古代乐舞表演、博物馆开发销售的各类文创纪念品等。当前博物馆的文旅融合实践多围绕产品和服务融合展开,并在此基础上形成文旅融合的部分业态,如近年来如火如荼的博物馆研学旅行,但产品和服务融合仅仅是博物馆文旅融合的表征,没有从根本上触及文旅融合深度和广度的要素与价值层面,容易使博物馆文旅融合流于表象。建筑、藏品、展陈等彰显博物馆特色的文化要素与旅游的各项要素在博物馆内外多维空间的融合,将产生双向叠加的共振效应,形成多向度的共生界面,呈现多元化的文旅融合业态。如博物馆展览与旅游的出行要素融合方面,宁波博物馆的做法具有一定的代表性。宁波博物馆在宁波地铁鼓楼站的甬城惠客厅内,以"'海上丝绸之路'的活化石:宁波"为展览主题,给来往市民及外地游客讲述宁波通过海上丝绸之路走向海洋的动人故事。从策展选题到服务设施,充分考虑游客所需,以舒适的方式为游客提供知识服务和浸入式游览体验。

价值融合是博物馆文旅融合的最高境界和最终归宿。价值层面的融合将实现博物馆文化和旅游价值的融贯相通,通过乘法效应带来整体价值的提升和有效释放,最终推动博物馆文化和旅游实现真融合、深融合。只有文化和旅游实现真正的价值融合,博物馆文旅融合才能够深入推进。此外,理念融合、职能融合也是博物馆文旅融合内涵的基本要义和深度融合的必然要求。博物馆文旅融合的过程可概括为文化和旅游由自在交互向和合共生的转变。融合层次上，从有形的产品融合、服务融合、业态融合逐步向无形的要素融合、理念融合、价值融合过渡，最终围绕博物馆形成密不可分的文化旅游价值共创系统。

博物馆文旅融合是围绕博物馆发生的文化和旅游融合的实践过程。文旅融合的实践表现为博物馆各项文化要素与旅游活动各层面的交互融合，并据此形成多元的融合业态和一体化的共生界面。通过文旅各要素的交互和共振，最终围绕两者产生的共生界面形成博物馆的文化价值、服务价值与旅游的休闲价值、经济价值，并融合为价值共创系统。因此，博物馆文旅融合在本质上表现为立足博物馆文化价值和服务价值，以博物馆为中心形成的多主体价值共创关系和价值共生系统。这有赖于多主体协同下的价值共创。即博物馆与旅游机构、社会公众、各类企业等在内容、技术、资本、营销等环节开展合作，共同实现价值创造，最终使人们实现审美的享受、知识的获取与想象力的提升。

（二）博物馆文旅融合的逻辑层次

博物馆文旅融合是一个系统性工程，由多个空间层次按照一定的逻辑关系构成。厘清博物馆文旅融合的逻辑层次，准确把握博物馆文旅融合的行为边界，有助于我们更好地理解博物馆文旅融合的内涵。根据文旅融合的空间层次和主体关系，博物馆文旅融合的结构可分为三个依次延展的层次。

以博物馆作为文化旅游目的地并纳入文化旅游线路是博物馆文旅融合的第一个层次。从空间层次看，博物馆"兼具建筑魅力、文化内涵与人文精神，可以成为旅游的核心吸引物"。博物馆建筑一般融合区域文化特质，成为所在地文化景观的标志性建筑，并担负着提升文化景观品质和意蕴的重任。如中国港口博物馆造型取意鹦鹉螺，远望似帆似翅，艺术感的曲线造型和科技感的幕墙材质，使馆体建筑充满了现代气息。以集装箱改造的移动式博物馆体验店，绿色、环保、可重复利用，被安放在博物馆广场，非常契合"港口"主题，成为具有旅游亮点的特色文化景观，获得大批游客围观集赞。这是最常见、最容易实现的文旅融合形态，如毕尔巴鄂古根海姆博物馆，凭借极具话题度的场馆建筑与丰富的馆藏资源成为重要的文化旅游景观。

博物馆组织开展的以文化体验和文化传播为目的的文旅活动是博物馆文旅融合的第二个层次。"以文化为核心吸引物,将文化活动和游览观光有机结合,把一般的旅游观光上升到高文化含量的文化体验"是这一层次博物馆文旅融合的共同特点。在空间范围上,博物馆文旅融合不再局限于博物馆内,而是拓展至博物馆外的广阔空间,如社区、景点、酒店、道路、地铁站,甚至其他城市。空间范围的拓展带来的不仅是物理空间的扩增,也是价值辐射范围的扩大。在本层次的文旅融合中,博物馆居于主导地位,其他参与主体发挥着配合作用,如苏州博物馆2014年暑期推出的"寻找唐寅的足迹"文化体验活动。该活动由苏州博物馆组织参与者以唐寅游览过的九鲤湖为重点考察目的地,兼顾周边文博场馆的探访,旨在感受唐寅艺术创作的心路历程,体验"吴门画派"的文化内涵。

博物馆文旅融合的第三个层次是以博物馆文化资源为依托,通过各项要素的融合,向社会提供泛博物馆文化旅游产品与服务。博物馆文化资源既包括受保护的博物馆实体,也包括博物馆文化衍生物。依托丰富的文化资源和多元的旅游要素,博物馆文旅融合突破时空边界,在线上和线下的立体空间产生类型多样的融合业态。如综艺节目《国家宝藏》、电视纪录片《如果国宝会说话》、网络短视频《文物戏精大会》等,围绕馆藏文物及其文化内涵的展示,在网络空间产生了巨大的观看流量,形成显著的网红效应,吸引了众多游客到博物馆实地参观体验。2019年6月,随着网络剧《长安十二时辰》的热播,西安博物院因有剧中长安舆图原型的唐长安城108坊沙盘,而备受网友关注,一度成为重要的旅游目的地,仅2019年6月就接待游客274218人次。同时依托网红文物开发的文创产品承担了旅游纪念品的角色,在线下延伸了文旅融合的空间。该层次下,博物馆文旅融合的参与主体更加多元,价值创造形式更加丰富多彩。

(三)博物馆文旅融合中的三重张力

从本体论角度,文化和旅游因人的存在和发展需要实现了价值统一,即它们在本然意义上是联系在一起的,以互嵌共存状态统一于人的主体性实践中。现代旅游业的兴起和发展强化了旅游的产业属性;而文化的事业属性长期以来居于主导地位,从根本上决定了其以文化事业为主的存在和发展形态。这使得文化和旅游紧密互嵌的状态被打破,走向脱嵌状态下的独立发展。随着实践发展,文化事业属性之外的产业属性逐渐彰显,旅游的公共属性也越来越多地得到发掘和回归,文化和旅游发展中日益显现的交融现象促使人们对两者关系的思考不断深入。从文化和旅游关系的阶段性进程来看,因有脱嵌的历史,故有融合的呼声和努力。然而,长期的脱嵌状态形塑了文化和旅游相对独立的发展轨道,在政策和市场推动下两者融合的内在张力也将由此显现。随着文旅融合的深入,文化和旅游之间的张力非但不会消失,还会进一步影响文旅融合中的主体关系及其行为方式,形成不同主体间及同一主体空间行为的张力。对博物馆而言,博物馆的文化属性通过收藏、展陈、宣教活动被反复强化,文化成为博物馆的鲜明标签和深沉底色;博物馆的旅游属性则因旅游休闲功能受重视程度不足而相对弱化,以产业化形态存在的旅游更多被视为外来事物,难以成为博物馆内生价值的一部分。这既是文化和旅游在博物馆长期脱嵌的表征,也是博物馆文旅融合中文化和旅游张力产生的根源。博物馆文化和旅游之间的张力也将引致博物馆与观众目标和实践、观众参观体验心理和行为层面张力的产生。

1. 文化和旅游融合与互斥并蒂

博物馆文旅融合需要将博物馆相关文化内容通过特定的空间生产行为展现给观众,使其可参观、可体验。博物馆文化的可参观性生产一方面拉近了文化和旅游的距离,促进了文化和旅游的融合;另一方面也带来了文化商品化和同质化的潜在风险,文化空间和产品的复制甚至造景导致文化原真性受到侵蚀。美国社会人类学家迪恩·麦坎内尔认为,人们旅游的目的是寻找一种自我以外的原真性,并且希望超越表面去观察那些意料之外的奇特细节从而获得乐趣。这就鼓励博物馆等机构面向游客进行文化展现。该过程往往伴随着文化的再生产、再创造行为,而后者可能导致文化原真性的丧失。对此,约翰·厄里指出,"一旦文化全部或者绝大多数展现给游客,文化内容便开始异化,往往从真实文化变为'表演型文化'"。可见,为满足旅游需要营造的文化场景容易导致原生态文化的失真,观众亦难获得真实性文化体验,寻找原真性的旅游诉求将难以满足。博物馆文化和旅游资源要素的同构虽然一定程度上推动了文旅融合的发生和发展,但该过程始终伴随文化和旅游之间难以消弭的张力而呈现出融合与互斥并蒂的矛盾状态。博物馆文化和旅游间的张力源于旅游资源面向市场化的配置与博物馆非营利属性之间的错位。如何在减少文化失真、保持真实文化传播前提下提升博物馆文旅融合的效果对博物馆来说是一项考验。

2.博物馆与观众目标和实践迥异

20世纪80年代以来,受大众文化流行和市场营销观念兴起的影响,公众"由能动的生产者与审美者异化为被动的消费者和观看者",参观博物馆被视为消费行为。博物馆不得不面对大众文化和消费观念的变化,逐渐从精英机构的围墙里走向市场化的环境,文化展示开始面向身份和行为转向后的公众。为满足他们的观看之欲和消费需求,博物馆展示空间和产品的景观化设计趋势逐渐盛行,不可避免地使博物馆陷入消费主义关系中,博物馆的表达方式和行为主张也越来越依赖于这种消费关系。被打上鲜明消费主义关系烙印的博物馆像被展示的城市一样成为提供展示空间、购物区和餐饮设施的混合物,贝拉·迪克斯称其为"可参观的消费主义空间"。

在消费文化流行背景下,博物馆需要适应消费社会不求原创的"反灵晕"特征,通过空间规划、景观营造、活动设计为观众提供更多可参观的消费主义空间。同时,博物馆要积极承担公众教育、文物保存、文化传播、思想启迪的职能使命,在陈列展览、社会教育等活动中坚持真实原创原则,并通过制定统一的价值体系无差别地对观众进行约束。由此形成两种鲜明对比的行动逻辑:博物馆一方面需要通过对远离人们日常生活的真实文化的展示和传播,提供给观众一定的距离感,满足他们对作为现代性"他者"的真实性追求;另一方面又越来越多地运用互动、参与策略以克服观众的距离感,甚至在消费资本主义知识-权力关系裹挟下迎合来自观众的更加热衷于刺激、娱乐和挑战的需求。于是,博物馆在自身职责使命规约下旨在对公民进行教育的文化传播模式必然受到旨在吸引尽可能多旅游者的目标的挑战。面对观众的多元诉求,博物馆的目标和实践将会面临冲突,博物馆与观众在目标和实践方面的差异必然形成博物馆与观众之间的张力。这无形中增加了博物馆文旅融合的不适感,使博物馆在文旅融合实践中陷于一种进退维谷的状态。对此,美国博物馆学家古里安提出,博物馆要勇于承认其使命不止一个,在实际工作中应该考虑不同的甚至是相互矛盾的既定目标。

3. 观众参观体验心理和行为异质

不同观众参观博物馆时存在心理和行为层面的异质性。心理层面,观众参观博物馆的一个重要目的是通过对博物馆特色文化的游览,了解、体验与平日接触到的事物有所不同的社会文化现实。在博物馆参观体验中,观众倾向于探寻日常生活以外的"他者"的精神世界,并视其为对日常生活的补充。另一方面,观众希望在文化旅游中看到与自身生活息息相关的相对熟悉的文化事物,在寻找个人和社会群体联系与区别的情感性体验中实现文化认同,最终将外在的真实和自我实现的追求结合在一起获得自我认同。体验自我以外的"他者"文化而又期待通过与自身相关的事物建构自我认同的心理形成了游客参观体验中心理层面的张力。行为层面,受后现代主义思潮影响,博物馆观众参与性越来越强,他们在参观博物馆时期待有更加积极、更多共享的实践体验。观众倾向于通过调动视觉以外的多个感官参与博物馆文旅活动。参与过程中,很多观众不区分学习和娱乐,而是以消遣的姿态消费文化,甚至希望刻意挑动感官产生震撼的效果。然而,博物馆作为一种以实物为媒介的空间场域,充斥着大量实物形态的文化符号,它们与博物馆的空间环境、观众的参观行为共同构成了人们凝视的对象。观众总是把眼光停留在展示空间、参观条件以及其他博物馆参观者的行为上。凝视本质上是观众通过对博物馆符号体系的感知和符号价值的交换参与文化活动、建构社会认同的过程,超脱了消费文化驱使下以娱乐、消遣为主要目的的多感官体验行为。观众参观体验行为的异质性充斥于博物馆空间,凸显了观众空间行为的张力,增加了博物馆空间的破碎度。

博物馆文旅融合中的三重张力是文化和旅游在博物馆这一载体或媒介融合时不同行为主体间形成的反向作用力,将伴随博物馆文化和旅游融合的进程。优化组织结构、定制制度规划、配置资源要素以推动博物馆文旅融合顶层设计,保持文化原真性前提下面向游客更好地进行文化阐释和展现,在博物馆价值使命规约下以多目标的定位和实践满足公众的多元需求,整合文旅资源、挖掘资源价值、提供优质文旅产品以满足不同身份动机游客的参与体验,是博物馆文旅融合面临的多重挑战和推进文旅融合的实践困境。因此,需要结合博物馆实际和文旅融合规律对博物馆文旅融合路径做出优化。

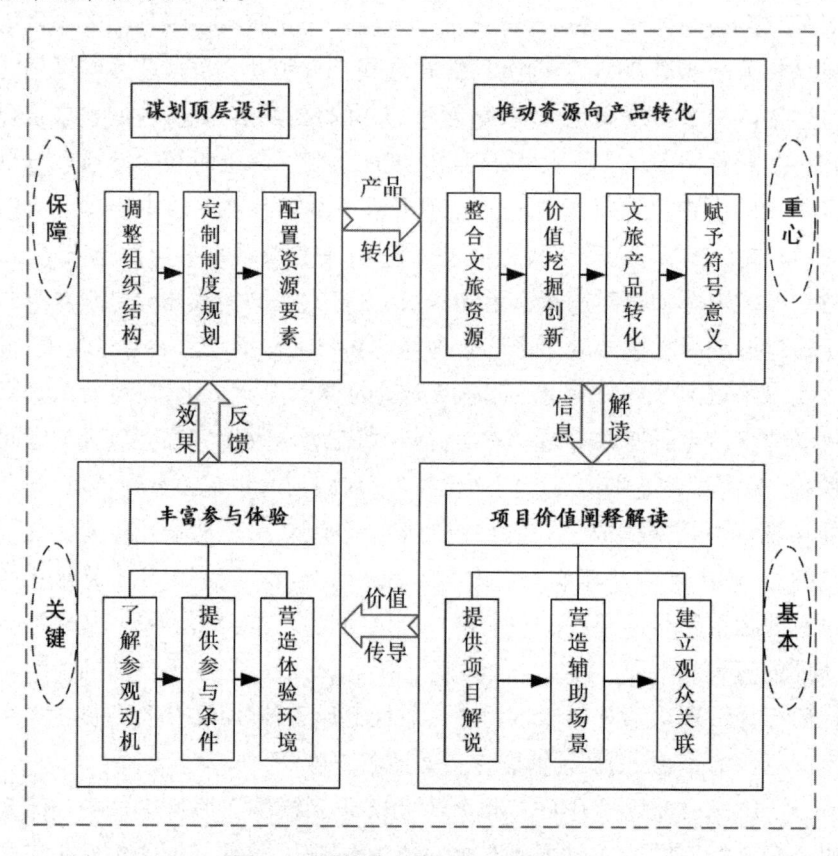

(四)优化博物馆文旅融合的实践路径

立足文旅深度融合发展的战略高度和博物馆事业高质量发展的角度,构建博物馆文旅融合的结构框架,形成文旅融合的良性生态系统,优化文旅融合的实践路径,是新时期推动我国博物馆文旅融合取得成效的根本之策(见图1-2)。

图1-2 博物馆文旅融合的实践路径

1.谋划博物馆文旅融合顶层设计

当前,国内博物馆普遍存在文旅融合发展规划不清晰,文旅融合理念滞后,文旅融合实践受人才、资金、场地等资源制约,完善的文旅融合机制尚未建立等问题,导致文旅融合的感性化、碎片化现象,突显了文旅融合的实践困境。因此,优化博物馆文旅融合路径首先需要针对上述问题从调整组织结构、定制制度规划、配置资源要素方面进行整体谋划。长期以来形成的组织架构和管理体制下,博物馆藏品保管、陈列展览、社会教育等部门互不统属,导致服务博物馆文旅融合的资源分散于不同部门。各部门囿于自身工作内容和具体目标,使得博物馆文旅融合所需的资源要素难以统一整合。故围绕博物馆文旅融合的目标,整合分布于不同部门的资源要素,成立直属于博物馆管理层的业务部门承担文旅融合工作是优化博物馆组织结构的最佳选择,如四川博物院为推动文旅融合设立的文旅融合产业发展部。如果暂时不具备成立独立部门的条件,可根据文旅融合的需要抽调博物馆社会教育、陈列展览、藏品保管、文创开发、行政管理等部门相关人员组成临时团队,完成具体项目的策划、组织和实施。同时,文旅融合部门仍需保持与其他部门的密切合作,避免出现因机构结构分立抑制合作的情况。

制定发展规划方面,博物馆应将推动文旅融合纳入博物馆总体发展规划,在基础设施建设、陈列展览设计、社教活动开展、创意产品开发、公共安全保障等方面充分考虑文旅融合的要素和环节。总体规划之外,制定博物馆文旅融合发展的专项规划尤为重要,据此博物馆可结合自身实际确定文旅融合项目、切入点、资源需求和保障措施。从政治经济学角度来看,制度框架对博物馆管理者的行为影响显著。因此,博物馆应超前布局并建立健全岗位设置、资金分配、文旅体验、安全管理等各项管理制度,为文旅融合规划的实施提供制度保障。实践中,博物馆将面临人力支出、文物保护、活动策划、安全风险等多方面的压力,从而凸显了健全制度框架的重要性和进行资源要素配置的必要性。美国经济学家詹姆斯·海尔布伦提出"为达到某些可确定的目标,博物馆应当有效地配置资源",包括对博物馆行为具有重要约束的资金、人力等关键资源。博物馆应结合本馆实际并根据文旅融合目标对负责文旅融合的部门或团队配置人力、资金、设施、场地等资源要素,赋予相应的组织协调权。配置资源、赋能赋权是从顶层设计层面推动博物馆文旅融合的基本保障。

2.推动文旅资源向文旅融合产品转化

整合文旅资源、挖掘资源价值,推动文旅资源向文旅融合产品的转化是博物馆文旅融合的重心。博物馆拥有得天独厚的文化资源禀赋和特色鲜明的休闲旅游要素,文化和旅游资源要素的同构性是其文旅融合的突出优势。然而,现实中这一优势并没有充分发挥。文旅融合的资源短板效应较为明显,表现为资源整合与塑造不足、资源价值挖掘不充分、文旅资源要素融而不合现象突出,导致满足观众需求的文旅融合产品稀缺。所以,博物馆应通过对本馆文旅资源进行系统性梳理、整合,分析自身资源特色的基础上形成有价值、难以模仿、可持续的资源竞争优势。在此基础上,推动资源思维向产品思维转变,加强文旅资源价值挖掘和文化内涵创新,找准文化和旅游资源要素的融合点,实现由文旅资源向文旅融合产品的转化。博物馆文化资源往往具有深厚的历史底蕴、审美意象和丰富的文化内涵,旅游要素与文化资源不可分割,因此博物馆文旅融合需要面向观众做好文化资源内涵的阐释、文化文物背景的解读及其与旅游要素的有效衔接。通过文化资源和旅游要素的对接互融、表达呈现和内容创新,使其转化为符合当代人情感价值和消费品位的文旅融合产品。

《"十四五"文化和旅游发展规划》指出,当前文旅融合还存在文化和旅游产品供给和需求不相匹配的问题。当前,立足馆藏资源、基础设施、合作网络提供文旅融合产品的做法虽然反映了博物馆的期望和目标,却容易忽视观众的文化诉求和参观动机,以致难以满足观众的多元需求。后福特主义主张消费而非生产主导产业发展,生产者须立足消费者的立场生产出更多满足消费者个性化需求的产品。这启发博物馆的文旅融合不应着眼于可以提供什么项目,而应思考什么项目能够符合观众需求。主动了解观众需求和动机,探寻观众兴趣偏好与博物馆文旅资源之间的关联,针对观众需求精心策划并提供文旅融合产品,是推动博物馆文旅资源产品化的关键。此外,博物馆还需赋予产品特定的符号意义,以满足旅游者对符号意义的探寻以及希望通过特定符号遇见与自我相关的"他者"文化的体验。正如符号学家乔纳森·卡勒所言,旅游者在旅游过程中热衷于寻找符合自己意象的符号与象征,只有进入到旅游符号的连续体中才能形成良好的旅游体验。

3. 做好文旅融合项目的阐释解读

因知识背景、信息传递的非对称性,观众对博物馆文旅融合产品的认知相对有限,需要博物馆借助特定媒介和可被感知的场景向观众做出解读。文旅融合项目是博物馆根据本馆资源特色进行再创作形成的产品,是文化内容编码后的呈现,承载的文化知识可能超出了观众的认知能力和范围。因此,博物馆不能先入为主地认为观众能完全结合自身知识储备从具体学科的角度对相关内容做出描绘或鉴别,而应为观众提供参与场景、解说系统和辅助设施,对文旅融合项目做出阐释和解读,以降低或减少因观众知识结构不对称带来的阈值焦虑。

通过专业人员、视听媒体、智能设备为文旅融合项目提供关于其内容、背景、意义的解说,营造易于理解的辅助场景,增强观众对项目本身及文化内涵的感知,是博物馆做好文旅融合项目阐释解读的着力点。因而,博物馆应尽可能详细地为文旅融合项目提供解读信息,引发观众对项目的响应。此外,通过与人们日常生活相关或相对熟悉事物的结合,建立观众与文旅融合项目的关联性,从而激发观众的参与动机和认同意识,是阐释解读的更高层次。云南省博物馆对"一百年只为一杯咖啡"文旅融合项目的阐释解读就遵循了这一逻辑。博物馆根据馆藏资源特色陈列"百年朱苦拉咖啡"群塑和朱苦拉咖啡模型,配合中国咖啡起源的文字说明,讲述了彝族村寨朱苦拉与咖啡结缘并成为中国咖啡之源的历程。通过场景组合和故事化的解说让观众对朱苦拉咖啡的百年历程有了基本认知,但这对于文旅融合项目的阐释还不够。于是,博物馆将其与咖啡厅里销售的朱苦拉咖啡关联起来,引导观众去品尝一杯朱苦拉咖啡,以咖啡品尝活动对文旅融合项目做出进一步阐释,加深了观众对项目及其反映的咖啡文化传承的理解。文旅融合项目的阐释解读还要避免因过于迎合普通旅游者的文化认知进行的文化信息编码和传递,否则会造成文化要素选择的肤浅、文化要义传递的阻碍,进而导致文化原真性的侵蚀甚至丧失。

4.丰富观众对文旅融合项目的参与体验

满足观众多元参观动机和体验需求是推动博物馆文旅融合取得成效的关键环节。观众参与体验状况既是评价博物馆文旅融合成功与否的重要标准,也是决定博物馆文旅融合是否具有可持续性的因素。"体验经济"的概念自20世纪末提出后,围绕增强观众体验,引入体验景观、改善体验环境越来越多地为博物馆所接受。现代博物馆越来越重视制造体验,甚至将向观众提供在场体验视为博物馆的职责所在。博物馆通过向观众提供互动式参与和沉浸式体验,使他们深入理解文旅融合项目的故事情节、文化内涵、精神价值,满足他们希望在精神上或者身体上参与他们所看到的内容,并希望以某种方式与此进行连接的心理诉求。

丰富博物馆文旅融合项目参与体验的出发点是满足观众的多元需求和参观动机。博物馆观众研究的开拓者约翰·H.福克坦言,人们参观博物馆主要是为了满足一个或多个身份相关的需求,参观满意度主要取决于观众是否认为其进入博物馆的身份相关动机得到满足。博物馆文旅融合项目参与体验要点的设计应着眼于满足公众探索学习、休闲娱乐、社交互动、文化体验等多元身份相关动机。通过对"他者"文化的多感官休闲式体验实现文化认同和自我认同,是满足观众多元动机和需求的基础。

丰富观众对文旅融合项目的参与体验还需要博物馆提供互动式参与条件,营造沉浸式体验环境。互动是观众参与体验文旅项目的主要方式和通过感官与项目内容交互的动态表达。博物馆的文旅体验不是单向的,而是与观众共同构成的互动体验模式。文旅融合项目的参与体验也是在观众与项目以及观众之间的双向互动中实现的。前者主要利用互动技术、特定场景、辅助设施,调动观众的身体动作和感官体验,实现对项目内容的探索发现或双向交互。这要求博物馆结合数字技术搭建相关场景,推出观众可参与的互动活动,引导观众的互动式参与。后者是观众之间围绕文旅融合项目和参与体验过程进行的交流,是一种特殊情境下的社交互动和观众内在情感的自我表达。它使观众由孤立的受众转向能动的叙事者,博物馆由单一的知识传授转向与观众共享其建构和创造的意义。观众之间的互动将会影响个人体验中的心理活动、情感投入、参与意愿甚至他人的体验感。因而,博物馆需要关注观众参与体验中的社交需求,设置畅通的表达渠道和宽松的交流空间,构建良性的互动氛围和参与环境,提升观众对文旅融合项目的体验度及文化意义的认同感。

英国学者罗斯·帕里指出,博物馆观众喜欢沉浸式的感受,而非被动的旁观者或接受者。这启发博物馆在开发文旅融合项目时应充分考虑观众的体验偏好,根据项目内容和特点,积极利用相对成熟的虚拟现实、增强现实、全息技术、超高清技术等搭建沉浸式体验场景或组织可观可感的现场体验活动,营造沉浸式体验环境,丰富观众沉浸式体验的同时激发他们对项目所反映文化的想象、回忆与思考。扬州中国大运河博物馆的"5G大运河沉浸式体验馆"向观众提供的虚实共生的沉浸式体验就是一个很好的例子。项目运用5G+VR 720°全息、超高清视觉、多媒体互动、增强现实等数字技术,以真实比例和故事背景还原体验空间,呈现昼夜变幻、街肆喧嚣的虚拟场景,营造沉浸式氛围。观众置身于运河空间,以裸眼3D形式穿越17座运河城市,在沉浸式情景体验中感受千年运河的历史风貌和文化底蕴。又如,浙江自然博物院通过挖掘《山海经》中的传统文化,将剧本游与博物馆展陈相结合,推出交互感和沉浸感强的文旅融合项目《山海秘境》。参观者通过手机端与展陈内容联动,根据剧情引导,在博物馆内通过重重关卡考验解密知识点,完成通关目标并获得奖励,丰富了观众的参与体验,使他们在体验妙趣横生的秘境之旅中认识《山海经》及其蕴含的传统文化。

从中华民族永续发展的历史高度,博物馆是中华文明的物质载体,是保护和传承人类文明的重要殿堂,博物馆应创新展览展示、推动文物活化利用。文旅融合是博物馆文物活化利用,推动优秀传统文化创造性转化、创新性发展的重要途径,根本目的在于守护好、传承好、展示好中华文明优秀成果。作为文旅融合的重要场域,博物馆应明确文旅融合的目标定位,把握文旅融合发展的规律,优化文旅融合的发展路径,体现文旅深度融合的博物馆作为,为更好担负起新时代新的文化传承使命、推进中华民族现代文明和社会主义文化强国建设做出应有的贡献。

美国著名博物馆学家斯蒂芬·威尔认为,"从关于某事到为了某人"是博物馆的变革趋势,在此基础上强调博物馆的最终目标在于改善人们的生活。满足人们对高质量文旅产品的精神追求也是推动博物馆文旅融合的目标。当前,在资源整合利用、产品开发创新、业态丰富完善方面,博物馆文旅融合已取得初步成效,但与公众日益增长的文旅消费需求还有一定差距。因此,博物馆应立足实际对文旅融合进行顶层设计;梳理整合文化资源和旅游要素,强化文旅融合发展的要素协同,在此基础上推动文旅资源向文旅融合产品转化;面向观众做好文旅融合项目的阐释,丰富观众对文旅融合项目的参与体验。博物馆文旅融合是一项复杂系统的工作,上述仅为推动博物馆文旅融合的结构化路径,尚需进一步深化。诸多具体工作还需博物馆超前布局和应对,如优化接待流程管理、确保文物藏品安全、守住意识形态底线,需要博物馆做深做实,以形成良性的文旅融合生态系统,培育主客共享的美好生活新空间[①]。

(五)价值共创视角下的博物馆文旅融合架构与趋势

1.基于价值共创的博物馆文旅融合架构

价值共创理论最早可追溯至19世纪服务经济学的研究中。它主张消费者参与生产过程并对服务业生产效率产生影响。进入21世纪,该理论得到进一步完善,形成"基于顾客主导逻辑"和"基于服务主导逻辑"的价值共创两种主流观点。虽然两者立足点不同,但都是对生产者创造价值这一传统理念的反思,一致强调了多主体参与产品或服务的设计、生产和消费环节,通过各主体间的有效互动共同创造价值理念。在博物馆文旅融合中,博物馆的核心优势在于拥有包括建筑、藏品、展览在内的文化内容以及据此展开的公共文化服务活动。但文化内容和公共文化服务的供给并不能自然推动文旅融合的实现,而是需要旅游活动的介入和旅游各要素的配合,作为文化内容和公共文化服务的承接与融合。这就离不开旅游产业链的各类主体和相关社会组织的参与。事实上,博物馆文旅融合的实现正是参与其中的博物馆、社会公众、旅游机构和其他社会组织之间,基于价值共创的融合体系。以价值创造为导向,与各类社会主体的密切合作,也是"解决博物馆面临的生存及创新危机,实现可持续发展的重要途径"。

(1)博物馆文旅融合的主要参与者

博物馆文旅融合的参与者指以实际行动推动博物馆文旅融合并体现价值创造的行为主体,包括博物馆、旅游机构、各类企业、媒体、学校等社会组织以及参与的公众。博物馆作为核心主体,拥有得天独厚的文化资源禀赋,包括建筑、藏品、展览等有形资源和大量通过文化内容衍生的无形文化资源。博物馆一方面根据文化资源的数量、类型和特色设定文旅融合的主题和框架,并通过整合馆内外人力、智力资源,投入到文旅融合实践中,充分表达自身价值主张,彰显博物馆的文化价值和服务价值;另一方面,博物馆通过寻求合作伙伴、建立合作关系,弥补自身在人才、

---

① 王秀伟.博物馆文旅融合的内涵要义、内在张力与优化路径[J].西南民族大学学报(人文社会科学版),2023(8):137-144.

技术、资金、运营等的不足,共同组织文化旅游活动,在特定场景下实现博物馆文化价值与旅游价值的交互共振。

旅游机构是旅游产品、旅游服务的提供者和旅游活动的组织者。作为博物馆文旅融合的主要参与者,旅游机构从受众引流、活动形式、产品优化、服务配套等方面推动着文旅融合的发生和发展。旅游机构的组成以旅游企业为主,包括旅行社、在线旅游运营商、研学旅游企业、旅游景区景点、旅游商店等市场主体和酒店、交运、餐饮等经营主体。旅游机构一般具备提供旅游产品和服务的专业能力以及市场营销与运营能力。在博物馆文旅融合过程中,通过推动旅游要素与博物馆文化内容的充分融合,实现文化价值的释放、落地和传播,最终推动价值的创造性溢出。

文旅融合的成功实践表明,博物馆的文旅体验不是单向的,而是与观众共同构成的互动体验模式。社会公众是博物馆文旅融合的直接参与者和主要受益者,也是价值共创体系中各方行为关系的连接点。社会公众是一个相对宽泛的群体,远超过博物馆观众或游客的范畴。由于博物馆文旅融合的空间范围不限于博物馆内,所以社会公众既包含到访游客,也包括线上观众和参与博物馆文旅融合的公众群体。社会公众的价值创造体现在通过参与文化体验活动、展陈设计互动、教育项目反馈等有效提升文旅体验价值。

包括新闻媒体、教育机构、各类企业在内的其他社会组织既是促成博物馆文旅融合的外部力量,也是重要的参与者和推动者。它们在各自领域发挥着宣传引导、人员组织、内容塑造作用,从不同角度直接或间接地影响着博物馆的文旅融合进程。例如,具有媒体属性的互联网企业在博物馆文旅融合中,既可通过对博物馆文旅融合的过程、场景和效果发挥宣传、推介、监督作用,也可以通过视频节目与线下旅游直接参与到文旅融合中,实现线上与线下的价值贯通。

(2)基于价值共创的合作方式

博物馆文旅融合的实现需要博物馆与其他参与方发挥各自优势,在多方合作中形成理念共识和行为共振,由此实现价值共创。博物馆与旅游机构、文化企业等社会组织通过签订协议、组建团队等方式建立稳定的合作关系是实现价值共创的前提和起点。基于此,在文旅融合过程中博物馆应发挥主导作用,提供富有特色的文化资源和知识服务,决定文旅融合的主题、内容、形式等基本问题。其他各方凭借市场、技术、运营等优势以不同方式参与到博物馆文旅融合中。例如，2020年年初全面改造完成后的三星堆博物馆综合馆面临开馆后即闭馆的窘境，为此，三星堆博物馆和成都古猫文化科技有限公司通力合作，共同策划、举办了一场别开生面的线上云开幕式。由博物馆确定开幕式主题和流程，准备所需图文内容和视频资料，合作企业为开幕式提供包括HTML5技术下的交互网页设计、嘉宾云签到、观众在线互动游戏和VR观展的全程技术支持。云开幕式打破了千篇一律的线上观展宣传模式，成功吸引公众的关注，加上公众的网络二次传播，短时间内就收获30多万的人气值，大大提升了博物馆展览的吸引力与关注度，实现了文旅融合的价值创造和创新传播。

　　博物馆文旅融合中各方基于价值共创理论的合作形式，无外乎渠道合作与内容合作。渠道合作是博物馆文旅融合的基本形式，内容合作是价值共创的主要依托。

　　渠道具有连接、引流和增效的作用。渠道合作，有效连接了博物馆文旅融合的各方，将更多社会公众引向博物馆，影响着博物馆文旅融合的内容和形式。在文旅融合背景下，博物馆与旅游机构、企业、媒体合作的动机，在于后者通过掌握的大量公众资源和强大的渠道体系，通过渠道共享或流量引入，实现博物馆与社会公众的广泛连接，并将公众转化为博物馆文旅融合的参与者。如美国知名互联网旅游服务商猫途鹰（TripAdvisor）在其网站上通过鼓励用户讨论、评价各地博物馆，连接了博物馆、社会公众和旅游服务企业，实现了为博物馆引流。据统计，如果某一博物馆经常在该平台上得到讨论，并获得更多正面评价，博物馆的文旅活动会更加具有吸引力。如此形成良性循环，博物馆将更具发展优势与潜力。

　　内容合作是各方在博物馆文旅融合中形成价值共创的依托和前提。基于价值共创的内容合作分为两种情形，一是各方共同设计文旅融合活动，推出具有吸引力的文旅融合产品和服务，形成新的文旅融合内容，如2018年英国自然历史博物馆与Sky VR工作室合作，推出"Hold the World VR"项目。该项目借助VR技术和设备，由博物馆学家David Attenborough爵士带着游客在虚拟空间参观博物馆内普通公众无法涉足的领域，并通过互动体验制作3D全息图,达到"以数字方式重建博物馆的目的"。二是各参与方合力调整运行方案、框架体系,创新文旅融合内容,共同推动文旅融合内容的再生产。如美国布鲁克林博物馆先后推出"点击"(2008年)和"去吧"(2013年)展览,艺术家在网络提交作品,由公众排名,排名靠前者在展览中展出,实现了观众参与展品的征集和选择,在此基础上吸引了公众的线上参与和线下参观。

2. 价值共创视角下博物馆文旅融合的发展趋势

立足价值共创,博物馆文旅融合不再仅仅是文化资源与旅游活动在产品和服务层面上的简单结合,而是由多主体共同创造价值为目的的文旅生产活动以及价值融合过程。该过程始终伴随着价值的挖掘、创造和传播,最终将博物馆文旅融合引向深入。价值共创视角下,博物馆文旅融合呈现出参与主体不断扩大、公众参与度日益加深、价值裂变升级加速、时空边界逐渐拓展的发展趋势。

(1) 参与主体不断扩大

作为一项由多主体共同参与、协同创造价值的活动,博物馆文旅融合能够为参与者带来更多创新发展的机会和价值提升的空间。对博物馆而言,文旅融合将进一步释放博物馆的服务能力,拓展博物馆的公共服务空间,扩大博物馆文化的渗透力和博物馆旅游的吸引力。对社会公众来说,博物馆文旅融合带来的多重体验,能够满足其多样化、多层次的文旅消费需求。博物馆文旅融合为参与者带来的社会价值、经济价值、文化价值和体验价值将吸引更多社会主体参与其中,进而在涡旋效应下形成推动博物馆文旅融合的合力。

当前,文旅融合已上升为文化和旅游领域的核心议题。作为文化重镇和旅游窗口的博物馆越来越多地参与到文旅融合中,成为推动文旅融合的重要力量。我国博物馆数量和观众参观人数逐年上升。根据国家文物局统计,截至2019年底,我国博物馆数量达到5535家,全年举办展览2.86万个,教育活动33.46万场,接待观众12.27亿人次。举办展览、开展教育活动成为越来越多博物馆切入文化旅游,推动文旅融合的选择。当前,博物馆与旅游机构、互联网企业、媒体、学校之间的合作比以往任何时候都更加密切,从客观上助推了博物馆的文旅融合。近年来,各类博物馆结合特色馆藏资源开展各类文旅活动,已成为博物馆提升公共服务水平和社会影响力的主要途径。相关报道频现于媒体并引发社会关注就是很好的佐证。这不仅提高了博物馆参与文旅融合的积极性，也影响到更多其他博物馆对博物馆文旅融合的认知和态度，无形中扩大了博物馆的参与范围。

博物馆文旅融合参与主体扩大的一个重要表现在于越来越多的公众参与其中，从需求侧影响到博物馆的文旅融合，并制约着融合型产品和服务的供给。文化旅游消费需求的升级，使公众希望通过参加文旅活动获得更为丰富的体验价值。博物馆文旅融合恰恰满足了公众这一精神诉求。这成为博物馆文旅融合中公众参与数量增多、参与积极性提高的主要原因。根据人民智库课题组的调研报告，公众文化消费习惯中，59.5%的受访者有"看展览逛博物馆"的消费习惯，希望"参加博物馆文旅活动"的占55.4%。随着人工智能、全息技术、5G通信等新技术的应用和短视频、虚拟现实、网络综艺等新业态的兴起，通过智能终端进入数字博物馆、博物馆APP等自媒体，或者通过第三方平台在线参观展览、参与文旅活动的公众将会大大增加。

虽然公众参与博物馆文旅融合的身份动机不同，但通过参与实现价值创造与体验，并从中寻求文化身份认同的目的是一致的。当代博物馆学习理论研究的领军人物约翰·H. 福尔克，在2006年提出了身份动机理论，用于解释观众的参观动机对观众体验的深刻影响，并指出探索者、助学者、体验寻求者、专家和爱好者、精神追求者是五种主要的身份动机类型。现实中，公众参观博物馆、参与博物馆文旅融合活动的身份动机虽然不同，但无论出于何种身份动机，公众从文旅融合活动中创造、获取的体验价值是基本一致的，如信息价值、社交性价值、趣味性价值、消费性价值和情感价值等。文化身份认同是体验价值的一部分，也是公众参与范围扩大的内在动力。博物馆体现着当地的特色文化，能够在全球化的时代背景下提升观众的文化身份认同感。通过对异质文化的参观和体验提升文化身份认同是吸引更多公众走近博物馆、参与博物馆文旅融合的深层原因。

作为新兴的文化旅游业态，博物馆文化旅游的蓬勃发展吸引了越来越多社会组织的关注。各类旅游机构、互联网企业、新闻媒体等社会主体纷纷结合自身优势参与到博物馆文旅融合中。这在更大范围内促成多元社会主体参与到博物馆文旅融合中,促进了更多新业态、新产品的涌现。如美国一啤酒企业与波特兰艺术博物馆联系,主动参与到文化旅游活动中。双方合作推出一款从格勒兹风俗画《醉酒的鞋匠》中孕育出的啤酒,实现啤酒与艺术的结合。波特兰艺术博物馆随着啤酒的销售而在世界范围内得到推广,博物馆一度门庭若市。新业态、新产品的出现将会引发社会公众的关注和参与,这意味着更大的流量池和价值空间的形成,必将对更多社会主体产生吸引,从而形成博物馆文旅融合的良性循环。

(2)公众参与度日益加深

在文化治理体系与治理能力现代化语境下,推动文旅融合的深入,必然离不开社会公众积极广泛的参与。公众参与是文旅融合由表及里、逐渐深入的催化剂和牵引力,同时文旅融合的深度发展也为公众提供了更广阔的参与空间。随着文化参与意识和自身价值诉求的增强,公众参与博物馆文旅融合的程度日益加深。表现在公众在参与博物馆文化旅游活动时,不再仅仅满足于被动地观看展览、聆听讲解,而是以更加主动的姿态选择性地体验博物馆文旅项目,甚至直接参与到文化旅游产品的生产、设计和传播中。

近年来,国内博物馆越来越重视公众的参与和体验。从参观展览、参与教育活动到参与多元的文旅活动,从被动参与到主动体验,体验从单纯的视觉听觉到多感官并用,公众参与呈现出参与活动丰富多彩、参与方式多元、参与层次深入的趋势。如挖掘整合海洋文化资源形成的岱山县海洋系列博物馆走进东沙古镇举办系列文旅活动,"岱山蓬莱仙芝"茶艺表演、博物馆知识竞答、织渔网比赛、岱山文化遗产成果展以及博物馆藏品征集等活动,吸引了大量市民和游客参与。文旅融合中公众参与程度加深的实质是随着公众对多层次体验价值诉求的升级,他们希望与其他参与方一起挖掘博物馆文旅活动的价值,实现价值创造的最大化,并尽可能地满足自身的体验价值。

(3)价值裂变升级加速

博物馆、社会公众、旅游机构等多元主体的深度参与,推动了博物馆文旅融合的价值创造与传播,价值体系呈现加速裂变和升级的趋势。当前,在教育、研究、收藏等传统功能之外,博物馆文化旅游功能显著增强,并由此延伸出休闲娱乐等多种功能。博物馆已由保存文物发展到诠释文化、由静态陈列物品发展到文化沟通与交流。文旅融合中,博物馆通过文化旅游功能与其他功能的叠加实现了价值裂变。已有的文化价值、艺术价值、历史价值、科学价值裂变出信息价值、知识价值、休闲价值、品牌价值、情感价值等丰富多元的价值类型。博物馆的价值裂变既离不开各参与方的默契配合,又必然影响到其他参与者的价值获取与体验。如在以优秀传统文化为主题的博物馆文旅融合活动中,从公众在博物馆的展览陈列、活动组织中获取传统文化蕴含的文化价值、信息价值,到公众参与程度的深入而收获交际价值、情感价值等附加体验价值。参与博物馆文旅融合的旅游机构、互联网企业、社会媒体将从中实现经济价值、品牌价值、流量价值的提升。

  与西方国家博物馆相比,我国博物馆的文旅活动在创意性、趣味性、体验性等方面仍有较大提升空间。文旅活动中的信息价值突出,在价值体系中所占比重大,成为我国博物馆的普遍特征。从引发多方价值共鸣的角度推动文旅融合的情感价值占比较小,从而影响到博物馆文旅融合的持续性和影响力的提升。随着博物馆公共服务能力的增强、公众参与博物馆文旅活动热情和需求的提高、旅游机构等其他参与者比较优势的发挥,博物馆文旅融合的产品和服务将遵循价值升级的逻辑逐步得到优化,在已有体验价值的基础上通过创新文旅产品内容与服务形式衍生出多元附加价值,并实现高阶价值比重的提升。

  (4)时空边界逐渐拓展

  在文旅融合趋于深入的背景下,越来越多的社会主体参与到博物馆文旅融合中,打破了后者相对单一的空间场域和十分固定的时间约束,使博物馆文旅融合呈现出时空边界逐渐拓展的趋势。

  博物馆文旅融合的空间逐渐从在场化的博物馆建筑空间向在地化的城市社区空间,再向在线化的网络虚拟空间延伸。传统意义上的博物馆文旅融合空间以博物馆建筑空间为边界,兼顾博物馆室内外空间,文旅活动以在场化为基本特征形成博物馆文旅融合的空间场域。近年来,随着博物馆公共文化服务意识和能力的增强,博物馆文旅融合从馆舍天地走向大千世界。博物馆与旅游机构、媒体、教育部门等合作,将文旅融合的空间由馆内拓展至馆外。在地化的博物馆文旅活动已成为博物馆与公众深入沟通的媒介和与其他社会主体共同创造价值的载体。随着文旅融合的深入和文旅消费形态的数字化变革,博物馆文旅融合的空间由线下进一步拓展至线上。在线化的博物馆文旅融合完全突破了物理空间的限制,在无边界的网络空间以灵活多样的形式开展各类文旅活动。如青州市博物馆通过对部分馆藏龙兴寺遗址出土的佛教造像进行虚拟复原和色彩重建,深度挖掘文物蕴藏的艺术信息,借助新媒体实现全景展示,让公众在线上具有身临其境的感受。通过博物馆与互联网企业、网络媒体的深度合作,在线化的空间形态将成为未来博物馆文旅融合的主流趋势,必将加速博物馆的文旅融合。国外也有学者指出,博物馆应把重心放在在线阐释方面,以获得"更加安全可靠的未来"。

空间逐渐拓展之外,博物馆文旅融合的时间也将突破博物馆开放时间的限制,开始由固定时间发展到加时延长再结合数字技术进一步拓展到全天候的融合。长期以来,以在场化为主的博物馆文旅融合活动只能在博物馆开放时间进行,需要严格遵守开放时间的规定。近年,为顺应公众文旅消费需求不断提升的需要,越来越多的博物馆主动延长开放时间,推出丰富多彩的夜场活动。夜间开放不仅客观上增加了博物馆文旅融合的时间,丰富了博物馆文旅融合的内容,为参与者带来价值增量。在虚拟现实、云端存储、智能分发等技术支持下,数字形态的博物馆文旅产品不断涌现,在线化的博物馆文旅融合活动日益受到欢迎,极大地延长了博物馆文旅融合的时间。虚拟漫游、游戏互动、分享点评等在线化的文旅融合形态,突破了博物馆开放时间的藩篱,公众可以随时参与其中,互联网企业可以不间断地提供服务。从而调动了参与各方的积极性,在价值共创框架内实现了价值创造和传播的最大化。如泰特现代艺术馆2017年秋季举办表现主义派艺术家莫迪利亚尼特展。馆方与智能手机生产商宏达电子合作,在线上展览中运用后者提供的VR虚拟现实产品HTC Vive,借由VR虚拟实境带领观众徜徉于20世纪初期伦敦的城市景致中,亲身体验艺术家身处的时代背景。

在政策和市场的共同推动下,文旅融合呈现不断深入的发展趋势。作为文化资源禀赋突出、公共服务属性鲜明的文化机构,博物馆在日益融入社会的"外向化"历程中,不可避免地被纳入文旅融合体系,成为文旅融合走向深入的参与者和见证者。在各类主体的共同参与下,文旅融合已不再仅仅作为博物馆创新发展的背景,而逐渐成为博物馆日常工作的一部分。博物馆文旅融合的过程始终伴随着参与方的价值共创行为。也正是基于价值共创理念,博物馆文旅融合得以深入推进。在价值共创视角下,博物馆文旅融合的内涵得以充实,外延不断扩展,形成相对完整的逻辑层次和基本架构。随着文旅融合的深入推进和公众文旅消费的迭代升级,以价值创造为中心的博物馆文旅融合更具活力和张力,参与主体范围不断扩大、公众参与度日益加深、价值裂变升级加速、时空边界逐渐拓展的趋势逐渐显现。

文旅融合拓展了博物馆的服务空间、提升了博物馆的服务价值。在博物馆文旅融合中,通过与其他主体的合作,博物馆的多元价值得到挖掘、阐释和传播。社会公众能够从博物馆文旅融合中获得丰富的体验价值,形式多样的文旅活动有助于满足公众多层次的文旅消费需求。其他主体通过发挥技术、运营、人才等方面的比较优势,在博物馆文旅融合中获得品牌、经济、社会价值的提升。文旅融合的深入推进要求博物馆增强文旅融合意识、强化文旅融合理念、调整文旅融合架构、做好项目规划设计的同时,营造良好的文旅融合环境,在守住意识形态和文物安全底线的前提下加强横向协调与对外合作,提供多样化的文旅产品和服务,从根本上增强博物馆的资源链接能力和价值辐射能力。最终以博物馆文旅融合为切入点,推动我国博物馆事业的高质量发展[1]。

三、文旅融合对博物馆可持续发展的双向重要性

(一)文旅融合对博物馆发展的机遇

博物馆作为公益性的组织机构,其设立职责就包含向社会公众提供教育和研究等方面的内容。在文旅融合的大背景下,博物馆在文旅方面的作用就愈发凸显。在一定程度上,博物馆已经成为社会文化服务的产品。城市通过博物馆为旅客提供旅游产品和文化服务,能够让游客深度感受城市的文化和历史,从而让其收获人文教育。使普通的游览观光上升到高质量的文化旅游欣赏活动。文化旅游融合发展将进一步拓展博物馆的服务能力,增强了博物馆文化的渗透力和吸引力是博物馆发展的

---

[1] 王秀伟,延书宁. 价值共创视角下的博物馆文旅融合:内涵、架构与趋势[J]. 文化艺术研究,2021(3):16-24,112.

新趋势和新途径。

在文旅融合的背景下,旅游文化产业的发展步入高速车道,充足的市场需求为文旅产业带来了诸多机遇。比如,许多电视台推出了以文物鉴定为主题的文博类节目,而且这类节目的关注热度居高不下。以《鉴宝》《国家宝藏》等在内的许多优秀的文博类节目检索率和点击率居高不下。另外,故宫也推出了系列的文创产品并广受关注,之所以会有这样的成果是因为这些节目的制作都是从市场需求出发,在这个过程中结合文化效应推动了文旅产业的高度融合。当下各地博物馆的游客接待量屡创新高,各地博物馆也开始思考如果通过推出文创产品等来满足人们日益高涨的文化需求。正是这些需求为文旅产业的融合提供了坚实的市场基础,并不断推动着文旅产业蓬勃发展。凭借这些市场需求,文旅产业也能够不断探索新的方向,进行着创新的尝试,从而助力地方经济的发展,使博物馆成为文旅产业的载体和窗口,并不断与其他产业实现深度的结合,为整个城市的发展提供动力。

(二)博物馆在文旅融合中的作用

博物馆中承载的是一个地方的历史,可以看做是城市的名片,其中浓缩了一个城市千百年来的历史演变。每个城市的博物馆有着自身独特的气质,它的存在不仅仅是展示展品,而是在提升整个城市的人文价值。外地游客在探访一个城市时,如果想要更快更深入了解这个城市最好的方式无外乎是参观当地的博物馆,通过博物馆就可以深度接触到城市的历史气息和风土人情。

1.凸显地方特色文化

一般而言,传统的旅游主要是针对城市所拥有的景区、景点等处,但是这些景区、景点以自然景观为主,缺乏人文内涵。有些旅客在游访较多地方后已经出现审美疲劳,甚至有些旅客会说山水多相似,但是文化不同。所以能够真正留住游客,并促进游客反复来的最终还是城市的底蕴和文化,只有文化才能够让人心驰神往、流连忘返,从而提升城市旅游业的质量和品位。各城市之间的竞争其实就是文化的竞争,文旅融合的内核是突出城市文化的优势。

我国博物馆属于事业单位,主要是用于收藏展品并进行展示和维护。这就意味着许多博物馆都没有意识到后续的旅游资源的开发,造成博物馆很难接待较多的游客,这导致博物馆旅游开发时会遇到一些无法逾越的困难。比如,天水市麦积区博物馆是综合性历史博物馆,其基础陈列是体现城市特色——麦积历史文化,麦积区博物馆有两个基本陈列展馆,为天水历代名人铜像展和《麦积遗珍》历史文物陈列展。历史文物陈列展有两个展厅,分七个单元集中展示了本地的历史文化资源,是天水市历史文化展现的一个重要窗口。该博物馆非常有特色,也能够很好的体现城市的特点。

但随着经济文化的发展,博物馆场馆条件较差、展厅面积有限、参观旅游的基础配套设施不够完备等情况日渐凸显。麦积区博物馆为使游客能愉快的参观、旅游、学习,不断改善服务设施,如完成了对厕所的全面改造,改造后的厕所不仅舒适美观,还增加了特殊人群专用的卫生间,为母婴和残疾人等特殊人群提供便利。对馆区内的环境进行维修改造,如观众走道、水池、凉亭、残疾人通道等。不断增加服务项目,增设了自动存放物品柜、书报架,在大厅设立了服务咨询台,实行"六个免费":饮水免费,雨衣免费,常用药免费,停车免费,讲解免费,使用语音导览设备免费。甚至为了降低游客的等待时间,还取消了人工验票的环节,游客只需刷身份证即可入馆参观。该馆在后续的发展规划中已经考虑到游客的接待,在下一步的打算中争取要为各类休闲旅游活动留出场所空间,让观众能够融参观与休闲为一体,有充足的时间和空间细细品味博物馆的文化和内涵。

2.反映地方历史文化

博物馆反映的是地方历史文化,其在一定程度上见证了当地历史文化的变迁和演进,甚至可以实现古今对话,使人们可以回溯到城市历史的源头。比如麦积区博物馆《麦积遗珍》历史文物陈列展馆,设计条理清晰,其整个特点就是以点带面,通过展出相关的文物来体现历史发展的壮观场景,从而拉近古代文物与现代观众之间的距离,再现了中国历史文化的博大精深和源远流长。

博物馆是服务业,需要注重游客的体验和满意度,只有能够让游客感到物有所值,才能促使游客再次参观。如果博物馆服务好体验舒适,观众在参观博物馆时不但能学到知识,还能享受各种完美的体验,到博物馆文化旅游才能成为一种时尚、一种习惯。以麦积区博物馆为例，为了更好地展示麦积，增强观众体验感，麦积区博物馆在新馆展厅陈列布展中，特别注重与观众的互动和地方传统文化的传承，在序厅做了当地三阳川地貌的沙盘和伏羲六十四卦二十八星宿全图投影，在展厅做了全区88处县级以上文物保护点的电子互动沙盘模型，并做了全区重点保护遗址的电子互动触摸屏。在"新石器时代"做了原始社会居民生活场景模型，"秦文化"部分做了放马滩秦人牧马的情景模型，"石窟文化"部分复制了麦积山石窟几个特窟的雕塑，增强了趣味性和参与性，丰富参观体验。当然要做好博物馆的文化旅游开发，还需要推出更多让游客真正融入其中的参与性、娱乐性、体验性的文创产品，开发出有轰动效应和市场带动力体验项目，才能确保为观众提供有价值的游览经历。此外博物馆还结合独具地方特色非物质文化和节日文化进行各种不同形式的体验活动，如"走进皮影·感受非遗魅力""创意中国风——戏曲京剧脸谱制作社教活动""冬至群众文化活动""喜迎新春送温暖友善和谐一家亲"等，使观众通过动手制作民间工艺作品、品尝地方美食、观看特色文化表演感受和体验地方文化的魅力。然而要做好博物馆的文化旅游开发，我们还需要推出更多让旅游者真正融入其中的参与性、娱乐性、体验性的文化产品，开发出有轰动效应和市场带动力体验项目，才能确保为观众提供有价值的游览经历。

3.支撑地方经济增长

博物馆凭借文化展现可以为城市带来许多经济方面的支撑。通过实践可以发现，文旅产业发展已经成为城市经济新的增长点。许多博物馆已经开始受到城市主管部门的重视，许多博物馆都已经得到有效的保护和修缮。而且博物馆也在不断对自身文化内涵进行深度挖掘和合理包装，这使许多历史文物得以通过符合时代特色的形式展现在游客面前。而且通过这种方式大大提高了城市的影响力，也充实了城市文化旅游的品位，是博物馆成为城市文旅产业发展的重要助力。

博物馆大多展示的是具有地方特色的历史文化，而特色旅游商品的开发也是其中很重要的一部分。麦积区博物馆的文创产品主要由当地博物馆设计人员、民间手工艺术家和非物质文化遗产的传承人等研发销售。产品种类繁多，如天水雕漆工艺品、东方微笑陶艺、皮影、剪纸、根雕、泥塑等产品除了具有较高的观赏性和艺术性外，还具有较好的实用性，以麦积山石窟雕塑为原型设计制作的东方微笑小沙弥，以其憨厚朴实的形象深受广大游客的青睐。然而博物馆旅游产品的开发离不开技术支撑，将文化元素转变为旅游商品的过程充满了技术含量，设计人才、管理人才和资金的缺乏致使博物馆产品开发能力还较为薄弱。因此对作为能体现地域特色、民族特色、历史文化内涵的工艺品、文创产品缺乏深入的挖掘和开发，制约了博物馆文创旅游产品的发展。

博物馆积极与市报刊、广播电视台、各大门户网站等新闻网络媒体沟通合作，介绍麦积区博物馆新动向，发布展览、宣传活动的消息和专题，通过展览、文艺表演、讲座、有奖问答、体验活动等进机关、社区、学校、军营、乡村开展活动传播麦积区的历史文化知识，扩大了博物馆的影响，在旅游推广上，麦积区博物馆以发挥自身优势，联合文化及旅游企业共同开发的文旅产品，同麦积区教育局、研学教育机构联合共同制定研学参观路线，将麦积区博物馆作为本地旅游参观、研学教育的人文基地。通过研学教育和旅游扩大文化传播的途径和方式，外地的团队和游客明显增多，产生巨大的社会效益和经济效益。

4.提升地方文化影响力

随着社会的发展，人们已经不仅仅满足于衣食住行的富足，而是开始关注精神世界的满足。人们对于文化的需求得到了空前的释放，通过对旅游业的分析可知，越来越多的人开始利用空闲时间去往各地旅游观光，探寻不同的风土人情，旅游业也迎来了蓬勃发展的机会。但是区别于凭借自然景观发展的旅游业，目前旅游业的发展需要能够结合地方文化特色，而通过实现文旅的深度融合才能够契合目前国家对于第三产业发展形势的判断和要求，满足旅游、健康、养老等的需要。在这个过程中博物馆能够充分体现出文旅融合的特色，通过提升博物馆在旅游和公共文化服务中的先锋地位，从而可以为广大民众提供更加方便快捷的平台，而且能够充分体现出本地的特色。游客可以通过博物馆简单直接地了解本地的风土人情和历史发展，接受到整个城市文化的熏陶，大大提升地方文化的影响力。

现阶段的旅游已经不同于传统旅游的游山玩水，而是需要能够让游客体会到当地人文历史文化和城市的风土人情。每个城市都有着与众不同的文化习俗和历史背景,城市文旅主管部门需要能够意识到对于本地文化的挖掘,使得旅游成为城市文化输出的一种重要手段。综观国家趋势,旅游作为文化价值实现的重要载体,与文化的融合势在必行,同时文旅融合也是目前国家推动旅游业转型的手段之一。而博物馆在这个过程如果能够被有效利用则可以起到非常关键的作用,而且能够进一步促进文化与旅游产业的深度融合,为进一步提升旅游文化内涵提供了保障[1]。

---

[1] 李志宏. 文旅融合发展中博物馆的作用[J]. 丝绸之路,2021(2):147-150.

第二章 文旅融合视角下博物馆公共服务可持续发展的建设理念

第一节 社会效益与经济效益的双赢

一、博物馆社会效益与经济效益的关系

博物馆的社会效益体现为博物馆向社会提供的公共文化产品所具有的公益性。博物馆是以宣传、学习、教育为目的社会公共机构，对于一个国家和民族而言，各类博物馆都是意义非凡的精神文明财富。最大限度地实现社会效益是博物馆的价值目标之所在，是进一步提高政府公共文化服务水平，保障人民群众基本文化权益的重要举措，有利于促进中华民族优秀文化的传播推广，有利于提升公民整体文化素养。博物馆的经济效益是博物馆的收入总值同业务成本之间的比例关系。博物馆作为公益性事业单位被定义为不以营利为目的的机构，但是这并不意味着博物馆不能营利。尤其是一些旅游性的博物馆已经成为促进地方经济发展的重要支柱。如果地方财政资金充裕，也能大力支持博物馆的建设，可见博物馆的社会效益和经济效益是相辅相成的。

二、实现博物馆社会效益和经济效益双赢的途径

（一）让文物"活"起来，博物馆全方位"走"进人们的生活

让博物馆的文物"活"起来，让中华文化展现出永久的魅力和时代风采，充分发挥博物馆传承优秀传统文化的作用，帮助人们树立正确的历史观和文化观，让观众在文物与史料中走近历史，领略时代变迁。推动传统文化走进人们的日常生活，我们可以将博物馆活动与中国传统的节日相结合，邀请市民进博物馆过节，形成新风尚。例如，博物馆可以在元宵节、端午节、中秋节这些传统节日期间举办专题展览活动，通过制作花

灯、猜字谜、闹元宵、包粽子、制作团扇等来感受传统文化和技艺的魅力。

（二）通过多媒体手段，让博物馆融入大众生活

随着"创造性转化、创新性发展"的提出，博物馆线上展览"走红"。图文搭配短视频、音频讲解，是博物馆线上展览最常见的形式。随着科技的进步，通过建立在线展览大数据平台，利用微博、微信、抖音等新媒体渠道，整合推送展览场景、图文资料、媒体资源等，向人们提供安全便捷的在线服务。近期，3D全景数字博物馆和"云游"博物馆等一系列创新式的线上活动频频引发热点话题。例如，"春光中的武汉"——云逛湖北省博物馆，借助VR虚拟现实、三维网页引擎、三维全景虚拟现实等技术复制线下展览的全景展示，展览中使用了大量的多媒体互动装置，大大提升了观众的体验感，给线上参观者带来身临其境的奇妙感受。博物馆也可以通过策划设计专门供线上观赏的展览来吸引观众的眼球，号召大家"防疫情、不出户、赏文物"，为丰富疫情防控期间人民群众的精神文化生活做出贡献。

（三）开发多样化的文创产品，激发人们的文化消费热情

博物馆应根据自身特点积极探索开发多样化文创产品，激发人们的文化消费热情。例如，故宫博物院的口红、苏州博物馆的唐寅泡花草茶等颇有新意，符合"把展览带回家"的理念，即观众在参观博物馆后能带走的商品。密室逃脱是时下年轻人最喜欢的一种休闲方式，近年发展迅速。而大多数密室逃脱的本质则是体验式的解谜。"博物馆解谜"也是一种可借鉴推广的文创产品，如巴黎卢浮宫就曾有一场"破译公式"的解谜活动。巴黎歌剧院、荷兰博物馆、日本歌舞伎博物馆等，均已多次举办类似于密室逃脱的解谜游戏。还有故宫博物院的《迷宫·如意琳琅图集》、湖南省博物馆的"马王堆符文之谜"都是非常成功的。博物馆解谜、博物馆寻宝、研学旅游等文创产品为博物馆提供了优厚的附加价值，成为博物馆品牌价值的延伸，观众普遍反映形式十分有趣，且有助于他们了解博物馆的内容。此外，还可以通过打造"点亮博物馆""博物馆之夜"等夜间活动，开启博物馆夜场模式，激发人们的文化消费热情，引导人们健康夜生活的形成。

(四)加强馆际之间合作,政府签订共建协议,承担社会职能

面对资金匮乏、拓展乏力、专业人员少、专业性不足等问题,建议"抱团取暖",同类型小微博物馆联合在一起,通过联合巡展的方式弥补馆区场地、展览品和人员不足的问题,做好特色文化展示。首先,馆际之间应当就展览活动、人员分工协作、展览品托管等工作做统一协调,形成稳固合作机制,建立多元化的反馈机制和评估体系。其次,博物馆要善于使用各种新媒介,打造独具特色的创意与营销渠道,让博物馆走入寻常百姓家。博物馆应主动走向社会公众,走进网络去开辟更广阔的市场。

尽管各类博物馆整体呈现百花齐放的良好状态,但其管理运营存在一些亟待解决的问题,尤其是一些民营博物馆和高校博物馆。建议建立文化利益共同体,这些博物馆可以与政府签订共建协议,通过区域共商共建获取运营费,解决博物馆基础设施建设、藏品征集、文创开发等经费问题。为此,这些博物馆必须转变自身定位,承担起社会职责,提高管理和服务水平,从而实现更好的发展。

(五)加强跨行业合作,实现互利共赢

博物馆要积极配合政府目标,加强跨行业合作,积极尝试社会化的创新。博物馆可借助社会各相关行业的力量,不断打造出新颖的产品来满足消费者的需求。例如,在电子商务和网购迅猛发展的今天,博物馆可以通过与淘宝、京东等电商合作,让电商成为博物馆文创商店营销的重要载体。其实目前已经有了许多成功的案例:仅故宫一家就与淘宝合作开了6家店;苏州博物馆8款茶叶品牌在天猫上进行跨界营销;中国探月和棒棒糖品牌Crafted于2019年七夕节期间在天猫推动下进行了跨界合作,上线当天就爆卖了10万份。

总之,博物馆的社会效益和经济效益是相辅相成的,它们犹如博物馆的两条腿与两只翅膀,只有共同强健,才能让博物馆在健康持续发展之路上走得更稳更快,飞得更高更远[1]。

---

[1] 吴鹏,蒋丽. 浅论博物馆的社会效益与经济效益[J]. 文物鉴定与鉴赏,2020(11):132-133.

第二节 将博物馆的历史价值转变为现实价值

一、历史价值的实现方式发生转变

一方面,博物馆的历史价值的实现方式发生了变化。

博物馆的历史价值的实现主要是通过博物馆的各种功能将其展示、教育、传播出去,使其能够被社会大众所了解或者熟知。受众的人数、受众对文物知识的了解程度等是博物馆历史价值实现的考量。了解该文物的人数越多,对文物的了解程度越高,说明这个博物馆的历史价值实现的越充分,历史价值越大。但是具体的历史价值量度还需要专门的科学方法进行评估,在此无法给予深入的研究结论。传统的历史价值的实现主要围绕着博物馆实体展开,所有的展览展示、大众的参观游览、文物相关书籍的购买与相关产品的购买都是在博物馆实体内进行。观众只有来到博物馆才能感受到博物馆所具有的历史价值。而现代的传播方式扩大了博物馆历史价值的影响范围和受众群体。电脑将博物馆虚拟化展现在屏幕上,而互联网将虚拟的博物馆传播到世界每一处有网络的地方。人们可以足不出户走进博物馆,参观里面的藏品和及时看到的文物的知识背景与介绍。博物馆具有自身特色的创意产品,可以通过世界各地的经销网络或者博物馆的网络商店进行售卖,产品的传播也是博物馆自身形象的一种展示,是博物馆价值的一种新的传播渠道。

另一方面,消费者对于博物馆历史价值具有选择权。

消费者对博物馆提供的文化内容和服务形式有了自己选择权,可以根据自己的实际需求选择不同的内容和服务方式。当一个消费者对一家博物馆所提供的内容和服务不满意的时候,他会轻易地寻找相关内容的替代物。在这个市场里,文化产品的丰富程度提供了消费者充足的选择空间。这样,消费需求便流向能够提供更多文化内容,更丰富文化知识,更周到的服务的消费场所。这种选择权直接导致博物馆之间以及博物馆与其他相关文化产品供给者之间的竞争,市场成为检验博物馆价值的最有效的场所。这样,在市场中,免费的商品不一定是消费者的首选,而付费的商品也不一定被消费者敬而远之。在这里,消费者选择的是具有特色、内涵丰富的产品与服务,只要是能够满足自己需要的,付费已经不是文化消费中的关键环节,人们愿意为能够带来文化熏陶的产品和服务付费。

二、正确处理历史价值与现实价值的关系

在市场的正常运作情况下,我们看到博物馆因为历史价值的存在,能够吸引消费者付费欣赏。在这个过程中,博物馆的现实价值得以体现。可以看到随着历史价值的影响逐步扩大和深入,越来越多的人被其历史价值吸引,这也就促使更多的人为消费文化产品付费。博物馆的直接现实价值得到体现,而消费者对博物馆的消费行为也连带着周边的产业一起得到发展。如博物馆所在城市的餐饮、交通、住宿、其他商业娱乐设施都因为消费者的到来而产生经济效益;通过其他途径如互联网的消费者则为网站带来了流量和点击率,提高网站的知名度;在网络上购买博物馆产品的消费者则为商家和物流等产业带来间接的经济利益。这些都是由于博物馆的历史价值的存在所产生的博物馆的现实价值。

与此同时,博物馆的现实价值为博物馆带来了利润,运营经费得到了补充。更多的展示、更多的宣传手段是博物馆知名度提高的重要手段;资金的充足可以满足博物馆购买文物的需要,藏品的丰富为博物馆在市场的竞争中增加核心竞争力增添筹码;资金的充足还可以满足博物馆自身设备的升级,场馆的修缮与设计的投入,博物馆自身也可以具备文物的属性而具有更多的历史价值。

所以博物馆的历史价值与现实价值之间的关系是互相促进、互相增值的一个过程。历史价值是博物馆具有现实价值的前提和基础,对于博物馆来说,历史价值是博物馆经营的核心,馆藏文物的损坏导致的历史价值的缺失必然使消费者流失,使现实价值产生折损甚至是完全丧失现实价值,那么博物馆的生存和发展将受到严重的威胁。而历史价值的增值过程也是博物馆核心竞争力提升的过程,在市场的运作下,现实价值的提升将不可阻挡。换个角度来说,现实价值所带来的利润正是博物馆提升历史价值所必需的经费来源。经费充足必会使历史价值向最大值提升。而这样的互促过程,历史价值与现实价值在同时运作,推动博物

馆价值实现最大值。

在现实中,可能会出现历史价值与现实价值对立的情况,但是究其原因是由于没有正确的认识两者之间的关系造成的。不论是由于过度开发现实价值而造成的文物的永久性破坏,如建福宫修建会所事件,使得建福宫的很多重要文物受到不同的损害,这是无法弥补的损害;还是由于怕文物被损坏而无视现实价值的存在,如故宫内的一些文物在从没有被展出过的情况下被维护的员工损坏的事件发生:归结这两种情况产生的原因都是因为没有正确地看待博物馆的现实价值开发。问题的核心是博物馆的现实价值的开发是需要有博物馆的历史价值的存在作为基础和前提的。历史价值在整个经济开发的过程中只能实现增值的过程,而不能受到任何程度的损害,意识到两者之间这样的一种连带关系,将可以完全避免悲剧的发生[1]。

第三节 将传统的文化精髓与现代技术服务相结合

科技改变生活,同时随着科技的不断进步,博物馆的发展也凸显对高精尖技术的迫切需求,二者相互融合、相互促进。博物馆不断地创造性地将最新的尖端科技融入到对藏品的研究与保护、展览的设计与呈现、观众的服务与教育等一系列的博物馆运营事务中。这些引领和超越时代的技术往往可以用"黑科技"这一名词予以表述。"黑科技"一词最初源于日本,指超越人类认知范围或现有科技水平的科学技术创新及其产品。在我们汉语中"黑科技"所指的范围更广:一方面,它泛指目前难以实现但可能会在未来实现的概念科技;另一方面,也指已经实现但超越绝大多数人认知范畴的高精尖技术及产品。

早在20世纪90年代,作为当时"黑科技"的数字技术就开始涉足文化领域的大范围应用。1990年,美国国会图书馆成功开启了美国数字图书馆时代;1992年,联合国教科文组织发起了"世界记忆"工程,将数字技

---

[1] 宋存洋. 博物馆价值最大化的实现路径研究[D]. 北京:中国社会科学院研究生院;中国社会科学院,2012.

术带入到了全球文化遗址的保护工作当中;1995年,欧美区域的多家博物馆,包括美国大都会博物馆、法国卢浮宫都着手开展数字化存储项目,进一步将数字技术在博物馆的应用扩大化。数字技术在世界文化领域的应用日益成熟,也为我国博物馆数字化提供了良好的外部环境。

在博物馆的数字化应用方面,我国始终紧趋世界步伐。我国的博物馆数字化浪潮可以追溯至1998年8月,河南博物院成立了首家互联网网站,后期随着我国互联网技术的快速发展,国内博物馆都先后建立了自己的互联网网站,标志着我国博物馆"触网"拉开了序幕。如今,公众已经可以通过"网上博物馆"的形式,对博物馆的藏品、展览内容通过网络进行浏览,博物馆的展览内容也已经在"实体空间"的基础上发展出"虚拟空间"。

一、新技术助力博物馆实现精准化观众服务

科学技术的发展推动了博物馆与科技的结合,进一步促进了新技术在改进观展体验,提供优质高效服务,实现精准服务方面的力度。显示屏、触控屏、投影系统、影院系统、虚拟现实技术、增强现实技术、数字导览等是博物馆展示中常应用的新技术手段。在舞台艺术中使用的全息投影技术,不仅可以产生立体的空间幻象,幻象还可以和观众互动,令观众有身临其境的震撼效果。汉景帝阳陵博物院借助全息投影技术展示了汉景帝时期百官上朝的故事片段,让观众生动了解当时人们的生活情境;蓬莱古船博物馆利用大型幻影成像技术展示了一艘古船在海底打捞之前的状态和周边环境的情况。博物馆通过不断提升展示手段,增加互动性,使观众参与其中,把展览展示的信息由被动接受变为主动学习,让展览展示的内容更具针对性传播。

二、博物馆公共服务发展需求牵引新技术的应用与发展

博物馆历来与新技术之间存在着不解之缘,新技术对博物馆的功能进行了深化及拓展,博物馆对新技术也始终保持着开放、接纳的态度。从功能定位上而言,传统博物馆是进行收藏、展示历史物品的实体场所,兼具有研究、教育功能,同时工作人员提供展览引导服务及日常管理工作。博物馆的馆藏、展览通过互联网技术、信息技术及虚拟技术的具体应用,在展示藏品的过程中拉近了公众与博物馆的距离,突破了公众参

观博物馆的时空界限,公众不仅可以在实体博物馆进行参观,还可以通过多样化的移动终端设备来浏览藏品内容。博物馆的研究与教育功能,作为博物馆的附加功能,也通过新技术的应用与发展呈现出了更强的生命力。随着传统博物馆积极进行变革,对传统功能进行进一步阐释及深化,各项"黑科技"技术应用也将为满足博物馆需求而不断提升。

(一)博物馆的公共服务需求,促进了人工智能(AI)、增强现实(AR)和虚拟现实(VR)技术的应用与发展

新技术增加了展览展示的趣味性,更好地和观众进行互动,吸引了更多观众。科技为观众提供了过去无法比拟的工具,辅助博物馆达到更好的展示效果。AI人工智能的基本思想在于利用计算机技术实现智能工作,通过训练计算机提供系统思维的能力,让计算机完成部分智力工作,模拟人类智能行为。人工智能的发展,应用到博物馆的发展过程中,集中在智能导览、人脸识别、图像识别等方面。AR增强现实技术,将原本在现实世界中受到时间、空间限制很难体验的实体信息,通过电脑等科学技术手段,实现模拟仿真后的叠加,将虚拟信息应用到真实世界,被人类感官所感知。在国外,AR技术已经开始探索性地应用到虚拟讲解、"复原"展品、"复活"展览对象,博物馆通过将藏品的展览工作与AR技术的紧密结合,实现了展览工作的生动性。在国内,AR、VR等技术也更多地应用到了博物馆资源的藏品展览过程中,例如:2017年5月,中国园林博物馆举办的"看见'圆明园'"数字体验展览活动,选取了圆明园西洋楼、正大光明、勤政亲贤等26个景区,利用现代数字技术复现了"圆明园"的整体布局,给受众带来更为直观、深刻的感受。在文化遗产复原方面,百度在2018年启动了一项AI计划,通过人工智能技术,让更多丰富的文化遗产更为直观、生动地呈现在观众面前。在秦始皇帝陵博物院中,用户利用人工智能技术,对准文物拍照,兵马俑可以自己"开口说话",让观众在100米之外就可以看到盔甲上的"文物"。2018年,谷歌利用人工智能技术为纽约现代艺术博物馆的30000张图片进行自动识别,并将图片做成博物馆展览的互动档案。VR的应用进一步拓宽了我国文化的传播路径,拓宽了文化传播广度,提高了文化影响力。2018年2月21日,由敦煌研究院、威尼斯大学和敦煌文化弘扬基金会联合主办的"丝路明珠:敦煌石窟在威尼斯"展览,以敦煌艺术作品、原大临摹复原整窟模型、高保真图片资料、多媒体影片、线上线下的展览互动为主要展示手段,以丝绸之路上其他来源的图片物品为辅助展陈,同时运用二维码扫描、VR互动、手绘临摹等交互体验方式为展览技术,让观众近距离、深层次体验敦煌艺术魅力。

(二)博物馆的文化传播需求,促进了移动互联网的应用与发展

移动互联网是移动通信和互联网融合的产物,继承了移动随时、随地、随身和互联网开放、分享、互动的优势。移动互联网突破观众享受馆藏资源的时空限制,将博物馆各项研究成果、展览、文物进行多元传播。上海博物馆利用"互联网+展览"的方式让展览更加精彩。在增强原有网站传播力的基础上,通过建立微信公众号及移动导览系统,开发各种配合展览的移动应用,打通了传统互联网和移动互联网两个平台。2017年"大英博物馆百物展:浓缩的世界史"运用了动态地图让观众看到"世界历史"的概念,受到了好评。2018年初,上海博物馆在官网举办"壁上观"网上展览,展示了其在"互联网+"背景下文物数字化展示利用方面的实践成果。这一数字展厅是上海博物馆与山西博物院共同举办的"山西博物院藏古代壁画艺术展"的数字化成果。这一展览充分运用三维漫游、全景漫游等数字化手段还原展览的原生环境,拓宽展览的观赏维度,满足观众对博物馆藏品深度了解的需求。

(三)博物馆的社会教育需求,促进了知识图谱技术的应用与发展

知识图谱技术拥有强大的语意处理和互联组织能力,为博物馆文物散落在各方面的信息点形成了"串联"。知识图谱可以实现丰富的知识表达、开放互联的服务,可以通过精确语义检索、知识问答、关联挖掘、可视化呈现等方式应用到文物的展览过程中。基于历史文物的知识图谱资源,同构构建跨馆界、国界的文物知识图谱。在文物的虚拟陈列设计前期,可以利用文物的数字信息,突破博物馆资源的场地限制,实现博物馆历史文物的时间、空间融合。基于展览主题内涵,结合展览受众的特征需求,通过大数据分析,精准定位文物知识讲解的受众对象;同时,在系统中融合文物的研究资料、图片、音频视频、展览资料等,形成多元化

视角下的文物内涵展示[①]。

第四节 同时发挥教育作用和娱乐作用

一、利用资源优势,做好教育文章

与其他社会机构教育形式相比较,博物馆社会教育形式有其自身很大的优势,它集教育性、展示型、收藏性、文化性于一身,特别有内涵,教育资源特别丰富。博物馆应该利用这些条件,做好教育文章。

(一)明确职责,完成使命

当然,博物馆的使命、职责是很多的:它肩负保存国家珍贵物质文化遗产的使命;具有收集、整理、保存代表性标本(包括自然物标本和人类学文物)的职责;引导、展示、讲解相关物品、事件,起到教育作用;阐明科学原理,启发大众研究热情;帮助各级学校达成教育目标,提升全民求真、求实的追求探索精神。当然,以上这些职能,归根结底都是为了"教育、发展"。因此,做好教育文章,应该是一个博物馆工作的重要一环。

(二)革新理念,推陈出新

历史告诉我们,抱残守缺只能被动挨打,最终只能被社会淘汰。只有不断革新观念,推陈出新,才能找到发展的路子。博物馆的发展亦不例外。

博物馆应该以本馆收藏和相关成果为基础,革新理念,推出丰富多彩的教育活动,以满足社会大众的学习需求;采取多种形式,把本馆资源与别馆共享,达到双效共赢;满足民众休闲娱乐的需求,打造集教育与娱乐一体的综合工程,为社会大众提供最优质的教育服务。

二、采取灵活形式,力求寓教于乐

随着社会大众受教育程度的不断提高,受教育范围的不断扩大,要求博物馆在教育形式上更加多样化,或观赏,或讲解,或寓教于乐,形式

[①] 中国博物馆发展研究课题组. 中国博物馆发展研究报告 2021[M]. 北京:朝华出版社,2022.

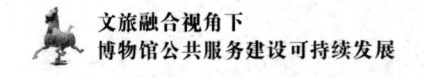

不一,灵活多变。同时,减少教育的严格制度约束,增加灵活性、趣味性,这样才能提高学习的效果。

(一)基于常规,争取突破

笔者根据多年的工作经验,总结博物馆教育功能不外乎以下几点:

1.文字介绍、口头讲解和实物陈列

口头讲解也需要文字稿,所以这类形式本质上属于文字介绍。这是博物馆社会教育的基本形式,是辅助观众参观的传统手段。实践证明这种形式能取得很好的直接教育效果。不可忽视。

2.临展、巡展、学术讲座和报告会

展示藏品、传播知识是博物馆基本教育手段。博物馆藏品展示一般分陈列(长久性)和展览(临时性)。这两种方法各有优点,陈列有利于对文物的保护,巡展有利于博物馆之间互通有无,扩大展览范围和教育面。而学术讲座、报告会的形式,有利于博物馆与教育部门、研究部门建立密切联系,利用互动项目和多媒体技术,定期合作举办各种形式的学术讲座、报告会,能普及科普知识、交流成果,从而更好地服务社会。

(二)师法国外,追求创新

如果我们把目光放到全人类的层面上,我们不得不承认,美国在博物馆教育上的做法对我们很有借鉴意义。

美国的观众教育活动内容广泛,形式多样。比如,纽约自然历史博物馆是世界上最大的博物馆之一,收藏各种人类学及自然标本3600万件,年观众量达320万人,其中学生50万人。为培养孩子们的探索能力、动手能力,博物馆每周都举行相关活动,让家长陪孩子在"神秘小屋"探险,鼓励孩子自己去发现。这其中的意义,不言而喻。我想我们应该从他们身上多学习,多进行深层思考,来启迪我们的教育。一句话,只有不断创新,不断思索,才能走出一条适合我们自己的教育之路!

三、坚持以人为本,发展可持续教育

要实现博物馆的长远发展,我们应真正树立"以人为本"的理念,力求博物馆教育的可持续发展。

(一)注重细节,提高服务,贴近民心

从2008年开始,博物馆开始免费向全民开放,这其实是党和国家以人为本在教育领域的一个重要体现。博物馆在这种政策形势下,首当其冲需要做的是:立足资源优势,使展览更亲民,使教育形式更多样,使服务更加人性化。除了在优化资源、打造博物馆文化品牌上狠下功夫外,在软件上,博物馆也应该实施"民心工程",像饮水机的合理设置,像标语、指示语的更加人性化等等。唯有如此,才会使免费开放的博物馆更具吸引力;才能培养观众的博物馆情节,展现博物馆的社会价值;从而真正促进文化的大发展、大繁荣。

(二)挖掘新元素,开创新局面,可持续发展

实现博物馆的可持续发展,使其一直焕发"青春活力",是每个博物馆的追求。为达到这个目标,博物馆应该不断挖掘新元素,在工作上不断开创新局面。例如:筹办各项特展吸引观众;设法向国外学习,不断前进;引进国外先进展示,提高本馆实力。只有这样,才能让来到博物馆的人都能得到文化知识的增长,陶冶情操,增进对祖国和人民的无限热爱。

总之,要做好博物馆工作,发挥其教育和娱乐功能,就必须合理利用其现有资源,弘扬悠久的祖国文化遗产!不断革新观念,追求创新,树立以人为本的观念,探求未知,丰富自己,以此提升其文化素质和水平,进而实现博物馆的可持续发展[①]!

[①]陈招.博物馆的教育和娱乐功能刍议[J].才智,2012(4):235

第三章 文旅融合视角下博物馆的媒体宣传建设

第一节 通过文化打造品牌理念加深受众印象

当前,品牌已经成为一类最有价值的资产之一。随着国内经济、文化一体化建设程度的不断加深,博物馆也慢慢融入了市场经济大潮中。现在市场竞争日益激烈,博物馆若想全面发挥自身价值和职能,获取受众的认同和青睐,在很大程度上取决于其品牌化建设是否成功。所以,全面规划且不断提升品牌价值,成为文旅融合时代背景下每位博物馆人都需要着重思考的问题。

一、品牌的内涵

品牌本意是指用来识别某个或某些商品或服务的名称、标记、符号等。时至今日,品牌早已超越了其原始含义,它涵盖了为满足受众所需的所有有形产品和无形服务,包含了创造这种体验的所有内容,既有员工、产品,也有服务和受众消费环境以及企业信誉等。一般来说,被市场认为有良好发展前景的企业和单位,都具备明确的自身定位,同时也拥有令外界钦佩的口碑与品牌形象。这些优秀的企业通过提升自身实力谋求发展,具备先进的企业文化和以用户为本的品牌化建设理念。由此可见,理解品牌的无形价值,是理解品牌文化建设真谛的基础,个人对品牌的感悟、该品牌的相对定位以及用户对品牌的认可度,都是品牌无形价值的体现。处在现代社会中,品牌代表着一种社会公信力、源源不断的创新力,也可视为一种社会美学的代表、社会市场的代表以及社会价值取向的风向标。

二、文旅融合视角下博物馆品牌的意义

地区的发展离不开各类产业之间的相互融合。产业融合是经济发展的必然趋势,文化产业是最容易和其他产业进行融合的产业。一所博物馆若想持续吸引观众的注意力,在社会产生强烈的反响、在激烈的市场竞争中独占鳌头,就一定要全面系统地优化品牌建设。对内统一思想、坚定信念、加强品牌意识;对外扩展资源、寻求合作、破圈跨界,如此才能生成强大的生命力和凝聚力,吸引社会各类资源的注入。

(一)提升博物馆的知名度

知名度与美誉度是评价一个品牌的重要因素。知名度提高,则品牌价值、影响力以及社会地位会随之提高,受众黏性和观众好感度也会大幅提高。优质的品牌会为受众留下深刻的印象,处在现代商业社会中,提升知名度的主要方式为现代媒介传播,传统媒体和新媒体均成为品牌知名度建设中不可或缺的一环。因为品牌自身具备较强的识别功能和大范围传播的发展特点,所以可以突破时间和空间的限制,在现实用户、潜在用户心中树立博物馆的优秀形象。

(二)体现博物馆的个性

个性化是在同类竞品中具备脱颖而出的性能或特点,发挥与众不同的作用,进而突出个性、明确定位,获得观众的注意力和喜好度,达到有效提升博物馆的吸引力和影响力的作用。在博物馆品牌建设的整个阶段内,全面了解自身优势、挖掘独特的精神理念与价值取向、了解受众偏好,即可为受众勾勒出自身的形象与定位,并在后期通过行之有效的推广营销,可以向受众传递博物馆自身独特的个性与文化品位。

(三)提升博物馆的感召力

感召力不仅包括情感感召力和心理感召力,还包括市场号召力。最能彰显感召力的要素当属品牌人文定位,一旦博物馆品牌被赋予了特定的人文情怀,就能够拉近与观众的距离。基于此,博物馆品牌应具备特定的情感色彩,当这种色彩满足了受众需求时,便会形成相应的感召力,随之,当受众再面对博物馆时,博物馆将不再是传统的刻板印象,其形象将会多层级地展现给受众,并与观众建立情感连接。

(四)提升受众忠诚度

忠诚度指的是受众的持久认同感,抑或对同一所博物馆的重复参观次数、参观时间上的持续。忠诚度建立在品牌的高美誉度和高知名度以及个性化之上,在一系列博物馆品牌建设中,博物馆通过积极参与多元化的公共文化活动,能够有效彰显自身的社会责任感,履行自己的公共文化职能;通过文创产品的开发和利用数字技术,可活化文物使其展现自身的时代魅力;通过强有力的媒体宣传与观众建立亲密的连接和互动,可给受众留下深刻的品牌印象,进而增强受众对博物馆的认可度与忠诚度。

三、文旅融合视角下的博物馆品牌建设策略

当前,民众的文化旅游需求不断提升,当务之急是要将已存在的博物馆视为新兴旅游活动场地,或是在拟定成景区的地方新建博物馆。但这极易造成盲目追求政策热点,在文旅融合时代丧失市场发展主动性。此外,很多博物馆在发展中没有制定科学合理的规划,从而无法对旅游行业的发展做出更多贡献。近些年,政府出台了多项政策去促进社会消费升级,博物馆品牌化建设也面临着机遇和挑战。面对新的政策风口,博物馆品牌化拥有很多发展机遇。处在文旅融合的新时代,博物馆要全方位加强品牌建设,如此才能有效提升博物馆的服务水平和服务质量,满足广大人民群众的文化诉求、旅游需求。

(一)多方合作

品牌定位是指对产品、服务以及形象的设计,目的是在用户的印象中占有一席之地,其核心原则是要在用户心目中建立良好的形象。目前,很多博物馆已经开始以受众为出发点去开展一系列活动,品牌理论也让博物馆认识到用户在品牌资产创建和品牌资产管理中的价值。以受众为核心的文化实践,和将消费者作为目标的利益取向,二者具备一定相似性。品牌的价值掌握在受众手中,其概念是经过受众的认可才逐步建立起来的。因此,博物馆在规划品牌路线时,务必要全面了解受众需求,才能提供令不同类型受众满意的服务。

文旅融合地区积极促进博物馆品牌形象的建设,能够加强社会效益的产出,然而很多地区的文化产业发展模式依旧在套用落后的文旅融合

发展模式,导致产业活动的开发毫无新意。因此,为切实提升博物馆品牌发展的整体影响力,博物馆务必要树立文旅动态融合的先进发展理念,满足信息化时代的发展需求。在推动博物馆品牌形象建设的整个过程中,要和各地区的电影行业、旅游行业、媒体行业、印刷行业等之间加强合作,通过动态化协调发展,使各主、客体均可分享产业融合的胜利果实。此外,动态博物馆品牌形象的塑造也至关重要,其核心是借助博物馆自身的影响力,吸引更多受众、潜在受众加入博物馆品牌建设的过程中,能够让博物馆品牌形象的建设从侧面推动整个地区文化事业的发展。

(二)创建博物馆形象大使

在文旅产业融合程度日渐加深的背景下,博物馆要想成功打响品牌,可考虑寻找、创造一位形象大使。中华文化博大精深、源远流长,全国各地诞生了数之不尽的历史文化名人,各地博物馆可根据自身的资源,在迎合地区特色文化的基础上,确定博物馆品牌形象代言人,以在进一步推动博物馆的文旅融合进度的同时,有效提升博物馆的社会影响力。同时,博物馆可以拓宽博物馆品牌形象大使的概念,将名人故居和动植物以及民俗活动等作为形象大使,达到让受众在游览博物馆的过程中深度感受地区历史人文特色的目的,使其了解艺术文化以及民俗文化等风情。另外,如故宫博物院、河南博物院等,都已推出或向社会征集自家的卡通形象、卡通吉祥物等,此类活动在社会上取得了良好的影响,也为博物馆长远的发展带来了积极的效果。

(三)开展多姿多彩的活动

传统博物馆的公益性属性相对更为明显,在传统产业营销模式的带动下,博物馆难以从自身功能上获取可观的经济效益,所以博物馆一定要改变固有的营销模式和宣传方式。博物馆品牌特色活动的组织与开展,是提升地区文化软实力的必要手段之一,应从人文特色、艺术文化特色、饮食文化特色等角度出发,开创一系列丰富多彩的文旅活动。以广东佛山为例,该地特色饮食较多,在选取博物馆形象、地区形象时,可以优先考虑与饮食紧密关联的方案;以河南博物院为例,频频出圈的唐宫夜宴以及唐代女俑深受全国观众朋友们的喜爱和追捧,在设计形象代言人时也可纳入参考。此外,博物馆文创产品的开发和营销,也是提升博物馆品牌影响力最直接、有效的方法。

无论进行何种类型的品牌活动,都不能和公益性属性相脱离,博物馆要尽可能地减少受众参与活动的费用支出,将特色型文旅活动的负面影响降到最低。博物馆品牌形象的建立和地区经济文化发展关联缜密,因此文博工作者要从博物馆各项效益出发,积极创建衣、食、住、行等多元化产业,为博物馆品牌建设提供坚实的物质保障。

(四)借助新媒体技术提升博物馆品牌影响力

博物馆品牌建设的整个过程中,加强城市公共特色文化输出是首要任务。为达到此目标,博物馆就要对品牌做出整改,这种改变要具备时代性,即利用新媒体技术提升博物馆品牌的影响力和传播力。新媒体是一种文化媒介,博物馆应该在掌握新媒体媒介性质的前提下,构建一套行之有效的品牌新媒体推广方案和运营机制。

推出功能全面、人性化、个性化兼备的博物馆官网是最基本的传播方式。官网要保证多元化、定制感、立体性和权威性,为无法实地参观展览的游客提供服务及远距离沟通的功能。因此,我们要持续加强对官网安全的维护,并在此基础上持续、全面地优化官网中的各项服务和功能。博物馆官网是展示其品牌形象的关键环节,博物馆既要为用户设置检索功能和实时信息查询功能,还要有图片、视频、音频等多媒体展示功能和评论区留言、互动功能。此外,用户还可以通过登录虚拟博物馆去全面、深度地了解馆藏文物,提高观众对博物馆的参观兴趣和品牌好感度。

基于移动端用户的需求,博物馆要及时建立能有效打造自身品牌的专属手机应用程序和社交媒体账号,如官方微博、微信公众号、抖音、哔哩哔哩账号等,并开发相应的运营机制,为粉丝提供亲近的线上服务,吸引更多游客到馆参观,此外,用户也可以通过登录网络移动终端领取博物馆发放的线上福利,如文创产品抽奖、赠送等活动,进一步拉近博物馆与观众的距离,不断提升受众好感度和满意度。同时,为提高博物馆自身品牌影响力,文博工作者还可借助数字信息技术如AR、VR、MR等,科技赋能活化文物,实现博物馆的数字化展示服务。如此一来,观众足不出户就可将博物馆藏品和特色服务一览无余,不受时间和空间层面的限制,尽情享受博物馆品牌魅力。虽然这种服务模式相较于实体参观,在观赏感受上稍差,但从长远来看,其变相地提升了博物馆对外宣传效果和社会服务影响力,可让用户对博物馆品牌特色留下深刻印象。

综上所述,随着数字技术的飞速发展和广大人民群众生活水平的不断提高,国内文化产业和旅游产业之间的耦合度持续增加,俨然成为一种文化产业的必然发展走向。而文化产业高效发展的关键是要打造良好的品牌形象,因此,处在文旅融合的新时期,贴近民众日常生活的文化品牌形象接连出现。博物馆是历史人文和艺术文化的聚集地,随着文化产业和旅游产业的深度融合,博物馆一定要敏锐把握跨界合作的机会,不仅要注重多方合作,还要创建博物馆品牌形象大使,开展丰富多彩的文化活动,灵活使用新媒体平台开展对外宣传活动,如此才能全方位、多角度地提升博物馆的知名度、感召力、用户黏性[1]。

第二节 融媒体的日常运营管理

一、融媒体环境下博物馆宣传的概述

当前,国内学者对融媒体的定义有很多种,不同学者的定义并不相同,学者们的侧重点并不相同。例如医学史认为,融媒体主要是充分挖掘互联网信息技术在媒体中的作用,使各个媒体之间可以取长补短,同时也对各个媒体的宣传内容及其他方面造成了深远影响,最终达到更好的宣传效果。笔者认为,融媒体主要是指充分利用媒介载体,全面整合传统媒体和新兴媒体的优势,实现优势互补,以达到资源互通、宣传互融的效果是一种全新的媒体形态。在博物馆宣传中,博物馆应当充分发挥出融媒体优势,以便提高博物馆宣传质量,更好在民众面前展示博物馆形象。一般而言,融媒体环境下博物馆宣传具有以下几方面的重要意义。

第一,有助于提升博物馆宣传质量。融媒体可以借助传统媒体和新

---

[1]张潇杨.文旅融合背景下的博物馆品牌化建设分析[J].商业2.0,2022(21):43-45.

媒体优势将博物馆的馆藏内容更好向民众宣传,在民众中树立起良好的形象,有助于提高博物馆宣传质量。第二,有助于民众了解博物馆。在融媒体影响之下,民众并不需要亲自到博物馆参观,民众可以通过新媒体等多种不同媒介了解博物馆馆藏内容,可以更好使民众了解博物馆,同时也可以更好提高民众文化素养。

二、融媒体环境下博物馆宣传对策

面对日趋激烈的宣传竞争力和话语权的比拼,博物馆如何应对融媒体的挑战,应从以下几个方面来探索:

(一)制作精良的传播内容

文物展览和知识普及要以服务和满足观众作为出发点和落脚点,应当以博物馆本身的产品作为故事的起点,使得故事和文物之间可以相互融合,将文物研究与故事演讲结合在一起,既可以满足未成年人的科普宣传教育,同时又可以更好满足成年人的休闲娱乐教育,还可以开展相应的学术研究,达到图文结合的教育效果,才能达到预期的宣传目标。由于博物馆本身拥有丰富的馆藏资源,这些馆藏资源是博物馆开展文物故事讲述的重要宝库,也是博物馆进行文物展览的重要基石。为此,博物馆需要对每一件产品进行研究,挖掘每一件产品背后所包含的故事,了解每一件产品背后所代表的价值寓意,通过语言表达方式将这些内涵传递给广大受众,从而可以,使广大民众的文化素养得到提升。

(二)打造互动性强的参观导览平台

如今智能手机已广泛普及,提供多样化的图文、语音、视频信息,是推广和丰富公共文化的一种有效措施,不少博物馆都通过开通官方微博、微信、抖音、网络直播课等渠道,借助各种网络平台裂变式传播的强大动力,利用动画、3D、VR、全息影像、视频、文本、图片等多种形式,激发人们的好奇心和关注度,以强烈的互动性加大用户黏性,让受众更有效地"参与传播的过程"。以德州市博物馆为例,馆内实现了无线 WiFi 全覆盖,游客进馆参观关注德州博物馆微信公众号即可获取资讯和场馆信息,同时馆内提供免费的自助导览设备,使游客便捷的获取展厅布局、文物知识等内容。

(三)兼具艺术性与生活化的宣传

博物馆的宣传要以历史文化为依托,同时体现生活化,恰当契合现代生活。例如故宫淘宝经常在自己的网站、微信、微博制作一些生活化十足的宣传品,具有强烈的生活化以及艺术性特征,如:宫廷娃娃、"微服私访"卡套等文创产品,具有鲜明的故宫文化特色,激发了受众购买欲望,一经推出就广受好评。

(四)提升受众黏性,加大多元互动

以互联网为核心的融媒体平台增强了受众的主动性与黏性,缩短了媒体和受众间的距离。新媒体赋予了用户更大的自由度,使受众更积极地参与到信息传播活动中。近年来,《我在故宫修文物》《假如国宝会说话》等一系列的文物故事类节目深受观众喜爱,其中最主要的原因就是以讲故事的方式将观众带入到文物展览中,给观众以身临其境感觉。之所以引起一股热潮,就是得益于满足了不同群体的观众对文物故事认同,将文物故事和修复者个人的认识和感悟结合到一起,给观众一种全新文物知识的认识,满足了观众以往对文物方面认知的知识空白,拉近了文物与观众之间距离。

(五)深化与教育机构的合作

在建设示范教育点过程中,博物馆可以加强与学校之间合作,两者之间共同构建长期战略合作关系,将博物馆教育纳入到我国小学教育之中,同时与小学艺术教育、历史教育、自然教育、思想道德教育紧密结合在一起,创建与课本教育相互补充的教育内容,形成属于自身的教育品牌。

(六)传播过程中的注意事项

首先博物馆要始终秉持内容为王的传播理念,传播中切不能刻意追赶与迎合信息潮流。博物馆不同于其他文化传播媒介,比起一味地迎合受众,更重要的是塑造并保持自身形象和风格。其次是采用融媒体手段后可能带来的过度商业化、娱乐化可能在一定程度上削弱传播产品的质量,进而流失一部分受众的注意力。因此,博物馆要坚持掌握信息处理的控制权,不能被多种势力裹挟而失去利用融媒体的初衷。融媒体技术的迅猛发展促进了信息数据的快速流通,融媒体技术与博物馆宣传的结

合,为博物馆提供了广阔的发展空间,博物馆应顺势而为,积极地创新和改革自身的传播手段,让现代科技与传统文化相结合,焕发更大的生命力,持续提升博物馆的服务质量,扩展社会影响力,树立良好的文博品牌形象。

综上所述,为了加强融媒体环境下博物馆宣传工作质量,博物馆需要制定出优良宣传内容,同时还需要打造互动性较强的参观导览平台,提高宣传的艺术性和生活性,加强与观众之间的互动,提高广大受众的黏性,同时博物馆还需要深化与教育机构的合作,以便提高博物馆自身的宣传资料[①]。

第三节 结合线下活动的双线宣传

一、凸显博物馆的公益性,精准定位目标群体

博物馆是公益性质的机构,做好文化普及也是其重要的工作职责。所以,博物馆应大力推进各种具有公益性质活动的开展,将自身的文化教育作用发挥出来,将文化惠民政策落到实处。首先,博物馆应定期开展内容丰富、关注度高的展览,以此使宣传效果更佳。其次,博物馆还可以通过发放宣传手册的方式,让社会大众能够对博物馆加深了解,以良好的形象赢得更多人的关注,以期达到预期的宣传效果。同时,在开展宣传推广工作时,应着眼于整个社会,充分考虑不同群体的需求和特点,有针对性地设计宣传方案,使宣传推广更具精准度。例如,针对学生群体,博物馆应与学校搭建起馆校合作交流,在校内开展相应的展览活动,且文化服务内容上突出趣味性和新颖性,引起学生的兴趣,使其更加积极主动地到博物馆参观学习,从而达到宣传的目的。

二、结合当地文化特色,发挥博物馆的宣传教育职能

就博物馆而言,由于所处地区不同,因此要将本地的民俗文化等特色之处充分展现出来,以达到突出本地文化特色的目的。这就需要博物

---
① 季晓庆. 融媒体环境下博物馆宣传的创新探索[J]. 今古文创,2020(16):55-56.

馆着重开展多样化的主题性展览活动,不断推陈出新,展现地域文化特色。而通过开展此类活动,可以使外地游客对博物馆当地的历史文化底蕴等有更加深入的了解,以便于对优秀传统文化进行更好的弘扬和传承。与此同时,为了更好地发挥博物馆的宣传教育这一功能,使群众的精神文化生活变得更加充实,博物馆在开展工作的过程中,应将本地文化进行深入挖掘,使博物馆展出主题更加贴合实际生活,并通过多种渠道加大宣传推广力度,设立独立的宣传教育部门,配齐配强工作队伍,主动吸引群众中的相关人才加入志愿者行列。

三、举办各种类型的文化讲座

博物馆是一个蕴含着浓郁文化气息的场所,因此部分公众认为其与大众的生活没有太大的联系,不会主动到博物馆参观,产生这种观点往往是由于人们对博物馆缺少足够了解所导致的。博物馆本就是面向社会大众开放的公益性文化场所,只要是感兴趣、想要了解历史文化的群众都可以到博物馆进行参观学习。为了使博物馆进一步拉近与群众之间的距离,博物馆可以通过举办历史讲座等形式丰富的活动,以通俗易懂、喜闻乐见的方式来引导广大群众深入了解历史文化,从而使群众能够更加关注与文化相关的内容。博物馆在开展讲座活动的过程中,应将当地具有特色的地域文化巧妙地融入进去,并邀请专家学者、高校教师等作为讲座嘉宾,这样不仅可以使群众对博物馆有更加清楚的认知,还可以有效激发群众对博物馆的兴趣,让他们积极主动地进行参观学习,而这恰恰就是博物馆宣传教育功能的真正体现。

四、打造数字化博物馆,拓宽宣传推广渠道

首先,创建数字博物馆。在数字科技发展日新月异的形势下,互联网技术被广泛应用到诸多行业当中,并取得了明显成效,对我国博物馆数字化建设更是起到了一定的推动作用。就数字化博物馆而言,其并非简单地对博物馆当中的藏品进行拍摄并上传到网络平台上让人们欣赏就可以了,而是需要科学合理地运用新技术,重新编排和录入博物馆中的藏品,以此打造一个极富特色、涉猎广泛的数字空间。数字博物馆的创建,有着极为显著的优势。一方面,数字博物馆可以将藏品转化为数字化的形式,这样可以使藏品得到更为多元化的展示,从而使博物馆的

宣传推广效果得到进一步的提升。另一方面,数字博物馆可以突破时空的局限。一些珍贵藏品由于维护期间无法进行展示,或者很多外地游客由于自身原因可能无法到现场参观,通过推进数字化博物馆建设则正好可以使此类情况得到妥善解决。数字博物馆主要借助网络平台来展示藏品,并为广大文物爱好者提供互动交流的机会,这样可以获得更好的宣传效果。

其次,开发博物馆数字平台小程序。当前,人们越来越习惯于网络带来的便利,在日常生活工作中,人们通常会借助各种类型的网络平台来获取自己所需的信息。在这样的时代背景下,为了使博物馆的宣传推广效果更好,博物馆也应加大力度开发数字平台小程序,充分借助互联网的诸多优势,使人们能够快速高效地获取到有关于博物馆的各项信息,不管是身处何时何地都能够通过博物馆的数字平台小程序观看直播、互动交流以及浏览馆中藏品等,这样才能使博物馆与群众之间的关系得到进一步的强化。例如,邹城博物馆开发的"数字文博 云观邹鲁"小程序,设置云游博物馆、线上看展以及邹城文博场馆导航、预约等模块,而且还同步开通了邹城博物馆VR、文物主题展厅以及临展的"云"游,使得人们能够通过云端进行观展,这不仅给人们带来了全新的视觉体验,也能够吸引更多人的关注,扩大影响力。

再次,切实提升宣传人员的数字化水平。博物馆在利用新媒体进行宣传推广的过程中,宣传人员起到了非常重要的作用,只有他们自身的数字化技术水平过硬,才能够使宣传推广工作事半功倍。而有些博物馆仍以传统方式来开展宣传活动,并没有充分利用数字产品来加强博物馆的宣传,甚至在设备、技术等方面有着一定的滞后性。因此,博物馆要想能够朝着更好的方向发展,就必须有综合素养高的宣传工作人员作为强有力的支撑。也就是说,宣传人员不仅要投入足够的热情到工作中,还要拥有扎实牢固的专业化基础知识,并能够熟练运用数字化技术,这样才能使宣传推广工作针对不同群体提供更加具有精准度的服务,进而使宣传效果得到进一步的增强。

最后,加强网络互动交流。当前,在人们的日常生活当中,网络已经逐渐发展成为不可或缺的一部分,人们通过网络可以随时随地进行交流互动,正因如此,博物馆的宣教功能才能更好地发挥出来。例如,邹城博物馆在"文化和自然遗产日"期间,与山东大学历史文化学院联合推出了《考古邾城收获与思考》线上考古课堂、《馆长讲宝藏》等,另外,在5·18国际博物馆日推出"云观邹鲁遇见文物——博物馆故事"云直播活动,在央视频、文博圈以及博物馆圈等新媒体平台播放。在抖音平台拍摄播出的《邾国故城考古发掘进行时》短视频10个,普及了文物知识,点击量直线飙升,吸引了大批的文物爱好者,并与专家学者进行良好的交流互动。

五、重视融媒体背景下博物馆的宣传创新

首先,注重艺术与生活的结合。博物馆在开展文物宣传的过程中,要将艺术性和生活性紧密地结合在一起。也就是说,在充分尊重历史和文物的基础上,守正创新,积极探寻传统文化与现代生活两者之间的结合点,这样才能符合现代人的审美需求。例如,博物馆应推出既具有自身浓郁文化特色,又与人们实际生活息息相关的文创产品,这样不仅能够起到宣传推广的作用,而且还可以充分调动起群众的购买欲望,以此推动博物馆朝着持续稳定的方向发展。

其次,制作优良的传播内容。博物馆在开展宣传工作的过程中,还可以将各类藏品、学术研究等资源优化整合,并通过成立专门的宣传团队或是聘请专业机构等方式,来制作并推出各种类型多样、内容丰富的宣传视频,上传到抖音、微信公众号等平台,以此使宣传可以达到理想效果。

再次,进一步强化受众的黏性。融媒体平台的一个显著特点就是其具有较高的互动性,而这也正是能够使受众黏性得到进一步提升的重要途径,使博物馆与社会大众能够实现近距离的互动。由此可见,新媒体让用户拥有了极大的自由度,并充分调动起了群众参与信息传播的积极主动性。例如,邹城博物馆协助拍摄的《何以中国》这一大型考古纪录片,使馆内的秦峄山碑得以展现在大众面前。配合山东电视台所拍摄的"镇馆之宝"莱子侯刻石系列,让人们对馆内的藏品产生了极大的兴趣,带动了参观博物馆的一波热潮。因此,博物馆应积极与电视媒体、互联网媒体进行跨界合作,将传统文博内涵充分展现出来,用人们愿意接受的方式来讲述中国故事,以此达到宣传普及中华传统文化的目的。另外,博物馆还可以通过VR、AR以及3D等新颖独特的形式,让人们获得

意想不到的新鲜感,从而吸引更多人的关注,使博物馆的宣传能够取得更好的效果。例如,邹城博物馆推出的孟子馆VR等,在凸显科技感的同时,还能让用户获得不一样的体验感,并且也更加有利于社会教育活动的开展,从而获取到一定的社会效益。

最后,打造具有较强互动性的导览平台。在新时代发展背景下,智能手机等移动终端设备已经得到了极大的普及,也正因如此,有越来越多的博物馆推出了微信公众号导览服务,使博物馆与用户之间能够建立起良好的互动性,并为用户提供多样化的服务内容,而这也是博物馆开展文化推广工作的一个重要途径。比方说,邹城智慧文博数字化平台在建设过程中,与导览讲解、多媒体展示的线上博物馆系统进行有效结合,为用户提供预约、导览以及互动等一站式的参观体验,以此实现了动静结合、互动参与的双向观展目标。参观者可以不再受时空的限制,享受馆藏文物资源所带来的利好,而博物馆通过推出具有较强互动性的导览平台,既可以使博物馆的人力、物力等方面得到有效缩减,还可以使宣传推广工作取得更显著的效果,推动博物馆实现健康稳定地发展[1]。

第四节 线上博物馆展览的建设

一、新形势下博物馆"线上展览"的优势

(一)避免人员接触,提高安全性

"线上展览"可以有效避免人员接触,解决人员聚集问题,并且该展览方式也为未来博物馆的发展提供更多可能:当出现不可抗力和特殊情况时,博物馆可以采用"线上展览"方式,有效提高展览的安全性,减少人员之间的接触,通过虚拟信号的传递接收来完成展出。

(二)线上形式更加方便快捷

"线上展览"的方式相对于传统的"线下展览"更加方便快捷。
首先,博物馆方,准备工作较少,主要是将实际的展品信息转化为模

---
[1]孙方方.探析博物馆宣传推广的有效策略[J].参花(上),2023(6):50-52.

拟信号上传网络,相对于实地参观而言,场地安排、人员分布、安保措施等工作都可以省略,整体工作量有所减少,相关风险也会降低很多。

其次,参观者方面,人们通过线上进行相关展品参观,无论何时何地,只需要有设备可以接收网络信号即可,可以在家中,可以在车上,可以与家人共享,环境条件变得更加多元化,更满足不同人的需求。并且参观者也不需要再去线下的博物馆进行实地参观,减少外出,有效节约时间,整体参观的成本更加经济实惠。

(三)参观者的自主性增强

当展览上线之后,话语环境就发生重大改变,网络空间中的话语权来自多方力量,参观者的自主权会大大提升,例如,根据搜索引擎等技术,通过不同的时间、空间、国别、材质、主题等维度按需对展品进行搜索,搜索的结果生成千人千面的展品组合界面,形成一个个属于个体的"展览"。

参观者在参加具体"线上展览"时也会拥有更多的自主选择性。图像亲自操作、切换视觉、移动看景、体验细节等都可以由参观者自己选择、主动完成,不需要再通过线下解说人员的实际介绍,而是主动地进行线上的操作了解,提高了参观者与展品之间的互动性,可以有效提升其参观兴趣以及对相关展品了解的深度。

二、新形势下博物馆"线上展览"模式构建途径

(一)构建个性化的网络体验空间

当前,博物馆"线上展览"的主要形式是对"线下展览"的全景复制。通过三维全景虚拟现实、VR虚拟现实、三维网页引擎等数字技术的优势,给观众创造前所未有的观感体验。与此同时,有些博物馆充分利用馆内资源,特别策划设计只在线上的展览模式。

比如广东中山市博物馆就通过微信公众号举办过"线上展览",类型有:书画展、雕塑展、陶艺展、文物或历史图片展等,涵盖了全国性的大展、广东地方特色展览、名家名人展览等,都是照片加文字说明的形式。大部分是该馆曾经举办过的展览,少部分是馆藏展品的赏析。

另外,必须认识到,"线上展览"走红的背后,体现的是观众新颖化、个性化的文化需求。所以, 些博物馆不仅要尝试全景虚拟展示的模

式,还力求探索更广阔的网络空间。邯郸市博物馆为满足人民群众足不出户看展览的需求,在信息化和智能化领域有所突破,创新个性化的线上文化供给模式,利用邯郸市博物馆官方网站、邯郸市博物馆微信公众号、河北省数字博物馆公共服务平台推出"线上展览"等活动,丰富了群众的文化生活,满足广大人民群众的精神文化需求。除了图片展示以外,推出珍贵文物数字化展示,利用抖音等新媒体平台积极开展推介和互动活动。例如邯郸市博物馆,利用抖音等新媒体平台开展推介和互动活动,录制"DOU来讲文物"活动视频,对博物馆展览和藏品开展讲解;发布"小讲带你游邯博"主题视频,通过小讲解员讲述馆藏文物历史故事。

(二)内容和形式的突破

"线下展览"的内容和方式大都已经固定,受到展品和场地等方面限制,所能开展的项目内容比较有限。但"线上展览"通过网络渠道以及数字化、信息化等技术完成展出,在内容和形式上可操作性的空间非常大。比如除进行展品的展出之外,更重要的是通过短视频、音频等多元化讲解模式提高展品的趣味性和对参观者的吸引力。想要内容和形式都有所突破、引人入胜,就要有创新。

有条件的博物馆还可以设置一些网上互动的环节,在展品参观的过程中增加游戏互动体验,增强参观者的探索性和求知欲,更好提高参观者黏性和参与感,更深层次地挖掘出博物馆自身与参观者之间的互动潜能。扬州博物馆就通过微信公众号,上线了"趣味问答"和"知识宣讲"两个板块,设置趣味性问答小游戏以及科普知识宣讲,讲好文物背后的历史典故,满足大众更多样化的博物馆需求。邯郸市博物馆推出微信视频号直播等在线服务,与网友互动,为网友走近文物架起一座桥梁,带领网友以主题展览为单位,云上观展。大家可以跟随专业讲解员,欣赏文物,深入了解展品的内涵及历史文化背景。邯郸市博物馆通过直播开设课程等形式,将原本难以理解并记住的文物名称、历史文物知识通过受众群体喜闻乐见的方式进行传播,使观众能够更多了解历史文化知识,拓展更大范围的用户群体,加速博物馆历史文化知识的传播,为邯郸市博物馆带来更多的社会效益。

(三)多种渠道的宣传互动

在相当长的一段时间里,我国博物馆往往只重视展示,而不重视宣传。若还坚持旧有的参观方式,不重视媒介、网络平台、新媒体等宣传平台,没有适当的宣传计划,必然会出现门可罗雀的情形。在博物馆陈列展示的宣传和推广工作中,一定要跟上时代步伐,树立起效益理念,让社会各方对博物馆的展讯有所了解,增加博物馆受众,实现预期宣传效果。其需要解决的最主要问题就是多渠道的宣传互动。无论在线上或者线下进行的活动,其宣传工作都是非常重要的。要善于利用各种媒体进行宣传,积极地对当前博物馆各项工作进行推介。通过各种渠道,使公众了解博物馆的各项工作,感受到博物馆与自己的生活密切相关,从而意识到博物馆具有其他文化场所不可替代的教育作用。博物馆通过其特有的、鲜明的形象来获得人们的关注,提高其在社会中的知名度。

博物馆方可以举行新闻发布会,让公众了解今年的工作安排和馆内主要资讯;可以在报纸上刊登一份"菜单",使公众对每年展览资讯有初步了解。加强多渠道的新媒体宣传,如抖音、快手、微信公众号、微博等,几百万人观展也是有可能实现的。同时,"线上展览"的执行需要增强互动性,这样可以有效提高参观者的参观游览体验。再比如,设计更多的操作环节,让参观者可以对展品进行360度旋转等,让其更好地参与到展览中,能有效提升参观者的兴趣,提高体验性。同时,要发挥"第四媒体"的作用,把收集到的大量的博物馆信息资料,通过互联网,转变成智力成果,提供给社会,扩大社会影响,创造新的经济发展空间。

(四)由物息一体化到物息分离

传统"线下展览"模式是将文物本体及其信息同时对观众进行展示传播。在以文物为核心的展览中,最常用的方式是"展品+说明牌",而检索式或者追随式说明牌一并展示给观众的是一些基础信息,包括年代、质地、文物名称、出土及收藏地点等。信息定位型展览是利用"展品+说明牌+辅助展品"的模式将文物背后的文化信息展示给观众。所以,线下实体传播的途径是"物息一体化"。

"云展览"这种线上模式,是将文物的尺寸、形体、纹饰等基础信息数字化,基于实物被其三维扫描模型代替,观众根本不能在线上看到实物的本体。"云展览"在某种程度上减轻了对实体的依赖性,但这并不意味着它就不是必需的。"云展览"传递的是以实体为基础的数字资料,没有实体资料,数字资料便无法实现。因此,在"云展览"中进行"物息分离",并不意味在没有实体的情况下也能进行。受众人群角色发生转换,博物馆展示与展示职能发生三个方面的转型:由"知识"向"情感"的传递;从单方向两方传递;将受众从"知识"的使用者转变为"知识"的传播者。"云展览"完全改变了线下展览的模式,将组合、整合后的文物的数字化信息实时展示,是"物息分离"的基本特征。

近几年,在新形势下,为了更好帮助博物馆维持稳定向上的发展态势,需要寻找更加普适,能够适应更多不确定因素影响的展出方式。通过以上内容阐述,全面讲解"线上展览"带来的优势,以及在进行模式构建时所要遵循的具体途径,希望更多的博物馆可以结合实际情况,加强对"线上展览"的了解和重视,适应新形势下的展览发展环境,以期自身博物馆发展建设得越来越好[①]。

[①]张南. 新形势下博物馆"线上展览"模式构建途径[J]. 当代旅游,2023(6):125-127.

第四章 文旅融合视角下博物馆公共服务的优化

第一节 博物馆的交通设施优化

传统博物馆的核心是展品,在此原则之下,陈列空间成为博物馆的中心,而交通空间作为联系其他各功能的辅助空间,具有功能单一性的特点。随着博物馆服务的主要对象由展品逐渐转向观众,对观众体验与感知的关注使当代博物馆完成了公共化与共享化的转变,社会交往已经逐渐成为博物馆公共活动的核心内容。其中,交通空间逐渐摒弃了传统的作为交通联系的单一功能形式,而承载了更多的展示接待、休息等候、休闲娱乐、体验互动等功能与活动,同时作为交通功能空间的界定也变得越来越模糊,当代博物馆交通空间已经呈现出功能复合化的发展趋势。

交通空间是指作为联系博物馆内部主要及辅助功能的公共交通空间,主要包括交通核、交通廊、交通厅三种形式:交通核作为"点"空间,通常是整个区域的视觉中心;交通廊作为"线"空间,往往以其连续、优美、动感的形态成为整个参展过程的活力动线;交通厅作为"体"空间,能够容纳更多的社会功能与活动,逐渐形成了社交化的生活场景。

一、交通核的功能整合

交通核一般作为博物馆的垂直交通空间联系着不同标高,主要包括楼梯、电梯、台阶、坡道等形式。楼梯除了满足垂直空间联系的基本功能外,往往凭借自身所具有的结构美、艺术美的形态特征营造出活跃的艺术氛围;电梯多悬挂于多层贯通的厅空间,与观光的功能相结合;台阶作为局部高差的空间处理方式,其踏面尺寸的局部放大可形成人与人之间休闲交流的活动场所;坡道则凭借平缓的坡度,作为无障碍交通的主要形式之一,同时以流畅的形态与修长的体量赋予空间连续的动态体验,成为建筑美学表达的重要手段。

交通核的功能整合可以通过内、外两部分达成。

(一)外部功能延伸

外部功能延伸是指围绕着交通核空间周边环境的功能延续,而交通核由于其周边环境的复杂性而具有更大的空间可塑性。

(二)内部功能整合

内部功能整合是指交通核本身各种功能的叠加,既具有交通功能,同时容纳景观、休息、交流等功能与活动。这种形式的交通核通过结构形态、尺度、坡度、扶手等构成要素的个性化处理,成为整个空间的视觉中心与体验焦点。

二、交通廊的功能契合

交通廊一般作为博物馆的水平交通空间,联系着水平方向的不同功能。其形式包括走道、连廊等。作为狭长的线性空间单元,交通廊区别于两侧的空间基质,在博物馆中通常具有空间流通和空间分隔的双重作用,实现空间的有机联系。在当代博物馆中,交通廊通常与展示、休息、引导等多种功能相契合,按照空间形态可分为水平廊与空间廊。

(一)水平廊

水平廊是指在同一等高平面上的廊道,具有很强的视觉稳定性,其空间连续而完整,通常以较长的体量穿插于博物馆各个空间。当代博物馆水平廊道的设计应避免单一均质的线性空间,而应采用迂回婉转、收放有致的形式与其他空间相互交叉,从而形成完整的空间序列,创造出丰富的空间效果。

(二)空间廊

空间廊则是水平廊道与坡道的一种合体,带有平缓的坡度,同时又具备水平廊道的长度延展性与空间稳定性的形态特点,因而具有多向延伸的空间结构。空间廊连续的坡道设计可作为无障碍设施,体现出人性化的关怀,同时因其连续倾斜和修长优雅的形态,常常作为体现建筑形式美学的空间。因此,空间廊往往成为交通的趣味空间而吸引参观者漫步其中,沿着平缓的坡度,随着视角的变化,体会到不同的空间感受。

三、交通厅的功能融合

交通厅按照空间组成来说既包含垂直交通空间,又包含水平交通空间,两个方向的交通在此交叉、延伸,共同组成了博物馆的功能中心与空间核心。与核、廊相比,厅是被放大的交通空间,成为各种活动的空间载体,各种功能及流线在此处融合交织。除了作为交通枢纽联系大部分的展厅以及公众集散等,交通厅还可以作为整个博物馆的核心宣传区,举办临时演出、临时展览、新闻发布等活动的集会区。

按照所在位置,交通厅可分为交通缓冲空间的入口门厅、交通枢纽的中央大厅或者作为辅助交通空间的景观庭院。

(一)入口门厅

入口门厅作为进入建筑的起点,是内外空间过渡、集散人流的交通枢纽,同时还包含接待服务、休息等候等多种功能。除了满足交通组织的基本要求,门厅的空间形态、规模、尺度的设计,还应该结合博物馆的整体造型考虑。

(二)中央大厅

中央大厅一般位于博物馆的中心位置,作为室内主要的过渡性空间,被广泛应用于当代博物馆的交通空间中。各种功能流线与交通路径在此交叉重叠,然后通向各个空间。

(三)景观庭院

景观庭院通常兼作交通与服务空间,常以室外或者半室外的形式出现在公共交通空间中。庭院空间会将人们从室内吸引过来,同时还会透过虚的界面将景观引到室内,成为空间联系与渗透的载体。人们在连续观展的过程中偶然经过景观庭院,会被自然吸引停留,从而产生更多的活动。空间在此已不再局限于交通功能,而更多地成为公共交流的活动场所。

当代博物馆交通空间的功能复合化表现为空间发展的多功能集聚,是对其他功能的吸纳。因应动态变化的多种功能,交通空间的复合化设计可以实现多种功能在不同空间与不同时间的相互转换,从而缓解空间压力,提高空间利用率。多种功能的相互兼容与有机结合,可以实现空

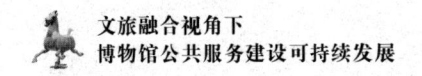

间的对话与联系,促使博物馆内部形成多层次的开放空间,促进人与建筑的有机互动与自由体验,为参观者构建一个充满活力的人性化交流场所①。

第二节 博物馆的无障碍设施优化

十多年来,随着经济发展和社会进步,我国无障碍设施建设取得了一定的成绩;但总的来看,设计规范没有得到较好执行,同残疾人的需求及发达国家和地区的情况相比,我国的无障碍设施建设还较为落后,有较大差距。博物馆是为公众服务的公益性社会机构,博物馆的无障碍设计,可以保障社会中弱势群体的文化权利,为其平等地参加社会文化生活创造机会和条件,体现博物馆的人本主义精神。以下通过实地调研多个博物馆无障碍设施的建设和使用情况,总结现存设施的优缺点,并提出博物馆通用性无障碍设施的设计策略。

一、无障碍设计现状

为了使研究的范围尽可能全面,充分了解目前博物馆无障碍设计现状,笔者调研了5个规模、功能和风格各不相同的博物馆,包括安徽省博物馆、辽宁省博物馆、南京博物院、浙江博物馆、安徽省地质博物馆。通过调研发现各个博物馆无障碍设施建设水平各不相同,以下从无障碍卫生间设计、无障碍坡道设计、软设施设置和其他设施设置四个方面进行总结分析。

(一)无障碍卫生间设计

在调研的博物馆中,卫生间的无障碍设计与博物馆成立的年代以及博物馆的建筑类型有关。其中,浙江省博物馆由于建造时间较早,建筑类型为园林式仿古建筑,因此,其没有形成一套完备的无障碍卫生间设施。其整体无障碍设计的氛围较弱,导致一些无障碍设施出现设置不规

---

①许俊杰,梅洪元.当代博物馆交通空间功能复合化研究[J].城市建筑,2014(31):113-115.

范的现象,甚至影响使用。首先,卫生间的无障碍标识仅为箭头,并没有一套完整的无障碍标识系统,给参观者造成不便。其次,卫生间前的坡道设置不规范,坡道上多有坑洼不平处,影响轮椅等辅助设施的正常使用。再次,浙江省博物馆受原有建筑的限制,无法再单独设置一间无障碍卫生间,因此其无障碍卫生间设置在男女卫生间内。最后,《无障碍设计规范》(GB 50763—2014)要求,低位服务设施前应有轮椅回转空间,回转直径不小于1.50米。但是,浙江省博物馆便池前的直径并不符合要求,狭窄的空间使得轮椅等代步工具无法使用。

安徽省博物馆及南京博物院等一些现代化博物馆的无障碍卫生间的设施较为完备,设置均符合规范。男女卫生间之外设置单独的无障碍卫生间,且卫生间的无障碍引导标识以及内部设施完备,卫生间基本都配有马桶、洗手台、扶手等设施。其中,洗手台高度以及扶手均适合乘坐轮椅的残疾人使用。

(二)无障碍坡道设计

博物馆坡道主要分布在三个位置,分别是主入口、次入口和参观流线上。在主入口处,笔者调研的绝大部分博物馆都有供特殊人群使用的无障碍坡道,且设计较为合理。但是,南京博物馆主入口的无障碍坡道存在较大问题,博物馆主体与地面之间有较大的高差,台阶多,因此,无障碍坡道坡度过大,并且未设置扶手。

通常情况下,博物馆往往有多个次入口。受多种因素影响,游客经常会从次入口出来。但是,多数博物馆并未考虑到在次入口设置无障碍坡道,即使部分博物馆在次入口设置了无障碍坡道,也无法满足残疾人的使用要求。例如,安徽省博物馆次入口处并未设置无障碍坡道,虽然只有三级台阶,残疾人也难以通过;浙江省博物馆次入口处虽然设计了无障碍坡道,但坡道坑洼不平,不便于轮椅通行。此外,浙江省博物馆采用多场馆分散式设计,在单个场馆的出口处和连接各场馆的道路上也未设置无障碍坡道,给特殊参观人群带来行动上的不便。

在参观流线上,建造时间较短的博物馆一般都具有完整的无障碍流线,如安徽省博物馆,但也有一些特殊展区和区域没有设置无障碍设施,导致残疾人无法进去参观。例如,南京博物馆展厅内部出口只有楼梯能下到负一楼至出口,没有设计无障碍坡道;浙江省博物馆的总体风格是园林式仿古建筑,各场馆面积较小,场馆内没有供残疾人使用的电梯和坡道,且个别展区还设置有门槛,给特殊人群参观带来不便。

(三)软设施建设

博物馆中的软设施建设主要包括服务通用性设计,包括售票方式、语音讲解服务、信息传达方式等。

在售票方式方面,大多数博物馆都是采用网上购票与现场售票相结合的方式,也有部分博物馆可免费参观,无须购票,如辽宁省博物馆。网上购票的方式为残疾人提供了较大便利,无须现场排队购买。需要注意的是,在参观博物馆时,一般都需要持身份证进入,但由于老年人信息闭塞,可能会出现没有带身份证的情况。

在语音讲解服务方面,大多数博物馆的语音讲解服务较为健全,院内都有供租赁的语音讲解机器;同时,部分博物院还引进了手机扫码讲解,如安徽省博物馆将语音讲解APP的二维码印在宣传手册上供游客使用,APP上提供了博物馆相关展品的解说。但是,对老年人来说,手机字体小,且操作困难,手机扫码不如讲解器方便,因此应为老年人及听障人士准备语速慢、音量大的特殊讲解器,并有专门服务人员帮助使用者佩戴和讲解使用方法。

在信息传达方面,多数博物馆大厅入口处通常设有展板及电子显示屏,用于展示相关信息,为游客查询博物馆内容提供便利。展示的内容多具有语音和盲文功能,使有视障的人士也可以了解博物馆信息。

(四)其他设施

其他设施包括咨询台、休息座椅、无障碍路线引导、展柜和展品布置等。对于咨询台,多数博物馆入口处均设有咨询处,且处于显眼位置,但部分博物馆咨询台设计并没有考虑到坐轮椅的残疾人和小朋友的高度。对于休息座椅,所有博物馆都设置有座椅,且高度大约在30厘米,长形硬质座椅。各博物馆座椅设置的位置不同,如安徽博物馆的座椅设置在两个展厅之间的过道处,座椅数量适中;南京博物馆的座椅设置在中庭处,大厅角落也设置有大量座椅。对于无障碍路线引导,多数博物馆都注重室内标识,特别是路线引导。例如,南京博物馆所有指示牌均设有无障碍指示。对于展柜和展品布置,部分博物馆的展柜较高,为1.2米左右,对于坐轮椅的残疾人和儿童来说,观看不便。

二、无障碍设施改善途径

(一)硬件设施建设

对于出入口,若原设计没有设置无障碍设施,可在附近增设坡度较小的缓坡;如果缓坡实现较为困难,可以设置座椅电梯,并在旁边增设明显的标识指示。对于展品和展台,可适当降低展台高度,使正常使用者俯视观看,尽量使轮椅使用者和儿童以平视角度观看,为其提供便利。如果条件允许,可以开放式展示仿制的藏品,让视觉障碍者通过触摸来感受藏品,也可以让其他参观者近距离观看藏品。展台下方要留有一定的空间,为轮椅使用者提供便利。对于语音提示,可在电梯中增设语音导航装置,提示所到楼层;在展区增设语音提示,对展品进行介绍。在室内台阶处设置缓坡或者升降平台、楼梯升降椅等。转弯处要有足够的空间便于轮椅使用者转弯。对于指示标识,要设置盲人导向系统,如设置触觉地图,或者采用显眼的颜色形成强烈对比,如明黄和大红色,方便盲人和色弱人士使用。对于低位服务,要注意空间大小、休息区、指示牌等设计,充分考虑轮椅使用者、儿童、推婴儿车等人的使用需求,并设置低位饮水台、服务台、展柜、扶手等。

(二)服务设置

博物馆不仅要注重硬件设施的设置,而且要注重轮椅租借、参观引导等服务设置。例如,在入口显眼位置设置指示牌,以提示轮椅、婴儿车租用。此外,博物馆也可以借助APP等网络媒介为参观人员提供帮助。例如,对于视觉障碍人士,利用定位导航技术,通过APP语音指导,为其规划一条路线,且提醒其避开旁边的人和展柜。

在公共文化事业迅速发展的今天,博物馆的建设越来越完善,数量越来越多。在该背景下,人们对博物馆服务的需求不断提高。因此,各个博物馆应严格遵循以人为本的设计原则,加强通用性无障碍设施设计,以期满足各类人的使用需求[①]。

---

① 曹兰玉,鲍思怡,史海洋,等.老龄化背景下博物馆通用性无障碍设施设计策略[J].河南科技,2020(7):136-138.

第三节 博物馆的展览设施升级

一、博物馆展览设施介绍

博物馆展览设施是博物馆展示文物、作品和信息的重要载体。这些设施不仅能为观众提供良好的展览环境,还能保护文物、作品的完整性和安全性。以下是常见的博物馆展览设施:

(一)展览柜

展览柜是展览中最常见的设施,用于陈列文物、艺术品等。展览柜通常采用高强度玻璃、防盗锁、温度控制等技术,保证展示物品的安全和完整性。

(二)展览墙

展览墙是展览中的主要展示面,通常采用高质量的墙面材料和装修技术,以提供良好的视觉效果和环境。

(三)展板

展板是展览中供文字、图片、图表等展示的平面设施。展板通常采用耐用的材料制作,如金属、木板等,并配备照明、固定装置等。

(四)照明设施

照明设施是博物馆展览中重要的辅助设施,对于展品的呈现效果有着至关重要的作用。常用的照明设施包括展柜照明、展板照明、墙面照明等。

(五)声音设备

声音设备是博物馆展览中用于播放音频信息的设施,如音响系统、语音导览设备等。声音设备能够提供更加丰富的参观体验和信息传递方式。

综上所述,博物馆展览设施是博物馆展览的重要组成部分,在展示文物、作品和信息的同时保证其完整性和安全性。博物馆展览设施的品质和功能对于博物馆的形象和展览效果至关重要。

下面着重说明博物馆展览最常见的设施——文物展柜的设计需求。

二、博物馆文物展柜的设计需求

面对博物馆行业的快速发展,文物展柜设计需求也应不断优化。笔者基于跨学科知识梳理与工作实践总结出以下几点文物展柜设计需求,旨在探索全面性、可行性的博物馆文物展柜设计方案,为博物馆展陈艺术性的提升与展柜的科学性选择提供借鉴。

(一)艺术性设计需求

文物展柜艺术性设计需求要符合人体工程学原理,具体体现在展柜设计中的各项尺度标准,如高度标准、展柜长宽比、柜体进深尺寸等,除展柜中文物展示的高度尺寸要符合观众参观的视觉高度外,还要充分考虑展柜与文物、展柜与所在空间的体量比例关系,合理规划展览空间。

文物展柜的艺术性设计需求是展柜的外在呈现需求,对展览整体氛围的营造具有重要的作用。展柜造型设计、色彩选择、装饰材料选用等都属于艺术性设计范畴,这些要素的选用不仅要符合展览主题的风格定位,还要深度挖掘文物背后的历史知识;不仅要提炼文物的外形特征,将其应用在展柜外形设计上,还要通过艺术化的语言概括提炼文物所传递的精神文化内涵,将其呈现在文物展柜的形态设计中。另外,展柜的色彩选择和搭配要与展厅的主题色调相协调,包括展柜外观色彩与柜内装饰面的色彩。尤其是柜内色彩要能够衬托出文物的型、质与纹饰等特征,同时要考虑在灯光照明条件下色彩可能产生的色差现象,将提升文物的观赏性作为柜内色彩选择的依据。展柜装饰材料的选择包括外饰面材料与展柜内饰材料的选用,外饰面材料的选择可以与展墙材料相统一,也可以根据展柜的形式进行材料搭配;柜内材料的选用要考虑材料的质感、肌理等与文物的搭配效果。另外,还要从整体视觉形象出发,兼顾展柜材料与外饰材料的搭配效果。

(二)结构性设计需求

展柜的结构设计要兼顾实用性与耐用性,主要表现在结构安全与操作便捷两个方面。展柜承重与框架材料的选用要根据文物重量进行测算评估,选用符合承重标准的材料制作柜体;柜体移动配件与稳定调节配件的选用也要考虑展柜与文物的总体重量。展柜的结构设计要遵照安全性原则,并确保密封结构性能良好,避免因结构设计问题或材料质量问题而出现性能损耗的情况,如柜门开启轨道结构老化导致柜门开关不顺畅,密封胶条老化而导致密封性受影响,以及展柜玻璃受自重影响而出现变形等情况。在展柜空间结构设计中,照明空间和设备空间要与展陈空间做分隔设计,避免处于同一空间造成安全隐患。附属设备的结构设计要细致周到,如展柜锁具要避免安装在正面位置,影响美观,可设置操作方便的暗锁;展柜灯具的安装位置要科学合理,照射角度可灵活调节,照射范围均匀、无眩光;用电的结构空间还需要安装防漏电保护系统。在展柜整体结构设计中,在装饰方面要留有调整空间,如柜内台座、装饰面板与柜外饰面材料等,以针对不同的展览风格要求更加便捷地更换柜内装饰面板和台座,展柜外饰面也可以快速拆装更换,满足艺术形式上的结构设计需求。

(三)文物保护性设计

需求展柜的文物保护性设计需求主要体现在两个方面:一是文物展柜的基础性文保设计要求;二是文物展柜的科学性文保设计要求。文物展柜的基础性文保设计需求包含展柜自身的稳定性以及防震、防爆、防火等对外界不安全因素的预防。文物展柜是保护文物的最后一道屏障,当人流量较大且观众围绕展柜观看展品时难免会发生碰撞。另外,有些低龄观众在观看展品时可能会有拍打柜体玻璃的行为,这对展柜的稳定性与展品的防震性是极大的考验。如果文物展柜的稳定性能差,防震性、减震性不达标,可能会造成展柜移位或柜内文物翻倒,对文物安全构成威胁。因此,文物展柜要具备一定的防爆性与防震性,并且在使用前要进行防震、减震指标测试。另外,展柜制作材料及展柜装饰材料的选用要符合博物馆防火级别要求,还要定期对展柜线路进行检查维护。

展柜的文物保护设计需求是根据文物的物理、化学属性,采用科学设备并参照文物保护标准,为文物展示打造稳定的柜内空间环境,以此达到科学保护文物的目的。为实现柜内空间环境的稳定,文物展柜要确保密封性能达标,防止气体、灰尘、有害物质进入。另外,文物展柜要满足可调控温湿度的要求,目前常用的温湿度调控方式有两种:一种是通过专业的温湿度调控机对柜内温湿度进行调节;另一种是通过调湿剂被动调节柜内湿度。这两种方式不论是单独使用还是结合应用,均需达到文物保护所需的恒定温湿度要求,并利用数字化检测设备对柜内的温湿度进行实时检测与调控。此外,还要避免展柜自身材料的气体挥发而导致柜内微环境污染,所以既要对展柜内的微环境进行调控,又要严格把关展柜材料的选用,在选用展柜材料时要先进行相关文保实验测试,确保其能满足柜内微环境的稳定性要求。

展柜照明设备的选用也是文物科学保护的重要内容之一,展柜的灯光设计与使用要以保护文物为目的。展柜照明需要采用不含紫外线的冷光源,控制光照度与有害光,灯具设备及配件选用要符合国家制定的各项标准,以此实现科学照明,保护文物。

文物展柜的服务对象是不可再生的文物,同时也服务于参观展览、接受博物馆文化艺术熏陶的观众。为实现展览的差异化发展,博物馆应使用不同形式的展柜。本文为博物馆展柜设计指明了方向,不论是何种形式的文物展柜,都要以文物需求为设计出发点,满足文物展示的艺术性、安全性、科学性需求,为博物馆文物展示服务[①]。

第四节 博物馆的服务设施优化

博物馆应根据服务项目、日均观众量,配备满足各项服务的公共设施设备;博物馆应配备导览、讲解设施设备;博物馆应设置播报系统、安防系统、消防系统和警报装置等设施;博物馆宜配置无障碍通道、母婴室和第三卫生间等无障碍设施;博物馆公共区域和活动场所应配置休息座椅;博物馆应配备轮椅、婴儿车等设施设备,宜设置物品寄存区域或设施;博物馆宜配备相应的医疗急救设施设备及药品;博物馆应合理设置垃圾箱,垃圾箱标志应符合规定。

一、博物馆导览设施

(一)博物馆导览现状

博物馆作为一个城市历史文化及知识传播集散中心,其导览方式为

---

① 杨宝辉.博物馆展览中的文物展柜设计[J].文化产业,2023(28):38-40.

前来参观的众多参观者展示了新技术在导览领域所带来的革新。目前博物馆导览主要形式为文字展签、人工讲解、语音工具导览和智能手机导览。

1. 展签介绍

大部分博物馆仍旧采用文字信息来传递展品信息，展签介绍也是博物馆必不可少的导览形式，如博物馆的宣传册、展品介绍等。文字展签有着易传播、易制作的特点，用中肯的文字为博物院提供了最直接简洁的介绍。

2. 人工讲解导览

博物馆的人工讲解分为场馆提供的人工讲解和志愿者讲解。博物馆提供的人工讲解员可以满足参观者对讲解专业性、实时互动的需求，且有固定讲解时间；但节假日期间客流量大。对于参观者来说，人工讲解导览存在着参与时间固定、行动空间受限等弊端。

3. 语音导览系统

博物馆及大型园区都配有一定份额的语音导览系统，即语音导览租赁器。目前活跃在各大博物馆的自动感应语音导览器只能提供听觉体验。并且这种租赁形式的导览系统经常出现内容更新不及时，感应迟钝，体验单一，没有和馆藏的实物形成很好的对应关系。虽然灵活性较人工讲解方式有所提升，但对于馆方来说，存在成本高、数量有限、定点取还、卫生等问题。

4. 智能手机导览

随着智能手机的普及，博物馆积极利用这一条件，将博物馆导览的内容以 App 或小程序的方式提供给参观者，让参观者自行操作，运用了参观者自身携带的工具，保证了便捷性。但是大多数博物馆在内容上，只是将展品介绍和语音导览系统的内容平移至手机平台上，并没有真正意义上的技术融合和创新。同时，单纯的智能手机导览割裂了参观者与博物馆之间的关系，无法满足参观者沉浸观览的诉求。

传统导览模式的诸多问题使得博物馆工作人员越来越重视智能导览系统和数字化导览模式在导览服务中的重要作用。参观者更倾向于能提供参与感、沉浸感的博物馆导览方式，通过数字虚拟技术和博物馆导览融合，将博物馆内容转化为具有设计美感和互动体验的展示，让参观者在数字虚拟技术的博物馆导览下重塑对其内容的认知,形成互动式、沉浸式的观览体验[①]。

(二)博物馆智慧导览发展方向

文物连接过去,赋能未来,中华大地上的文物资源灿若星辰。博物馆不仅仅要保管好、研究好文物资源,也要展示、传播好优秀的文化和文明。博物馆导览系统只有不断升级,提升博物馆公众服务能力,传播文化正能量,寓教育于服务中,才能全面推进博物馆高质量发展。

1. 讲解内容方面

通过观众大数据分析、讲解员实地讲解的经验总结得到观众偏好数据,更新重点文物讲解。针对不同年龄、不同文化背景的群体,准备中文版、英文版、成人版、儿童版等版本。用专业的知识、生动形象的语音把文物讲"透"、讲"活"。

2. 导览方式方面

首先,在设计方面,博物馆为满足所有观众的参观导览需求,要有多种形式导览,但是要注意扬长避短。人工讲解和电子语音导览相辅相成,电子语音导览适合年轻人,在设计方面就要偏向年轻人的喜好,目前基于RFID技术的电子导览以及微信小程序导览已经无法满足年轻人的需求,将VR、AR、AI技术引入到导览系统已成为趋势。二里头遗址公园运用5G云XR技术沉浸式再现最早的中国,佩戴AR眼镜就可以身临其境地欣赏二里头遗址全貌及历史变迁。也可以通过手机扫二维码,看到宫殿遗址上方复原夏朝宫殿样貌。

其次,要注重博物馆多种导览方式的整合。调查观众需求,以观众需求为导向,以智慧博物馆总体规划为平台,使用"互联网+"实现多种导览方式的统一。

3. 后期运维方面

数字化相关建设内容与传统设备不同的是,建设只是项目的开始,运维才是重点。系统更新、内容更新、设计更新、功能更新等,要时刻保持系统流畅、界面美观、操作简单、互动性强、内容易懂,时刻抓住观众的

[①] 李一泽,李栋宁. 基于扩展现实技术的博物馆导览应用研究[J]. 设计,2023(19):49-52.

眼球[①]。

二、博物馆消防安全设施

(一)建立健全维护机制

针对消防安全设备设施的特点,建立并推行月度、季度、年度巡检制度。同时,加强对消防系统的日常管理,在实际运行期间,安排专业管理人员针对消防设备设施进行巡检,形成巡检记录。一旦发现设备报警信息,要迅速进入现场查看实际情况,在确定报警信息真实后立即组织处理。若判断相应报警信息有误,则要在完成记录的基础上迅速与维保人员取得联系,排查与消除设备故障。

为做好博物馆消防安全工作、避免消防安全事故的发生,应当定期开展消防设备设施检查维护工作。重点对博物馆展厅、文物储藏室等场所的消防管道、火灾报警器进行检查。同时,维修保养消防栓、设备线路、火灾报警器、烟感器、消防喇叭、消防电话、警报器等设施设备,及时排除故障,确保消防系统正常使用。另外,应当结合消防工作现实需要,定期对博物馆消防设施进行升级改造。要切实根据消防救援部门检查结果、消防维保公司的反馈意见,对馆内消防设施存在的安全隐患认真梳理,形成整改清单,制定整改方案,实施消防设施提升改造,及时消除安全隐患,进一步提升博物馆安防、消防综合水平,努力将隐患消除在萌芽状态,确保馆藏文物绝对安全。

(二)建设并应用维护系统

结合博物馆消防安全设备管理实际需求与现实情况,依托信息化技术、人工智能技术,建立消防设施智能维护管理系统,并将其投入消防安全设备维护保养工作实践,以及时发现并精准定位设备故障问题与异常现象,辅助相关人员完成故障处理,提升消防安全设备维护保养工作水平与成效。

(三)重视细节性检查与故障处理

对消防设备设施的细节性检查是保证相应设备设施持续性安全稳定运行的重要举措。实践中,需要结合不同消防设备设施的功能及结构

---

①郭甜.智慧导览系统在博物馆的应用研究[J].文物鉴定与鉴赏,2022(5):75-77.

特点,确定检查内容。例如,要及时对报警控制器电源状态进行检查,精准判断电源状态。在发现电源故障后,应迅速组织开展分析与处理。

另外,要及时落实故障处理措施,确保消防设备设施能够长时间保持在平稳运行状态。实践中,在收到故障报警信号后,要及时进行消音,在显示屏上查看故障信息;查明原因,如可以当场处理则处理后做好记录工作,再将控制器复位;如不可现场处理则先将其屏蔽,做好记录,制定并落实临时性安全管理措施,汇报领导,请维保单位或工程维修人员来维修,维修后解除屏蔽[①]。

在提升博物馆水平的同时,也要不断完善博物馆的配套服务设施建设。馆内要布置足够的空间,营造良好的环境氛围供游客休息,要有餐厅、咖啡厅、文创商店等服务设施,满足游客用餐、购物的需求,还要注重餐厅的食物是否安全,是否可口,文创商店的位置是否明显等问题。博物馆要运用VR、AR等新技术,开发馆内讲解APP,不断丰富博物馆的智慧导览系统,帮助游客更深入了解博物馆的文化价值,提供更便捷的游览服务。另外,博物馆还要完善停车场的建设,通过官网、微信公众号等渠道及时更新博物馆出行信息,方便游客的出行。要完善博物馆内的网络建设,不影响游客在博物馆内智能移动设备的使用。博物馆要注重服务细节,不断提升游客的博物馆旅游体验,构成持续性的旅游吸引力[②]。

第五节 博物馆工作人员服务意识的提升

文化气息渐浓的现代社会中,深化服务理念和提高服务质量已经成为各大博物馆目前较为突出的问题。在一个划时代的转折期,博物馆需要经历深刻的反省来探索其服务意识的定位和服务角色的转变。

文化场所自免费开放以来,博物馆在保证公众文化权益的基础上,不论是从宏观的管理体制还是从微观的服务机制上,均发生了很大的变

---

① 王连生. 博物馆现代消防安全管理与设施维护研究[J]. 湖北应急管理,2023(3):54-55.
② 孙汝文. 文旅融合背景下我国博物馆旅游的发展路径研究[D]. 长春:吉林大学,2023.

化。据"深化改革,开拓创新,始终保持文化遗产事业的生机和活力"的理念,博物馆的体制改革较滞后于其他单位,在不断拓展的社会职能和社会作用中滞后的体制分配和服务设施未能触及博物馆功能的定位和职能的完善,其服务性机构的社会属性也未能在社会公众中有所体现。具体问题如下:

一、博物馆服务人员服务理念的定位和服务职能的转型

博物馆是一个为社会及其发展服务的向公众开放的非营利性常设机构,在各项工作中最为贴近公众的基本职能就是社会服务,承担着联系历史与现实、科学文化与公众素质、博物馆与社会等层面的桥梁和纽带的作用。博物馆的服务理念就要"以人为本",把观众当作博物馆的核心服务对象,重视人的本体价值,不断激发"人"的积极性、主动性、参与性和创造性,通过陈列展览、讲解等方式,全方位展示博物馆服务的社会功能。"把服务的意义看得更重一些,更用心去做,博物馆的价值才会真正得到实现,博物馆服务是一个大题目,事无巨细都在这个题目上。"

博物馆的服务性,决定着博物馆工作人员的职能必须具有强烈的服务意识,前来参观的观众对博物馆能有一种亲切感和方便感。我们不能把服务职能狭隘地理解为餐厅服务员的"端茶倒水"或是"迎来送往",博物馆的服务职能应是一种高层次的服务,是利用博物馆为平台的一种文化服务,服务的项目是事无巨细的问题,包括门票的发放、参观展线的导向咨询、讲解员形象的塑造、语音导览器的配置、安保人员的巡值等,这些展厅的一线人员的工作都是博物馆服务的核心内容,直接影响着博物馆的形象。

眼下,多数博物馆还存在历史遗留问题,人员构成多为文艺专业的退役人员,年纪稍大的安置在专业技能不需太高的守展等岗位上,年轻一点儿的则安置在讲解岗位上,舞台的辉煌和博物馆的清闲使他们在心理上有很大的落差。因为专业的不同和文化水平的差异,讲解人员对于文物的历史文化内涵理解不透,在讲解的内容和技巧上无法体现博物馆的功能价值和展示效果。

观众进展厅,接触的都是从事服务的工作人员,他们的一言一行都代表着博物馆的形象,穿着是否得体、语言是否亲和、精神是否饱满等均

影响着观众参观的效果。我曾经历过很多次吃了"枪药"的服务人员,上大学期间去一家博物馆参观,想问展线的走向,结果守展阿姨头都不抬地来一句"不知道,自己看,不都摆着嘛",一句话让我参观的兴致一扫而光!这种态度与雅致的博物馆存在极大的落差。外来游客对于本地的人文、地理环境都不熟悉,讲解时应对其和蔼可亲,不厌其烦。"上面不写着吗,你自己不会看呀","不知道,别问我"。一声吼叫"别动"等等,不但让前来参观的观众心里很不舒服,还会影响参观者对博物馆的第一印象。守展人员应站在展厅的某个角落,不要影响观众的视线和行动空间,更不能扎堆聊天,随意走动,当游客需要帮助时,应该热情、主动上前去解决。工作人员简单的语言和行为都是审视博物馆服务意识和服务职能的主要因素,也是博物馆自身使命和功能定位的一把标尺。

公众服务是博物馆的窗口,部门员工是撑起门面的脊柱,各岗位的服务工作,诸如前台的咨询服务态度、讲解工作人员的仪表仪态及知识的储备、存包处的安全、值守人员的礼貌等都能体现博物馆整体的服务素质和管理水平。管理人员应以感情和制度相结合的管理模式,结合自身运行的特点,制定切实可行的监督监管机制,提升服务质量和服务效果,形成具有凝聚力和向心力的专业精干队伍。对招聘的劳务人员应加强专业技能的培训以适应当前博物馆的发展模式,打造出一支文化素养和业务技能较高的团队,在全方位的服务中,体现以"人"为本的理念,规范服务举止行为,维持出一种文明的参观秩序,用文明的语言和氛围引导观众,共同打造出博物馆的文化殿堂。

长期以来,博物馆以雅文化自居,拒众人于千里之外,近年来的免费开放,那种传统单一的类似"闭门自守,坐等参观"的服务模式已有所改变,逐步构建和完善起来的服务功能使博物馆在多元化发展的社会文化中发挥着自己独特的优势和特色。

二、博物馆服务的流动性和主观能动性

博物馆作为公共文化基础设施的公益性文化服务机构,是现代公共文化服务的重要组成部分,代表着一个地方乃至一个国家的文化形象。眼下大多的博物馆属于全额拨款的事业单位,市场竞争意识比较淡薄,主要被视为文物保管部门和研究机构,工作重心还停留在收藏、保管、研

究的领域中,对于社会和公众服务的重视不够,停留在正常开放的水平之上,普遍忽视展览的延伸和拓展服务的内容,这一服务理念直接影响了博物馆公共服务作用的发挥。在整个社会的转型期,博物馆应改变以往提供宣传、教育、娱乐时"被动"的单向行为而采取主动的双向方式,树立现代的博物馆公共服务理念,鼓励观众参与,尽最大的努力拓展公众参观博物馆的机会。

博物馆要立足于服务行业,并结合文化特色而改变发展理念,建立和提高博物馆服务为导向的管理机制,强化博物馆的服务功能。博物馆有个很大的特点是专业性极强,其工作的方向和目的让大多公众对其的认知限制在一定范围内,博物馆外的人不知道,博物馆内的人走不出去,这种传统而又滞后的发展模式严重违背了博物馆广泛服务社会大众的宗旨,因此,在博物馆展示设计、制作的过程中应有意识地把展览回归于公众。《博物馆管理办法》第二十七条明确规定:"博物馆应当结合本馆特点开展形式多样、生动活泼的社会教育和服务活动,积极参与社区文化建设;利用电影、电视、音像制品、出版物和互联网等途径传播藏品知识、陈列展览及研究成果。"因此,博物馆组织的展览主题要丰富多彩,内容要贴近群众,形式要生动活泼,以满足观众多方面的精神需求。因为,在市场经济形势下,博物馆要生存发展,就必须走近百姓,服务社会,积极举办大众感兴趣的展览,采用观众喜闻乐见的展览形式,才能吸引观众,博物馆也才有生机和活力。我们首先要明确博物馆的宗旨就是为公众服务、保存文物、传播文化。在保护好文物的前提下,博物馆应积极拓展思路,结合得天独厚的资源优势,让文物活起来,让展线流动起来,发挥博物馆的主观能动性。近几年举办的流动博物馆进校园是个很好的例子,用车载流动展板的形式将博物馆的各种元素向基层的公众进行文化服务,通过图文并茂的展板、PPT、小视频、答题卡等多种形式,让平时被动接受知识的孩子们主动学习和操作,调动他们学习的主动性,了解书本上学不到的知识,开拓了视野,领略历史文化的底蕴。

在各种媒介的规模和地位空前提升的新时代下,一个具有现代意义的博物馆不仅有精湛的展陈内容和丰富的文物藏品,更多的是具备文化传播的广泛性和主动性。博物馆工作人员应保持清醒的头脑,把握好文化内容变与不变间的方向,善抓机遇,把互联网中"实"与"虚"的特性巧妙地结合起来,把博物馆服务的延展性拓宽、加大。眼下很多博物馆所采用的微信平台就是一个很好的例子,发送信息较为灵活的订阅号形式的文化传播平台,通过多样化的手段将博物馆的展品和展示信息呈现给观众,定期或不定期地传递,保证了博物馆信息发布的知识性和可持续性,在一个互动的环境中使博物馆与观众的沟通更加便捷。如,在微信媒介的推广下,博物馆采用双向互动交流模式后发送的各类文化信息具有很强的时效性,观众即时接受、随时查看,再加上制作信息时采用以引人注目的画面和文字字体构成的虚拟展厅,以便让感兴趣的观众分享转阅。

在划时代的市场经济形势下,博物馆要生存发展,就必须走近百姓、服务社会,积极组织大众感兴趣的展览,采用观众喜欢的展览形式,吸引观众,力求以博物馆"为公众服务、保存文物、传播文化"为宗旨,做好服务工作。2011年11月中国博物馆协会在山东博物馆举办的亚太地区馆长论坛暨国际博物馆协会亚太地区理事会中,时任国家文物局局长的单霁翔在主旨报告中指出,博物馆将从自我封闭引向开放,以社会和谐发展服务为战略方向,立足博物馆的使命和功能定位,强化服务意识、充实服务内容、提升服务水平,增进民众参观的愉悦度。因此,在时代的转型期,大众服务是博物馆工作职能的重要体现,在原有的陈列展览、宣传教育和科研保护的基础上,增强观众休闲和文化消费的需求,提供多样化服务,统筹安排博物馆资源的同时构建服务目标和流程,是博物馆赖以生存的社会基石[①]。

---

① 李积英. 博物馆服务意识的定位与思考[J]. 群文天地,2018(3):86-88.

第五章 文旅融合视角下博物馆公共服务的创新

第一节 结合地方旅游情况开展特色活动

一、基于旅游视角科学定位城市博物馆

（一）城市旅游标志物——博物馆

管理者可以将博物馆建设为城市的标志性建筑物，使其对城市旅游的形象和文化延伸形成代表。比如，深圳博物馆、自贡恐龙博物馆、伦敦大英博物馆等，都是充分挖掘了城市文化，并通过在旅游业发挥博物馆的历史性价值和城市文化传播，吸引更多的中外游客，不断通过博物馆的高品位提升城市的文化内在，使城市认知度和吸引力不断提升，从而促进城市全面发展。

（二）区域文化旅游大门——博物馆

城市博物馆集中展现其所坐落城市内部的文化、科技、人文等综合实力，是外界了解城市的大门。城市博物馆由于地域性突出、文化标志显眼，有助于游客了解当地的地域、人文风俗等。同时，城市博物馆在旅游活动中还能充当旅游文化向导的作用。对致力于发展中的中国文明而言，华夏民族的文化多样性、完整性、独立性等可以借助博物馆得以保存、传播，有助于提高中国民族文化的核心竞争力，拓展面向未来的发展思维。

（三）日常休息的场所——博物馆

当前我国群众生活、工作压力巨大，而城市博物馆内部环境优雅、惬意，充斥着文化氛围，完全可以充当居民休息、放松、娱乐的重要场所，对改善群众的生活质量具有积极帮助。

二、创新是城市博物馆形象定位的核心

(一)关注博物馆所在城市客源

城市博物馆要积极分析所在地客源类型,要根据他们的需求设计博物馆陈列方式、展品种类等。例如,学生进入博物馆参观时,其家长更是希望学生可以获得一定的知识,因此可以陈列、展览具有文化或历史意义的展品,聘请专业讲解员进行讲解,帮助学生拓展知识。

(二)调整经营理念,积极和旅游项目进行合作

城市博物馆要积极引入、运用市场有效配置理念,结合社会发展需求重新调整博物馆资源配置;同时,要与旅游部门携手,做好信息沟通,并基于旅游需求合理调整资源陈列、展示模式,结合地方旅游情况开展特色活动,尤其是加强文化创意产品的开发,将城市的文化内在与历史感融入文化创意产品的开发中,开发具有纪念意义和实用价值的文化创意产品,满足市场的潜在发展需求。

城市博物馆要及时搭乘旅游业快速发展的这辆顺风车,做好自身在旅游活动中的形象定位,及时完成管理理念更新、协调沟通等工作,以在旅游城市中获取一席之地[①]。

第二节 结合博物馆特色推出日常活动

一、充分利用新媒体平台,加强活动事前宣传

第一,充分利用微博平台,加强博物馆活动事前宣传工作。目前,部分地区博物馆开展的优质博物馆活动并不为群众熟知,难以吸引群众参与到博物馆活动当中,不利于实现资源利用效率的最大化。为此,博物馆可以借助微博平台进行宣传,在微博平台上搭建微博话题并开展转发抽奖活动。工作人员建立微博话题对本次活动的主要内容和基本信息进行宣传,并设置抽奖环节,给予中奖人员一定的奖励。奖品既可以是博物馆门票,也可以是博物馆中精美的礼品和文化物件。

---

①白文军. 城市博物馆与旅游活动的融合定位[J]. 旅游纵览(下半月),2018(7):37.

第二，充分利用微信公众号平台，搭建活动意见反馈机制，不断完善并创新博物馆活动。博物馆可以在微信公众号平台上开发相关的功能，入馆参加活动的公众只需要填写手机号码就能够就本次博物馆活动予以点评。工作人员则根据公众的点评意见对博物馆日后活动加以完善，不断提升博物馆活动组织能力和服务能力。

二、利用微电影技术，拍摄博物馆活动记录短片

微电影技术制作成本较低，制作方式较为简单，可以应用于博物馆活动策划工作当中。博物馆可以将每次博物馆举办的活动拍摄成微电影的形式，对微电影进行加工后放置在互联网终端，提升博物馆知名度，增加博物馆入馆人数。从品牌建设的视角出发，微电影技术为博物馆打造活动品牌提供了新契机。例如，博物馆针对本馆现实状况以及展厅状况，打造不同主题的微电影，并将其融入博物馆活动当中，可以加深社会公众对博物馆活动的认知度，提升博物馆在全社会的影响力和竞争力。

三、加强人才建设，提升博物馆工作人员活动策划能力

博物馆工作人员作为博物馆活动策划的具体人员，其综合素质以及活动策划能力直接影响到博物馆活动策划工作以及活动开展工作。为此，各个地区博物馆可以从多个层面加强人才队伍建设，不断提升博物馆工作人员活动策划能力。一方面，博物馆要加强与其他地区博物馆的人才交流，及时学习其他博物馆开展活动的有益经验，拓宽博物馆工作人员的视野，提升工作人员的创新能力和创造力。一方面，博物馆立足于本馆实际工作状况，优化本馆培训机制和培训内容，提升工作人员运用计算机、移动电子终端等现代科技的能力，全面提升馆内人员综合素质，推动博物馆走向可持续化发展。

四、开展和中小学开放日活动，加强馆校合作

为了充分利用博物馆内的各项资源，提升博物馆在文化领域的服务能力、宣传能力和影响力，博物馆可以加强与各个中小学的合作，探索馆校合作机制。首先，博物馆可以围绕"文化和自然遗产""传承中华优秀传统文化""文化教育月"等主题开展文化活动，为中小学生提供了解文化和学习文化的平台。其次，博物馆应当创新开放日活动的形式，坚持

开放日活动免费原则,积极举办讲座、论坛和论文比赛,拉近中小学生与中华历史之间的距离,更好地弘扬优秀传统文化。需要注意的是,在举办活动过程中,博物馆讲解员要将历史人物、历史文物与现阶段学生熟悉的事物结合起来,用易懂通俗的语言进行讲解,帮助学生加深活动印象,提升学生积极性,彰显博物馆文化影响力。最后,博物馆可以在六一儿童节等节日举办"博物馆之夜"等大型文艺活动,加强与当地文化馆的合作,通过文艺表演的形式向儿童展现本馆中蕴含的历史文化,为中小学生献上一台精彩的文化盛宴[①]。

第三节 利用文化优势开发特色文创产品

近年来,随着生活水平的不断改善,人们的物质生活不断丰盈富足,对于精神文化生活的追求越来越强烈,各类文创产品如雨后春笋般应运而生,文创产品的市场也在不断扩大。从去年河南博物院的考古盲盒到今年冬奥会冰墩墩"一墩难求",充分表现出了人们对于文创产品的热爱与追求。2022年两会期间,人民网对河南博物院院长马萧林进行专访,马院长表示:在2021年,河南博物院实现了考古盲盒从产品到产业化的升级,一年以来,共售出考古盲盒30多万个,销售额达3000万元。该考古盲盒是河南博物院研发的文创产品,把当下流行的潮玩文化"盲盒"和文物相结合,把虎符、佛像、青铜鼎、香炉等"微缩文物"藏进土中,玩家在利用配备的刷子、小手铲揭秘盲盒的过程中,亲身体验文物发掘过程中的知识乐趣,极大提升了消费者的参与感和体验。那么,到底什么是文创产品呢?

一、文创产品的概念和分类

文创产品是具有文化内涵与象征的创意性商品,是依托于特定的文化类型,将新颖独特的创意与文物等载体结合之后具备一定市场价值的产品,是可触摸到、看得见、带得走的文化,是通过具有创造性的设计把一些抽象化的文化概念和内涵转变成具体实物的过程。文创产品作为

---
①罗楠.文化强国背景下博物馆活动策划路径分析[J].大东方,2019(7).

一个大概念,涵盖的范围点多面广,根据材质、功能、属性、行业等不同的标准,分为很多类别。本节依据商品的属性将其分为融创类文创产品和IP类文创产品。

(一)融创类文创产品

承托这类文创产品的文化往往是经验性、概念性的,属于非物质文化序列,缺乏相应的文物作为支撑。通过将这一抽象概念与与之相关联的具体实物相结合,创造出来的产品也就具有了相应文化内涵。这类文创产品需要从文化的概念和产品的实际特性出发,用巧妙的方式将文化和物品融合,这类文创产品本身所体现的文化内涵以及产品与文化的结合方式将会成为文创产品的核心价值。例如,世界非物质文化遗产二十四节气作为指导农业生产的历法是抽象的,可以将其与刺绣、竹编等传统手工艺相结合打造文创产品。

(二)IP类文创产品

IP类文创产品主要为本身具有相应文化载体的文创产品,这类文创产品所代表的文化本身就是一个巨大的IP,具有很大的文化兼容度。比如三星堆文创产品就是将青铜人、青铜神树、黄金面具等具有三星堆文化特色的文物特征作为具体的文创内容,创造出纵目萌萌杯、书签、福袋、麻将桌摆等诸多IP文创产品。叠加三星堆文化的神秘性和出土器物的丰富性,这类文创产品风格与内容更加多样,更容易得到消费者的喜爱和追捧。

二、文创产品的价值

(一)商业价值

文创产品根植于文化内容,但是归根到底还是一种产品,是面向社会广大群众发售的商品,是商品就有其商业价值,就能创造相应的经济产值。2019年全国文物商店的销售额达7.75亿元人民币,占当年博物馆收入的2.3%。2021年双11首日,截至当天上午10点,天猫双11开售首日博物馆文创产品迎来爆发,同比激增超400%,新文创成为天猫双11最大的黑马之一。文创产品的商业价值,使博物馆这类公益性质的场所,不再单纯依靠公共财政、门票收入等,丰富了场所营收方式,提升了场所的收入水平。

（二）社会价值

一个博物馆就是一所大学校。博物馆作为科学研究机构、文化教育机构、物质文化与精神文化遗存及自然标本的收藏机构，发挥着宣传群众、教育群众，增强群众的文化认同感和民族自信的重要作用。文创产品不同于普通商品，文创产品实用性不强，但每件文创产品背后都蕴含着相应的文化内涵。文创产品作为物质文化和精神文化传播的载体，以各种形式和方法向受众传播博物馆的历史文化信息，使受众在潜移默化中受到文化的熏陶，增进对博物馆及其历史知识的理解和消化，从而有效实现博物馆宣传教育的历史使命。

三、文创产品发展路径

文创产品发展的三种途径：独创、共创、融创。

（一）独创

独创指的是博物系统依靠自身的性质、特点和专属内容，不需借助其他文化产物或者文化平台，单独创造出具有本馆特色的文创产品。独创由于其唯一的特性，独创文创产品的容错率较低，但同时一旦成功，会产生最大的经济效益和社会效益。独创出来的文创产品在文化内容上具有独特性和唯一性，如四川的三星堆文化遗址，三星堆本身代表了一种古蜀文化，虽然受中原商文化影响很大，但在全国乃至全世界都是独一份的，其他地方的文化不具有三星堆文化的特点，以三星堆文化遗址为基础创造的文创产品在文创市场上就具有自己的独特之处，具有强大的竞争力。

（二）共创

共创指的是借助其他文化产品、文化平台以及文化形式通过实体或者虚拟的方式展现本博物馆的藏品，将本馆的文物等藏品展示给社会大众，并从中产生经济价值和社会价值。共创的优势在于容错率较高，但同时也只能产生相适应的经济价值和社会价值。博物馆可以利用现今各种媒体，如电视、网站、App等，在人们观看电视节目、浏览网站、观看短视频等过程中，将本馆的文创产品宣传出去，在潜移默化之中植入大众的脑海中,再结合优质的旅游资源,将大众吸引至博物馆参观,从而销售自身的文创产品。例如,河南卫视《七夕奇妙游》中的一支舞蹈《龙门金刚》,在广大群众中产生了剧烈的反响,受到了大众的高度关注,龙门石窟景区便顺势而为,在景区各处展现"龙门金刚"的文创内容,吸引游客的注意力。河南卫视的《龙门金刚》舞蹈不仅展示了龙门石窟文化,同时也是龙门石窟与河南卫视的一次成功合作,共同创造了"龙门金刚"这个文化符号。

(三)融创

融创指的是将本馆的特色历史文物融入现如今的时代潮流中,以当今人民群众最喜闻乐见的方式呈现出来,通过实体或虚拟的形式,与当今时代相融合,从而产生出的文创产品。例如,洛阳博物馆与QQ炫舞联合推出的"如果文物会跳舞",形式上以舞蹈打破古今界限,创新演绎国宝故事,将历代舞蹈的特点和QQ炫舞新风潮融合,以新颖独特的形式介绍馆藏文物,传播历史舞蹈知识,使洛阳博物馆文化IP在创新的基础上又传承了中华舞蹈文化的独特内涵。融创的优势在于能够争取人们最大的喜爱度,在短时间产生巨大的经济价值和社会价值,但是其劣势同样很明显,无法可持续发展下去,在悠久的历史长河中,仅仅是昙花一现。因为时代在变,人民喜爱的东西也在变,当一件符合当下审美的文创产品出现后,会在短时间内引起人民的强烈关注,从而产生相应的价值,但是等这一阵风过去后,人民的热情也就随之下降,同时经济价值和社会价值也会慢慢消减。例如,河南博物院火起来的考古盲盒,便是参考网络上很流行的盲盒经济,从最初的预约购买到网络购买,再到如今的供大于求,考古盲盒的热度也在慢慢下降,文创馆内考古盲盒架前也不再是人满为患,人们的新鲜感和热情度已经在慢慢消减。再如冬奥会期间的冰墩墩"一墩难求",冬奥会结束之后冰墩墩的热度也就降下来了[1]。

---

[1]张帅,吴晋豫. 文旅融合背景下博物馆文创产品的设计与研发问题探究[J]. 文物鉴定与鉴赏,2022(21):152-155.

第四节 结合博物馆特色与学校开展"馆校共建""教育基地"合作

2015年国务院发布的《博物馆条例》明确指出：博物馆是指以教育、研究和欣赏为目的，收藏、保护并向公众展示人类活动和自然环境的见证物，经登记管理机关依法登记的非营利组织。《博物馆条例》是博物馆事业发展的纲领性文件，指引着博物馆发展的方向。《博物馆条例》把教育功能放在了首要位置，在实践中，教育功能因此也得到了强化和凸显。博物馆社会教育的主要目标群体是青少年，如何开展社会教育，使社会教育活动发挥出更大的效果？结合博物馆特色与学校开展"馆校共建""教育基地"合作，成了博物馆人开门办馆理念的践行之举，是博物馆开展公共文化服务的必由之路。

"馆校共建""教育基地"合作的案例不胜枚举，但纵观一些"馆校共建""教育基地"合作课程，难免呈现趋同性和局限性。因此，在原有基础上推陈出新，需要我们从拉长教育时间跨度、拓展教学资源厚度、挖掘教学项目深度上入手，在体系上、制度上、内容上做一些完善和创新。

一、拉长教育的时间跨度

（一）让学生提前介入，做到前延

展览是社会教育的重要载体，展览中展出的文物是社会教育的极好素材。要做到展教并重，就需要学生提前介入，参与展览策划。比如博物馆在举办"我家二十年""身边的老物件"等民俗风情主题展览时，可以在学校广泛发动征集展品，动员学生积极寻找身边合适的展品，从源头上参与进来，会更能激发孩子们学习探索的兴趣，在日后观看展览时更能融入这场展览。同时，动员每一个学生讲一件文物的故事，学生不仅当观众，又能当讲解员，做到在讲中学，在学中讲。同时，可以让学生策划展览，在学校中举行"我是小小策展人"活动，鼓励学生提出展览设想，撰写内容大纲和形式大纲，完整地参与策展整个过程，能更好地串联起文物的信息，解读文物背后的故事和知识。

(二)让学生事后参与,做到后伸

"馆校共建""教育基地"合作项目不只是组织一场活动、举办一个展览、开展一次讲座,其衍生产品、衍生活动也不容忽视。2022年3月,启东博物馆策划了"丹青妙韵——沙地连环画艺术展",在开展展览配套社会教育活动时,组织学生参观了展览,学生在学校和博物馆老师的指导下绘制沙地连环画。老师们手把手教孩子们使用固体水彩颜料,孩子们也充分发挥想象力,挥舞画笔仔细地描绘,交出了一幅幅美丽的画作。沙地连环画教学结束后,又组织了沙地连环画文创作品大赛,这些充满着童趣的画作和文创作品汇聚在一起,做成一场小型展览,又在各学校巡回展出。此举不仅体现了对沙地连环画这项非遗的传承,也让更多的孩子汲取到了它的精髓,学习和弘扬了非物质文化遗产。

二、拓展教学资源的厚度

(一)建立教学素材库

这几年,博物馆教育功能的重要性得到了凸显,然而对于很多博物馆来说,对文物的研究、对历史的研究投入力量不足,未取得显著成效。很多文物只是停留在藏品目录里的一个名字、存放在库房里的一个物件,冰冷而陌生。亲近并读懂它们,需要博物馆人沉下心来,钻进故纸堆,爬上互联网,穿越时空,与历史对话,与文物对话,解锁文物里深藏的密码、历史中蕴含的玄机。做好社会教育工作,离不开丰富的馆藏资源,离不开对文物的深入研究。要开设系统的馆本课程,必须对馆藏资源进行系统的梳理、学习和研究,在此基础上整理出课件、教案。倘若离开了文物研究,博物馆开展社会教育就会成为无源之水、无本之木。只有形成广阔丰富的教育资源,形成强大的素材库,才能使馆校课程内容多元化,才能变成"馆校共建""教育基地"合作过程中博物馆人强大的底气和自信。

(二)成立教育专家库

"馆校共建""教育基地"合作开展得如何,师资力量也很关键。文博人不仅需要钻研博物馆业务,还要学习教育学、心理学,掌握各个年龄阶段学生的心理特点和认知规律,与学生沟通交流,授业解惑。对于开发的深度课程,可以邀请业内专家、学者担当博物馆顾问,包括文物研究顾问、陈列展览顾问和社会教育顾问,指导、协同博物馆和学校一起开发设计馆本课程、校本课程,为博物馆发展出谋划策,为"馆校共建""教育基地"合作助力。

(三)组建志愿者库

如今,许多学校有着与博物馆结对开展社会教育的需求和意愿,一家博物馆或许要同时结对几十、上百所学校,在学校多、博物馆少这种状况下,博物馆社教人员明显不足。为了更好地满足学校利用博物馆资源开展教育的需求,为了让"馆校共建""教育基地"合作取得更好的效果,需要吸纳社会上更多热爱文博事业、文化素养高、口头表达能力强的市民,尤其是退休干部、大学生等,成为博物馆志愿者,通过选拔培训,一起参与"馆校共建""教育基地"合作活动,代表博物馆开展相关社教活动。

三、挖掘教学项目的深度

(一)跨学科融合

馆校双方可以通过语文、历史、美术等多学科教学,更多地结合课堂内容来设计博物馆的课程。大连博物馆与大连市第十三中学联合开展"国本教材政治、语文、历史跨学科融合"教学实践活动。课程以博物馆展览主题及内容为中心,由政治、语文、历史三科教师进行跨学科融合的教学实践展示,全程在大连博物馆内进行,并且同步直播给校内学生观看学习。借助博物馆与历史知识的时空对话特点,历史学科编排情景剧《铸光》,让学生进一步了解大连工人阶级作为城市建设者发挥着推动社会快速发展的重要作用。借助博物馆沉浸式体验的特点,语文学科以分享交流的形式,丰富学生对家乡文化的认识,培养学生爱祖国、爱家乡的情怀。借助博物馆的政治表征,政治学科结合《习近平新时代中国特色社会主义思想学生读本》,以海报的形式集中讨论"新时代"的内涵和意义。深挖博物馆的育人特点,创新授课环节,"馆校共建""教育基地"合作擦出了智慧的火花。

(二)多环节实施

"馆校共建""教育基地"合作课程可以设定班级分组预习、确定学习主题、馆内探究实践、学习成果反馈、心得收获分享等环节。分组预习环节，学生可以查找收集资料，熟悉相关学习内容，之后确定一个学习研究的主题，然后去博物馆内查看文物，观看展览、视频，聆听讲解、讲座，演绎经典片段，之后整理成学习小报，设计文创作品。通过一系列环节的组织实施，巩固学习成果，使活动社会效益最大化。

（三）开发分众课程

博物馆"馆校共建""教育基地"合作面对的教育对象虽然都是学生，但也有低幼儿、中小学生、大学生等之分，他们受教育程度不同、心理认知不同，开设大众课程，笼统地开展教学，效果一定不尽如人意。可以划分为幼儿期、童年期、青少年期，针对不同年龄阶段设计符合他们不同心理和兴趣的课程，在此理念指导下分众开设课程，开展社会教育活动。低幼儿课程侧重于趣味性、故事性，教学内容以卡通图案、图片、符号为主，摈弃简单枯燥的说教，在玩儿中学。童年期课程体现实践性和体验性，可以参与完成寻宝等任务、参与游戏，在互动游戏中感知博物文化，让学生了解基本内容和有关背景。青少年期课程则偏向于知识性、探索性和研究性，在参观、学习中更多地融入思考，深入学习探究感兴趣的知识点。比如，南京博物院为幼儿园、小学低年级的儿童规划设置了专门的儿童学习场所——古代儿童智慧体验室。在这里，每个儿童都可以体验考古的乐趣，与文物（复制品）零距离接触，然后穿越时光隧道，回到现代社会。针对小学高年级和初中阶段的人群，则为他们提供了包括史前时期的"陶器的魅力"、汉代的"古乐悠悠　汉舞轻扬"、明清部分的"明清建筑艺术"在内的七个具体主题的教育活动。

（四）设计多元化课程

博物馆要充分挖掘资源，研究开发自然类、历史类、科技类等系列活动课程，可以以课题为突破点进行探究，形成多层次、多元化的博物馆教育课程。扬州博物馆与扬州市维扬实验小学、扬州市运河中学等学校合作，设计36课时的社团活动，比如"中国雕版印刷"课程，从雕版的文化起源、物质基础、技术基础、工艺流程及发展史方面，逐层深入地解读，让孩子们每节课都有学习成果，加深对中国雕版印刷文化的理解。佛山市博物馆走进桂江一中，参与其校本课程，通过开设"文物博物"系列课程，让孩子们认识地方文化、了解优秀传统、品味佛山魅力,包括佛山木版年画、佛山陶塑瓦脊、广东海防古堡、佛山传统建筑装饰以及动漫艺术、校服审美等内容。

(五)形成"馆校共建""教育基地"合作体系

"馆校共建""教育基地"合作不只是碎片化点状式的推进,更多要强调体系的建设。博物馆教育项目不是单纯的一堂课,要从策划、实施、评估、教辅材料等方面进行系统阐释和实施。建立学生活动体验、学习效果评估、服务满意度评价等跟踪反馈机制。2018年,义庄小学与常熟博物馆正式签约,走上了"馆校共建""教育基地"合作之路。每周五"缤纷求真大课堂"社团时间,博物馆的老师们走进义庄小学课堂,以"十大镇馆之宝"为线索,开展对出土文物、古籍藏书、瓷器名画、虞山名人等领域的探究,融合学校美术、音乐等学科,开展"画一画、做一做、唱一唱"等跨学科实践活动。"文博小志愿者""我是小小策展人"等实践项目相继启动,义庄小学的学生走进博物馆,当起了小小讲解员、小小志愿者,参与博物馆展览的策划、布置。同时,依托馆藏文物,双方开展了系列文博研学活动,设计研学内容,完善实施路径、组织、评价等流程环节,率先在常熟推出了博物馆研学实践课程。2020年12月,义庄小学与常熟博物馆联合编写的校本教材《虞风琴韵》正式出版,市教育局、市文化体育和旅游局联合举行了教材的首发式,并向常熟市其他学校赠书推广。

(六)建立发展长效机制

"馆校共建""教育基地"合作之路是否能走远,关键在于长效机制的制定和执行。要在长效机制建设上发力,以一系列实招、硬招,落实品牌建设、引领示范、考核评价。博物馆要加强与当地学校的联系,通过签订馆校共建协议、举办馆校互动活动、建立第二课堂等方式,定期组织学生到博物馆参观学习,共同构建常态化的利用博物馆资源开展教育教学活动的工作机制。黑龙江省以县域为单位,建立"一馆一校"或"一馆多校"的合作模式;安徽省强调建立健全工作协调机制,对相关教育活动予以经费、人员、物资等方面的支持保障;河南省文物局和教育厅共同认定一批省级博物馆青少年教育资源单位;甘肃省提出博物馆理事会成员中应有中小学校代表;江西省、山东省、宁夏回族自治区等对已定级博物馆每

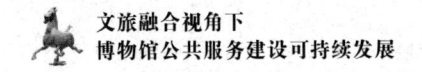

年组织展览、教育活动进校园及举办面向中小学生的专题展览、讲座数量提出明确要求;新疆维吾尔自治区规定了区、市、县级博物馆应研发的教育课程方案数量。

国内博物馆"馆校共建""教育基地"合作之路起步时间不算长,未来如何创新发展是一个长久的话题。2019年、2020年国家文物局陆续启动了两批"博物馆进校园"示范项目,形成了一批可复制、可推广的成果经验。在总结、汲取经验的基础上,各大博物馆利用优势,发掘资源,重组博物馆较为零散的学习资源,在长度、广度、深度上下功夫,让学生能够更加系统深入地学习文博知识,避免"走马观花"的学习方式和"过目即忘"的学习效果,与学校联手,共同把博物馆打造成为学生的第二课堂和"无边界的学校",发挥"一座博物馆就是一所大学校"的引领作用[1]。

---

[1]陈美.试论博物馆馆校合作的新路径[J].文物鉴定与鉴赏,2023(10):60-63.

第六章 文旅融合视角下博物馆公共服务可持续发展的案例

第一节 陕西历史博物馆的文化资源活化

被誉为"古都明珠,华夏宝库"的陕西历史博物馆是一座综合性历史博物馆和4A级旅游景点。陕西历史博物馆作为文化资源的重要集中地,文物不仅数量多、种类全,而且品位高、价值广,是展示陕西历史文化和中国古代文明的艺术殿堂。因此,陕西历史博物馆势必成为博物馆文化旅游融合的先锋。但长期以来存在门票预订难、讲解系统不完善、展馆陈设布局不尽合理和藏品展示形式单一的问题。基于此,本研究在文化旅游融合背景下,以陕西历史博物馆为例,探索博物馆借助旅游将各种文化融入游客参观游览过程中实现文化传播并对文化资源进行旅游活化开发的路径,旨在为促进博物馆文旅融合发展提供活化开发策略和活化管理思路。

一、陕西历史博物馆文化旅游发展现状及存在问题

2018年11月陕西省文化旅游局挂牌,表明陕西和西安今后旅游发展的主题是文化旅游融合发展。博物馆是公共文化服务和旅游发展的前沿阵地与有效载体,是文化旅游融合发展的标杆和示范。陕西历史博物馆是20世纪90年代初率先建立的全国第一座现代化博物馆,为全国中央地方共建博物馆中的排头兵,因其文物数量和等级在全国享有盛誉,也是陕西最重要的博物馆。通过调查和访谈,认为陕西历史博物馆文化资源在借助旅游进行活化开发和发展方面目前存在诸多问题,突出表现在:

(一)票务服务不够完善

陕西历史博物馆自免费开放以来,游客经常为领取免费参观票不得

不排队等待很长时间,甚至凌晨三点就有游客开始排队等票。白天在博物馆领票的队伍也几乎是每天都排起长龙队伍。针对这种情况,博物馆近期虽然实现网上订票系统,但没有将票务预订和领取分时间、分区域进行分散化处理,没有实行以身份证或手机直接扫证刷机进馆等方便游客的措施,因此,其票务服务需要进一步完善。

(二)展陈平台建设滞后

首先,陕西历史博物馆最为突出的问题是展陈空间不足,博物馆免费参观以来,经常每个展厅都人满为患。其次是展陈环境较差、灯光较弱、参观路线指示不明确,极大地影响了游客的观展效果。此外,博物馆文化资源陈列展示形式非常有限,仅限于原地静态展示,部分具有代表性的文物没有借助网络让更多的游客深入了解其文化内涵,对于受到时间、距离、经济、身体等原因限制而不能现场观展的游客需求没有考虑,包括没有重点文物的网络展示与介绍、没有让文物进入校园实现其文化教育功能、没有在博物馆外或公共场所进行文物展示和解说以实现其文化传播功能。

(三)导游及讲解系统需提升

初步调研表明,陕西历史博物馆讲解系统不够完善。其导游讲解系统包括自愿者讲解、付费导游讲解、租赁设备讲解和赛导游(小赛)讲解系统。自愿者讲解难以预约;付费导游讲解的受众范围非常有限,只限于付费团队的成员能够听到讲解,且讲解声音非常小;租赁设备的讲解内容单一,没有具体的针对性,且经常由于设备陈旧和损坏影响讲解效果;赛导游讲解系统也只是对文物进行一般性的讲解,没有针对不同文化背景的听众进行分层分级讲解,对文物的讲解没有涉及文物的"前世"和"今生",即没有深入讲解文物的文化内涵。

(四)文化资源旅游活化形态有限

陕西历史博物馆文化资源活化方式仍显单一,文化资源展示对VR、AR、全息投影、3D打印等创新技术运用还较少,展示形式的吸引力还不强,仍需要不断创新观念、技术和模式,让文物全方位立体化地"活"起来。博物馆采取传统的文物展陈方式,缺乏与大众的互动参与和游客体验,缺乏以文艺形式表现陕西历史博物馆历史文化的史诗歌剧、大型歌舞剧和大型实景舞剧等受欢迎的演艺活动。

(五)文创设计开发不足

目前陕西历史博物馆文创设计总体仍处于起步阶段,不少文创产品仍是简单复制或仿制,依托其文物文化元素研发的实用性产品还远远不够。文博创意产业及配套服务产业仍比较薄弱,科技、旅游、金融、实业还未形成良好的融合发展生态圈,文创产业亟待培养发展。

因此,以下拟从综合的角度,以陕西历史博物馆为研究对象,通过实地调研对其文化旅游融合发展进行研究,从票务系统、展陈服务、讲解系统及服务、活化方式及文创设计等方面进行博物馆文化资源旅游活化路径研究。

二、陕西历史博物馆文化资源旅游活化路径

本研究通过调查分析,发现存在问题,提出陕西历史博物馆文化资源旅游活化路径。在文化旅游深度融合的背景下,博物馆应成为"进得来""待得住""带得走"的文化旅游场所,其文化资源旅游活化路径包括以下五个方面:

(一)门票订取及认证渠道完善

为完善陕西历史博物馆票务系统,应实施网上订票系统和分散化处理,以缓解票务负荷压力,并进而完善扫码进馆的手段,让票务系统智能化、便捷化、优质化、技术化。首先应增加网上自助订票的官网和现场取票的机器,从人力上减少消耗,减少订票取票的步骤和排队时间,给游客以更加优质便捷的旅游体验。门口刷票系统可以借助机器人为其设置相应的程序,对游客进行检测和指引,帮助游客顺利参观游览。馆内设置实时游客参观检测系统,运用数据传输的无线传感网络技术、应用于导览的室内定位技术、蓝牙红光感应和 R FID(射频识别技术)等近场通讯技术等,在当日游客数量达到一定程度时,其他游客停止入馆,所有售票系统停止出售当日门票。通过图像分析、人脸识别、生物识别等技术,简化安检和验票流程,提高验证精准度,提升参观体验。

(二)展陈环境优化与设施革新

对陕西历史博物馆展陈设施进行深入调研,了解其在环境、空间及

展陈形式等各方面存在的问题,提出应完善馆内设施,力求建设形式多元化、空间环境全方位、立体化的新型展台。通过调查,游客更易接受与现代互联网相关的技术应用展示方式,更倾向于对AR、VR的馆内应用感兴趣。实现博物馆与互联网的紧密融合,建立数字化博物馆展陈平台,运用与数字博物馆相关的文物数字化的三维建模、虚拟现实技术、互动娱乐技术以及计算机网络技术等高科技手段,对传统的博物馆展品和藏品信息予以全方位的采集,以此对展品和藏品开展复原及再生工作,打破藏品展陈时空限制,丰富藏品展陈方式,扩充展陈内容。

(三)智能讲解服务优化与应用

通过深入调研陕西历史博物馆讲解系统,发现与器材讲解相比,游客更愿意接受讲解员的讲解,因而优化讲解系统、构建针对不同文化群体的分级综合服务讲解系统,同时注重讲解服务的个性化需求和网络讲解APP研发是极其重要的。通过数字化、智慧化的网络技术,实现导游和讲解的丰富性及独特性,运用公众号、微信小程序等便捷方式,使游客获得更加适合自己的讲解方式,得到更加良好的讲解体验。根据GIS导览,在讲解途中,精准判断游客定位,做到实时定位和感应讲解。通过机器学习分析及预测观众需求,进行个性化的讲解服务推荐;通过语音识别技术和自然语义处理技术,为观众提供智能化、定制化的导游讲解服务。

(四)技术融入及活化形式探索

借助调研分析,对陕西历史博物馆文化资源活化方式进行探索,博物馆应引进高端虚拟技术(VR技术)、3D打印等创新技术,尝试与文物展示相结合,让文物全方位立体化地"活"起来。贯彻融入"互联网+"的理念,将馆中文物进行数字化,实现网络3D博物馆。运用模拟技术,构建更加仿古、逼真的馆内环境复原以及更加先进的互动设施,让游客能够身临其境、全身心地去感受历史文化氛围,提升互动体验效果。

(五)文创设计创意创新拓展

对陕西历史博物馆文创产业和文创产品进行调研,提出深受大众喜爱、极具现代化及富有艺术性的创新作品的开发思路,进一步完善文创及相关产业的个性化建设。随着文化旅游和科学技术的深入发展,数字化博物馆建设成为当下博物馆文化旅游的新形式,陕西历史博物馆文创产品设计开发应与互联网相结合,采用网络论坛、微博、公众号及相关APP的宣传,为其文创产品的口碑营销提供便利。将文创产品与线上购物一体化,为游客提供物美价廉的文创产品,以吸引更多的回头客,从而得到游客的信任及依赖,也提高自身影响力。在文创产品设计上,要注重增加实用价值和凸显地方文化特色,使文创产品与游客日常生活产生互动,设计要立足于产品使用者的吃穿住行,增强其实用性、文化性和体验性。

三、陕西历史博物馆文化资源旅游活化建议

博物馆是客观主义活化模式的主要形式,是文化旅游融合的集中体现。结合博物馆旅游开发和发展中存在的问题以及相关活化路径,从文化资源的活化和旅游环境的活化两种形式对陕西历史博物馆旅游活化提出以下开发建议。

(一)文化资源活化

为实现文化资源有效活化,必然要引进前沿技术,通过融入新技术使文物得以"重生",重新焕发文物的文化魅力,才能使文化资源符合时代赋予的文化使命。从以下三个方面提出文化资源旅游活化开发建议:

1.文物资源活化

在大数据时代,陕西历史博物馆应将馆内各种文化资源进行数据化、网络化处理,通过数据化的文物资源活化体系构建,呈现更加先进的文物展示格局,拓展符合新时代的"数据化"展示形式,让原本残损、静默的文物以新的技术得以"复生"。同时,大量的"数据化文物"可以促进文物网络共享,实现游客在网络虚拟环境中参观,满足因各种客观原因如身体上、经济上、时间上不能进行现场参观的游客需求。通过文物资源数据化和网络化营销方式,必将极大地拓展陕西历史博物馆文物价值得以最大限度的发挥,使得其观展游客的数量大大增加,加速西安和陕西文化建设的速度和力度。

2.文物环境活化

拥有先进技术、有更好游览体验的旅游环境可以直接拉近游客与历史文化的距离,可以提升馆内文化资源的亲和力和吸引力,让游客更好

地了解历史和传播文化。通过先进的拟态环境技术引进,构建与时代相对应的古代环境模拟,可以使游客从更多维度、更加深刻地去感受当时的文化环境氛围,深入理解其文化背景、历史活动及历史事件。因此,在"互联网+"的背景下,打破传统的空间距离限制,充分利用网络环境创造虚拟形式的3D博物馆,是陕西历史博物馆提升场馆魅力的关键之举。

3.文化活动活化

融入当下热门的"网络直播""虚拟人工智能"等技术,可以让博物馆文化的呈现形式丰富多彩。由于目前历史文化活动大多缺乏有效的宣传途径,而通过"历史文化活动直播"等网络形式可以充分利用网络传播的速度和信息辐射广度来增强博物馆文化资源宣传力度。因此,陕西历史博物馆一方面可以通过网络红人和明星为文物守护,同时也可以虚拟人物、历史人物等形象为博物馆实现网络代言,开展网络虚拟文化活动。借助异彩纷呈的文化活动,可以改善游客参观体验,增加博物馆网络热度,达到文化宣传、传播和普及的"三赢"效果。

(二)旅游环境活化

博物馆环境直接影响游客参观体验。因此,运用现代新技术对博物馆馆内设施进行更新、对场馆服务进行完善,并使其旅游环境更加优化,是博物馆文化资源旅游活化的环境基础。我们从以下三方面提出旅游环境活化建议:

1.设施设备现代化

陈旧而单一的展台已然不能满足游客日益增长的文化需求,所以应当让博物馆展台以及展陈形式变得"时髦"。陕西历史博物馆可以根据文物所处时代的特点,针对性地设计制造有文化特色的新展台。展台应当融入更高端的建造技术,满足展台稳定的同时,将文物整体、全方位地展示给游客,加入投影技术,将精巧细致的文物局部立体放大,便于游客观赏。可以通过红外扫描设备提高博物馆的可进入性,借助蓝牙感应设备实现实时感应讲解,依靠VR和AR等设备提升参观体验。

2.场馆服务智能化

陕西历史博物馆应积极改进票务服务系统的管理方式,进一步完善手机以及身份证相关认证系统,实现扫码、刷脸即可入馆,实行联网购票快捷体系。目前,虽然陕西历史博物馆已经实现网上预约门票业务,但程序较为繁琐,网上购票仍然存在一定的困难。此外,在陕西历史博物馆中,针对旅游咨询服务应当引进人工智能技术,投放一定数量的具有咨询及售票功能的智能机器人,这样不仅可以有效解决咨询服务不足和缺失的现状,同时也可缓解现场购票压力。此外,线上线下售票能够提高场馆服务智能化水平,还能保证游客人数不超过博物馆承载力负荷。

3. 讲解形式多元化

陕西历史博物馆应对现场讲解人员进行深度文化培训,对不同文化层次的游客提供不同深度、不同方式的针对性讲解。在馆内配备巡回式的讲解机器人,为馆内大众人群做简单介绍,满足大量游客的基本需求,同时也应引进新技术,在网络上开发多元人工及智能讲解系统。首先可以从讲解语言上开发多元化讲解,如开发方言讲解系统,满足当地游客文化需求和促进地方文化传承;对经典文物进行多语种讲解,继承和弘扬中华文化;创新动漫讲解系统,吸引青少年关注和了解中国文化。其次,从讲解的内容上可以针对游客的多样化文化背景开发不同文化层级的讲解版本,包括普及版、学生版、学术版和专家版,这些不同的版本形式,可以满足不同类型游客的文化需求。此外,讲解方式上也应包括线上和线下讲解、免费和付费讲解、个性定制讲解等形式。因此,陕西历史博物馆应在场馆讲解上积极投入资金和人力,在讲解语言、讲解内容和讲解方式上开发出符合时代特征、满足文化需求、提升文化自信的讲解服务。

博物馆是文化资源集中地,是一个地区文化的标杆,也是人们参观游览、走近历史的首选之地,成为文旅融合发展的先行者。陕西历史博物馆文物丰富、文化荟萃,是展示陕西乃至中国历史文化的核心窗口。通过对陕西历史博物馆调研考察、综合分析和深入思考,探寻博物馆文化资源借助旅游重新焕发生机和活力的活化路径。该研究有利于陕西历史博物馆文化旅游资源及产业向更好层次、更佳品质和更深内涵发展。博物馆设施现代化、服务智能化、讲解人性化、展陈方式多元化和网络化,可以更好地向游客展示中华历史文化魅力,提升游览观展体验,实

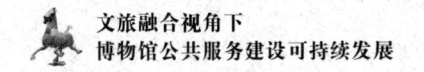

现博物馆文化传播与旅游发展互促互惠、共享共赢[①]。

第二节 重庆自然博物馆的网上预约制

一、重庆自然博物馆网上预约服务

重庆自然博物馆是国家一级博物馆,国家AAAA级景区,全国科普教育基地,2015年11月9日新馆正式对公众开放,其中六个常设展厅为免费开放。新馆以其丰富多样的展品及精彩纷呈的展陈形式吸引大批游客慕名而来,开馆仅一年便接待观众超300万人次,虽在之后的两年时间里客流趋于稳定,但逢周末节假日常常出现等候领票及入馆的观众排队过长、入馆速度慢的情况,极易造成拥堵,既不利于提升观众满意度,又易对馆内安防工作造成一定的隐患。为了更好地解决这一问题,重庆自然博物馆于2018年国庆黄金周前夕正式推出了网上预约服务。

(一)网上预约项目

重庆自然博物馆针对散客和团队都开通了网上实名预约服务。对于散客,除了可预约7天内的入馆门票,还可预约馆内不定期举办的特展临展门票、各种馆方组织的科普教育活动入场券以及各类科普讲座入场券;对于团队,目前暂只支持入馆门票的预约。

(二)网上预约渠道

重庆自然博物馆官方网站及官方微信公众号都已开通了网上预约页面,散客可通过官网和官方微信进行预约,团队目前暂时只能通过官网和电话预约。另外,馆方对于没有来得及预约的游客也提供了现场自助机取票及人工柜台取票的服务。

[①] 任志艳,张丽青,陈温清,等. 文旅融合背景下陕西历史博物馆文化资源旅游活化路径研究[J]. 西安文理学院学报(社会科学版),2020(2):95-100.

(三)散客预约流程

1.入馆门票预约

不论是在官网端还是微信端,重庆自然博物馆都为观众提供了友好而方便的操作界面。预约者无须注册,只需按照页面的提示输入姓名、身份证号及手机号码等个人信息,选择预约日期便可轻松完成预约。每个身份证号在每个预约日内只能预约一张入馆门票。

官网端:一次预约操作只能输入一位观众的个人信息,预约成功后需携带预约时使用的身份证于预约日期到场馆入口闸机处验证入馆。对于还未办理身份证的未成年人(有身份证号)则可移步微信公众号进行预约。

微信端:预约者首先要关注馆方的微信公众号,进入"预约服务"菜单后开始预约。微信端预约界面较官网端最大的区别就是一次预约最多可同时输入三位观众的身份信息,功能有所扩展,预约完成之后系统会返送给预约者一个手机二维码,预约者于预约日期到场馆入口闸机处扫描二维码或验证身份证都可入馆参观。微信端预约特别适用于2至3人结伴同行的游客,只需一个二维码即可实现多人同时预约入馆,方便快捷。

2.其他门票预约

除了入馆门票,特展门票、活动门票和讲座门票都可在预约系统里完成预约,具体的方式与入馆门票相似,同样需要输入姓名、身份证号及手机号码等信息,官网端一次预约操作只能输入一位预约者信息,凭身份证检票;微信端一次预约最多可输入三位预约者信息,凭二维码或身份证检票。另外,针对部分特展、活动及讲座属于收费项目的情况,预约系统也开发了网上支付的接口,支持支付宝、微信等主流在线支付手段,预约者可轻松完成收费项目预约流程。

(四)团队预约流程

团队游客(5人以上)目前可通过官网或电话进行预约。在官网预约时需下载预约登记表,按要求填写团队负责人及团员的相关身份信息及预约时间后上传到预约系统,待馆方人工审核(线下审核)通过后返回审核结果。参观时,团队游客由负责人在博物馆入口闸机处验证其身份信息,验证通过后团队方可入馆参观;电话预约则由人工录入团队参观信息,待审核通过即可。

二、网上预约对提升博物馆公共服务水平的意义

博物馆旅游的持续升温给博物馆尤其是大型的、知名的、免费开放的博物馆带来的最直接影响是观众量的大幅增涨。表面上是观众排长队,背后则反映了博物馆公共服务的水平尚需提升,对博物馆如何更好地为公众服务提出了新的要求。"网上预约"服务的推出对提升博物馆公共服务水平无疑是及时而有效的。

从观众角度来看,只需要在手机或电脑上通过简单几步完成预约流程,参观时从专设的预约通道直接扫二维码或刷身份证入馆,省去了先要在游客中心排队取票,再到非预约通道排队入馆的麻烦,简单而高效。对于馆内各种对参与人数有明确限制的科普活动和讲座,提前预约便可早早锁定参与资格,让每一位参与者都能真正能体会到博物馆新技术服务手段带来的便利和愉悦。

从馆方角度来看,网上预约是以信息化为技术依托,为社会公众提供更有针对性更高质量服务的一项重要举措,也是一次践行"互联网+博物馆"的重要尝试。此举一经推出,节假日观众门前大排长龙,入馆速度慢且极易拥堵的情况得到了有效缓解,有助于改善参观环境,有助于提升观众满意度,有助于减少安防工作中隐患,最终有助于实现馆方管理工作的科学化和精细化。

三、预约服务存在的不足及改进措施

重庆自然博物馆网上预约服务一经推出便得到了游客纷纷点赞及业界同行的肯定,然而这其中也存在着一些不足之处。

(一)配套宣传做得尚不到位

酒香也怕巷子深,若是公众不知晓不了解不参与,一项再好的举措也无法发挥它应有的作用。一些游客因为对这项服务尚不知情,在节假日高峰到馆参观时只能通过现场排队取票,而有的旅游团队因未提前预约也只能以未预约散客的身份排队取票,易导致取票处出现人员积压而产生新的拥堵。针对这一现象,馆方应加大力度在官方网站、微信、微博

及其他主流网络平台,并依靠广播、电视、报纸等媒体对网上预约服务进行宣传和报道,让更多人知晓并最终享受其带来的便利。

(二)预约系统尚需改进和优化

重庆自然博物馆网上预约系统属于定制开发软件,在运行初期曾几度因系统后台设计不成熟而出现运行不畅等状况。当然,任何定制开发软件的运行想要达到成熟和稳定的状态都需要经过一定周期的实战来检验,对此,馆方应适当增加技术力量,对系统运行状态进行日常监测,以便及时发现和解决问题,最终达到改进和优化的目的。

(三)预约服务的对象范围有限

目前,网上预约只适用于持有中国大陆居民身份证的游客。随着越来越多的国外及港澳台游客来到博物馆参观,馆方也应当适时思考和酝酿如何开辟一条针对这类游客的预约路径,使他们和大陆游客一样通过自己的有效证件来预约参观。

"以'以人为本'为宗旨,人与物相结合,以有助于人的发展和愉悦为重要任务,参与社会,服务社会"是21世纪博物馆学研究的新趋向,也是现代博物馆服务理念的基本指导思想。在文旅深度融合的大背景下,预约制是对博物馆参观秩序的一种有效调节手段,它充分从游客角度出发,实现了博物馆服务与公共需求的深度联结,让旅游变得更加智慧,让游客体验变得更加愉悦,对全面提升重庆自然博物馆公共服务水平、发挥国家一级博物馆及AAAA级旅游景区示范作用都具有极其重要的意义[1]。

第三节 云南博物馆的旅游发展

云南省有着丰富的自然、人文旅游资源,旅游业已经成为云南重要的支柱产业。2013年,云南省委、省政府发布了"关于建设旅游强省"的意见,提出旅游和文化建设融合发展,进一步拓展旅游发展空间的思路。

---

[1]黎巍巍.文旅融合背景下的博物馆网上预约服务分析——以重庆自然博物馆为例[J].旅游纵览(下半月),2019(7):37-38.

随着文旅融合不断深入,云南省文化与旅游厅于2019年颁布实施《云南博物馆群落建设计划》,提出"推进非遗、文物、博物馆+旅游,让文物活起来、文化遗产火起来"。云南博物馆旅游有了明确的政策引导和清晰的行动计划,进入平稳有序的发展阶段。以下首先从三个方面梳理了近几年云南省推动博物馆旅游发展的路径,分享了一些值得借鉴的个案,然后就云南博物馆旅游如何进一步良性可持续发展提出问题并给出一些粗浅的建议。

一、云南推动博物馆旅游发展的路径

(一)立足本省资源,丰富博物馆类型与博物馆旅游类型

根据国家文物局官网2022年5月公布的数据,截至2021年末,云南省共有备案博物馆(纪念馆)169家,其中文物系统国有博物馆(纪念馆)114家,其他系统/行业国有博物馆(纪念馆)20家,非国有博物馆35家,基本形成以国有博物馆为主体、以专题和民办博物馆为补充,集中于省会昆明和各地州首府,遍及全省的博物馆发展格局。若按照藏品性质和陈列内容分类,云南省的博物馆涵盖了综合类、艺术类、历史类、自然科技类、行业/产业类、革命纪念类、考古遗址类、其他博物馆类等类别。

2019年,云南省文旅厅颁布实施的《云南博物馆群落建设计划》中,"提出了建设8种类型博物馆集群和6个片区博物馆群落的思路。8种类型分别是历史文化类、民族自治区类、人口较少民族类、边境县市类、工业遗产类、非遗技艺类、线性文化遗产类、革命纪念类";"6个片区博物馆群落是昆明市五华区翠湖近现代历史博物馆群、昆明市官渡区官渡古镇非遗技艺博物馆群、昆明市盘龙区龙泉宝云片区文化名人博物馆群、腾冲市城区侨乡文化博物馆群、剑川县片区民族文化博物馆群、会泽县江西会馆片区博物馆群"。从《计划》我们可以看出,云南省立足于边疆省份和民族文化大省实际,开拓了富有云南特色的人口较少民族类和边境县市类博物馆等类别。而在近几年的实际建设中,位于昆明的三个博物馆群顺利推进,同时,云南省在自然类博物馆和艺术类博物馆建设上,均有所突破。

1. 以博物馆群落建设带动片区旅游发展

在《云南博物馆群落建设计划》里计划建设的六个博物馆群落里,位

于昆明的三个群落目前或已基本形成或已雏形初现。这三个博物馆群落在主题选择上,紧扣区域特色。翠湖片区位于昆明市中心,是历史文化资源较为集中,类型较为丰富的片区,翠湖片区博物馆群定位为近现代历史博物馆群,目前已开放15家博物馆和纪念馆,并推出"环翠湖历史遗迹游、探寻昆明历史街区游、回望西南联大游和回顾云南革命历程游"4条博物馆主题旅游线路,可以帮助市民和游客更好地领略历史文化名城风采。龙泉宝云片区位于昆明北郊,抗战时期曾是十余家南迁昆明的学术机构所在地,当时先后有数十位著名学者迁居于此。这个区域也是盘龙区民俗文化传承较好的区域,所以龙泉宝云片区博物馆群围绕抗战文化、西南联大和近代盘龙民俗文化建设,目前有闻一多生平暨云南民盟历史陈列馆,闻一多、朱自清故居历史陈列馆,瓦猫博物馆,玩具博物馆等初步建成,博物馆群落雏形初现。官渡古镇位于昆明市东南,是古滇文化发祥地之一,云集了多种非物质文化遗产。官渡古镇博物馆群以古镇旁的云南省博物馆、云南文学艺术馆为龙头,目前已有昆明碑林博物馆、云子博物馆、乌铜走银博物馆、官渡区民俗博物馆、官渡民间绘画博物馆、滇剧花灯传习馆等博物馆开放。官渡古镇还是各种非遗小吃的集中地,非遗百花齐放,让游客"吃得好,玩得好"。

2. 自然类博物馆建设实现突破

独特的地理环境和生态环境,造就了云南多变的地貌和丰富的野生动植物资源,自然类博物馆与科学类博物馆正是集中展示这些宝贵的自然资源,将其转化为科普教育资源和文化旅游产品的重要场所。云南省内有不同主题建设与运营的自然类、科学类博物馆,如昆明动物博物馆、石林喀斯特地质博物馆、玉龙雪山冰川博物馆,腾冲地热地质博物馆,大理苍山世界地质公园博物馆等。后三者均依托不同的国家地质公园,如玉龙雪山国家地质公园、腾冲火山国家地质公园、大理苍山世界地质公园而建,但这些博物馆自身多数未能"出圈",更多是景区带动博物馆,而非博物馆带动景区。2019年10月试运营的澄江化石地世界自然遗产博物馆则是云南省在自然博物馆建设上的突破。该馆位于玉溪市澄江县澄江化石国家地质公园,2021年7月增加新挂牌,成为云南省自然博物馆。这意味着云南省级自然类博物馆的空白被填补。开馆至今,因其展览的科学性和趣味性,该馆已成为云南重要的科普旅游目的地,吸引了逾150余万观众前来参观,成功带动了澄江化石世界自然遗产公园和澄江县旅游业的发展。

3.艺术类博物馆助力地方旅游转型

在文旅融合背景下,云南把艺术视为旅游目的地多元文化中的重要元素,以打造艺术博物馆、美术馆、艺术中心、艺术小镇等方式,推动艺术旅游不仅融入城市,也走进乡村。除了国有的云南文学艺术馆于2019年建成开放外,近十年间,云南民营美术馆也蓬勃发展,如位于昆明市西山森林公园的艾维美术馆,位于昆明公园1903城市商业文化综合体的CGK昆明当代美术馆,位于昆明世界园艺博览园内的曾孝濂美术馆。它们坐落于文旅融合的城市景区或文化旅游综合体,精心设计的场馆建筑本身已经成为一道风景。而红河州弥勒县东风韵艺术小镇、大理市双廊艺术小镇、普洱市宁洱县那柯里茶马古道小镇等均是艺术推动乡村和小镇旅游转型的代表。

东风韵小镇是云南重点打造的健康生活目的地,"弥勒东风韵·国际艺术中心"作为小镇文旅融合重点项目,于2020年3月开幕,既带来了一系列高品质艺术展览和演出,也致力于举办各类公众教育活动,为公众提供与文化艺术充分互动的空间。艺术中心的开幕,盘活了东风韵小镇的艺术资源储备,与生态观光农业、休闲产业、康养产业有机融合,为小镇带来了更多游客,也延长了游客的停留时间。

普洱市宁洱县那柯里村是个多民族聚居村落,曾是茶马古道上的重要驿站,近年来逐渐转型为以旅游为主要产业的特色小镇。由普洱学院与宁洱哈尼族彝族自治县政府合作开设的绝版木刻基地落户那柯里,在原村委会基础上改造扩建而成。诞生于20世纪80年代的绝版木刻,已发展为中国四大版画流派之一,并于2009年被命名为普洱市市级非物质文化遗产。那柯里绝版木刻基地既有大师工作室、学生与农民创作基地、游客创作体验空间,也有展厅和报告厅,是集展览宣传、旅游观光、文化交流、创作体验等多功能为一体的平台。它通过版画艺术的形式,展现那柯里村及普洱市的茶马古道历史文化,又将那柯里村农民创作的茶马古道风情版画衍生为文创产品,用艺术连接了本土文化和外来游客。

而大理市双廊镇正在旅游升级,向艺术小镇转型。双廊"以洱海保护为根,以文化艺术为魂",既引入了袁熙坤等艺术家的工作室,展示了赵青、沈见华等一系列艺术家的作品，同时扎根本土，发掘本土历史文化，建设了大理多位非遗传承人的活态展示工作室。全国首家少数民族农民画社和绣缘白族刺绣专业合作社等民间艺术机构也在双廊成立。双廊艺术博物馆和双廊伙山村美术馆都在2021年建成，即将开放。以上案例都是艺术介入乡村，艺术博物馆推动艺术旅游，助力乡村振兴的云南实践。

（二）提升博物馆公共产品与公共服务水平

博物馆的核心功能在于教育、收藏、展示、传播等。围绕核心功能，打造优秀的博物馆公共产品，提高公共服务水平，方能提升博物馆的核心竞争力，吸引更多游客走进博物馆，促进博物馆旅游更好发展。云南省不少博物馆在这方面做了诸多的努力，包括推出优质展览，拓展博物馆传播渠道等，同时，云南省也致力于打造城市文博公共文化空间，在为市民提供更多的休闲文化场所的同时，也为城市微旅游的发展做好储备。

1.打造优质展览

优质展览可谓吸引观众前来博物馆的核心要素，2021年、2022年，云南省省级博物馆连续两年入围全国博物馆十大陈列展览提名，一次获得优胜奖，一次获得精品奖。

2020年7月1至2021年3月20日，云南省博物馆原创展览"摩梭MOSO婚姻·家庭·对话"展出。该展是云南省博物馆与民办博物馆——宁蒗县泸沽湖摩梭民俗博物馆结成共建帮扶单位的成果之一。两馆结成帮扶单位后，云南省博物馆策展团队多次赴泸沽湖进行田野调查，在摩梭民俗博物馆协助下，收集整理了大量摩梭传统文化资料，得以用人类学主位和客位的双重视角思考摩梭文化。该展览通过两馆馆藏摩梭文物共计300余件（套），将摩梭人母系大家庭及相应的家庭、婚姻习俗带入展厅，并用装置艺术等当代艺术手段，提出摩梭传统文化当代遭遇的议题，引发观众思考。展览以摩梭人第一人称视角娓娓道来，结尾部分则借由和昆明当代美术馆合作，引入当代女性艺术家对摩梭文化的解读与呈现，并通过全球32个不同国家的家庭摄影及采访，启发观众思考与互动，实现和摩梭文化的对话。该展览在组织上，实现了不同类别、不同归属的博物馆跨界合作,在呈现上,创新了民族文化的展览表达,于2021年获得2020年度全国博物馆十大陈列展览优胜奖,并先后被重庆三峡博物馆、中国妇女儿童博物馆、桂林博物馆等省外博物馆引进,促进了云南民族文化的传播,提升了云南民族地区作为旅游目的地的吸引力。

澄江化石地世界自然遗产博物馆(云南省自然博物馆)则通过创造性运用多媒体数字展览技术,破解了澄江化石个体小,不直观,普通观众不易辨别和理解的难题。该馆基本陈列以澄江化石为核心,以生命大爆发、生命大演化、生物多样性为叙事线,运用古生物三维复原动画视频,打造了寒武纪海底隧道、昆明鱼全息投影、化石MicroCT扫描、化石感应互动、寒武纪海洋VR虚拟互动体验游戏、《探秘寒武纪》4D影院、寒武纪数字水族箱AR增强现实互动游戏等100多个种类各异的数字展项,为观众还原古生物及其生态环境,深入浅出,寓教于乐地讲述了生命演化的宏伟历程。该陈列荣获2021年度全国博物馆十大陈列展览精品奖,既赢得了业界的认可,也引起了公众的关注。优质的精品展览让曾经深藏于象牙塔中,只有为数不多的古生物和化石爱好者参观的世界自然遗产地,迎来络绎不绝的普通游客,也通过与寒武纪小镇、抚仙湖、生态农庄等周边自然人文旅游资源整合,促进了澄江县的文旅融合。

2.扩宽传播渠道与服务范围

在拓展博物馆传播与营销渠道,力求辐射与服务更多观众,尤其是年轻观众上,不论是在全省层面,还是单个博物馆层面,都在不断做出新的尝试。在省级层面,云南大力推动数字博物馆建设,打破博物馆的时空界限。云南省文化和旅游厅联合云南腾云信息产业有限公司建设运营的"云游文博"数字博物馆开放平台,集中展示全省博物馆、纪念馆的陈列展览、馆藏文物等信息,设置地图导览、展馆导览、AR扫一扫等功能,为公众游客提供线上参观服务和线下游览指引。与此同时,云南省也尝试以事件营销、互动营销等形式,整体推广云南博物馆旅游。如2021年国庆前夕,云南省文旅厅联合云南网,以《生物多样性公约》缔约方大会第十五次会议(COP15)即将启幕为契机,精选云南省九家博物馆以生物多样性为主题的代表性藏品,推出"博览万物——博物馆里的生物多样性"系列海报,邀请观众去博物馆开启"探寻生命起源、赏生物多样,开启国庆奇妙之旅"。

具体到各博物馆，不少博物馆除官方网站之外，也在诸多新媒体平台上开设官方账号。云南省博物馆就运营了微信公众号、官方微博、抖音、哔哩哔哩、喜马拉雅等自媒体平台，通过图文、视频、音频、短视频、直播、全景展厅、AR/VR技术等手段，多样性、趣味性、互动性、深入性、持久性地宣传与推广博物馆的展览和活动。在新冠疫情使线下活动受限时，云南省博物馆借助新媒体平台，通过"云看展"直播、"云博学堂"的"云手工""云讲解""云科普"栏目、"听，历史在说话"播客节目等线上课程和线上活动，让博物馆文化服务走进万户千家，让深藏在博物馆中的文物真正"活起来"。云南省博物馆越来越注重"互动营销"，如"我的博物馆"创意征集活动就是邀请观众描述他们个人想要建立的博物馆。云南几家县级博物馆，如巍山南诏博物馆、建水县文博馆、禄丰县恐龙博物馆等，也在尝试用新媒体宣传本馆和本地文化遗产，扩大博物馆社会服务与教育范围。如禄丰县博物馆在官网上列出禄丰县代表性不可移动文物图册和一览表，方便访客更好了解禄丰。

随着《国家宝藏》《中国国宝大会》等文博类电视节目热播，"跨界"和"出圈"成为博物馆服务和传播的重要手段，云南省博物馆积极参与《国家宝藏》《如果国宝会说话》《国宝大会》、国家地理《寰行中国》等节目，实现了良好的传播效果。

3.开发优质文创产品

博物馆文创产品也是帮助博物馆"出圈"，吸引大众的方式之一。讲武堂历史博物馆与国内知名设计团队合作，开发系列文创产品，设计团队秉承文创产品"生活化"，文化历史"活态化"的理念，设计出的多款产品获得全国优秀红色旅游文创产品奖，其中"讲武堂雪糕"成为传播度颇高的"网红"。到讲武堂历史博物馆参观，买一只讲武堂建筑形状的雪糕，和博物馆建筑合影已经成为年轻人游览讲武堂的必做"打卡"项目。文创团队充分发挥讲武堂博物馆位于翠湖历史文化街区的区位优势，将文创产品带到街区不同的创意市集，通过生活化，活态化的文创产品，连接更多元的观众。

4.打造文博文化空间

文化空间既能为居民提供休闲放松学习的空间，也能促进旅游和微旅游。如果说大、中型博物馆是一个城市的地标，那么小型和微型博物馆就像街坊邻居相聚的会客厅。随着城市更新和乡村振兴的推进,更多小型博物馆和微型博物馆以社区博物馆等形式出现。在昆明市就有官渡区季官社区村史博物馆、牛街庄滇戏博物馆、盘龙区东风巷93号院内的"地矿历史微博物馆"、葵花公社小区的"葵花社区微型昆虫博物馆",西山区永兴路社区的微型博物馆等各有主题的微型博物馆。它们成为居民储存集体记忆,追忆往昔情怀,凝聚社区精神的家园。云南省近两年来注重将这些小微博物馆建设成对市民和游客开放的文博文化空间,它们和公共阅读空间、商圈文化空间等,共同构成城市文化空间。市民和游客通过参与"最美阅读空间评选""最美文化空间评选""特色精品街区打卡"等活动,在城市"微旅游",探寻和发现深藏在城市各处的历史街区、老街老房和文化空间。

(三)博物馆牵手"非遗",探索文旅融合新可能

根据中国非物质文化遗产网公布的数据,截止到2021年6月30日,云南省共有145项国家级非遗项目,是我国非遗文化最为丰富的地区之一。丰富的非遗资源,赋予了云南将非遗和其他行业结合,即"非遗+"的诸多新可能性。在此过程中,博物馆作为最先介入非遗保护的机构之一,在推动非遗保护创造性转化、创新性发展,促进文化和旅游深度融合中,发挥了重要作用,创造出"博物馆+非遗+旅游""博物馆+非遗+文创""博物馆+非遗+创业""博物馆+非遗+乡村振兴"等诸多模式。

1.创办非遗博物馆,探索"博物馆+非遗+旅游"模式

非遗传承人在当地创建以非遗为主题的博物馆,以博物馆为平台,在保护、展示、传承非遗技艺的同时,结合旅游业,为游客提供体验制作、旅游商品售卖服务,这种博物馆、传统技艺与旅游业的融合,往往能带来良好的社会效益和经济效益,已经成为云南省非遗保护和旅游融合的一种模式。以2006年,第一批列入国家非物质文化遗产名录"技艺"类别的白族扎染技艺为例。大理白族扎染技艺省级传承人段树坤、国家级传承人段银开夫妇,2015年在家乡大理周城村创办了中国第一个白族扎染博物馆——璞真白族扎染博物馆。博物馆坐落于富有白族特色的三坊一照壁宅院中,既有传统的静态展示,如"扎染源流""扎染世家""珍品展示""繁花似锦""琳琅满目"等单元,亦有与展览紧密结合的活态扎染体

验,而且针对游客的不同需求,设计了体验时间从三十分钟到三周不等的4种体验模式和"动眼""动手""动脑"不同主题的体验内容组合。他们自创的博物馆平台为扎染技艺的活态传承创造了广阔的空间,同时也带动了当地扎染手艺人的就业,拉动了被誉为"白族扎染之乡"的周城村"吃住行游购娱"各个旅游环节。这种"博物馆+非遗+旅游"发展模式,为传统工艺的产业化发展和乡村振兴提供了一条可借鉴的道路。

2. 博物馆与非遗传承人合作

博物馆与非遗传承人建立合作关系,以博物馆为平台,传播非遗文化,带动以非遗为主题的旅游也是近年来云南博物馆探索牵手非遗的一种模式。以云南民族博物馆为例,近年来,云南民族博物馆和非遗传承人的合作以多种形式展开,包括邀请非遗传承人来馆举办非遗主题展览,邀请非遗传承人成为"博物馆之友",聘请非遗传承人担任博物馆研学导师,邀请传承人参与馆内、外宣传和推广活动,邀请传承人参与省外巡展,宣传与展示云南非遗文化,邀请非遗传承人作为主讲人来馆举办工作坊,培训本馆员工,等等。传承人利用他们的非遗技艺,在博物馆开展非遗活态展示和互动性活动,让游客有了和非遗传承人面对面学习和了解非遗文化的机会,让他们可以运用五感,听到、看到、闻到、摸到、感到非遗,乃至用自己的双手做出能带回家的非遗作品。这样的合作关系不仅让放在玻璃柜里的非遗文物活了起来,也传播了非遗背后的文化和孕育它们的乡土文明,提升了它们作为旅游目的地的知名度和影响力,带动了非遗为主题的旅游。

3. 博物馆赋能非遗文创与创业

随着时代的发展,不少曾经扎根于日常生活的"非遗"逐渐消失于时间的洪流中,成为静静摆放在博物馆中的"老古董"。如何让"非遗"活起来,活下去? 在探索这个命题的过程中,云南省探索出一条政府、非遗传承人和包括博物馆、传习馆在内的非遗保护机构,在保留非遗传统文化基因和工艺基础上,对其创意型创新,将之转化成更适合现代生活的文创产品,结合旅游,进行传播,推广和售卖的道路。传统技艺、传统美术领域内的诸多非遗项目,如白族扎染制作技艺、藏族黑陶烧制技艺、建水紫陶烧制技艺、鹤庆银器制作技艺、白族甲马、瓦猫制作工艺等等,均已与文化创意产业结合,步入生产性保护轨道。在这条道路上,不少青年人成长为非遗传承人,利用非遗创业成功。如瓦猫和甲马的"复活",扎染的"年轻化"等,都是很好的案例。

在人们还居住在青砖石瓦房屋的年代,瓦猫曾作为镇宅瑞兽,矗立在屋脊、飞檐或门头上,守护着云南很多百姓人家。随着传统民居渐渐被摩天大楼取代,瓦猫走下房顶,走进了博物馆。云南民族博物馆民族民间陶艺展厅里,就展出了几十个来自云南不同地区,造型各异的瓦猫。随着博物馆等机构对瓦猫的展示和传播,越来越多人知道了瓦猫,并被它的造型、工艺和其背后的文化所吸引,最近两年,瓦猫主题博物馆陆续开张。如对瓦猫着迷的"90后"张航成长为非遗传承人,在昆明五华区文创基地"拾翠民艺公园"建立了瓦猫异兽博物馆。昆明市龙泉古镇博物馆群落,依托当地悠久的瓦猫制作历史和瓦猫制作代表性传承人张才等人才,也建立了瓦猫博物馆。这些瓦猫主题博物馆集藏品展览、文化传播、文创产品研发和多种体验消费于一体。非遗传承人和其他文创研发者,开发了材质各异,造型,色彩和大小各不相同,用途也更为广泛自由的瓦猫,让瓦猫以文创产品的形式,走出博物馆,走进人们的日常生活。2020年9月,昆明地铁4号线"瓦猫"专列开行,瓦猫以萌趣的形象,出现在昆明地铁上。在政府、非遗传承人和博物馆等机构的共同努力下,瓦猫经历了传统文化的传播和再创造后,已复活为云南的一个文化符号,瓦猫系列文创也成为人们喜爱的云南现代文创产品。

二、问题与建议

通过以上梳理,我们可以看出,云南博物馆旅游整体处于良性发展态势,博物馆数量在稳步增长,博物馆提供的公共服务质量在逐步提高,博物馆与旅游融合的渠道在逐步畅通,但在发展过程中也存在一些问题,以下将提出这些问题并给予建议:

(一)加强博物馆专业化,打造知名博物馆品牌

博物馆对当地旅游的拉动作用,很大程度上取决于该博物馆的知名度和美誉度。在云南博物馆中,国家一级博物馆目前只有两家,除云南省博物馆偶尔入围"中博热搜榜"热搜百强博物馆名单外,其他博物馆在全国搜索度不高,知名度不够。一些中小型博物馆,尤其是非国有博物馆,由于缺乏专业支持等原因,定位模糊,固定陈列展陈手段陈旧、单一,

临时展览几乎没有,包括讲解在内的公众教育活动也缺乏规范性和独特性,难以建立良好的口碑效应。建议云南的博物馆在充分研究和挖掘本馆展馆特点、馆藏资源其背后的文化内涵基础上,提炼本馆特点,提取具有本馆特色的文化符号,借助符号打造等手法,凸显本馆的独特形象,擦亮博物馆品牌。与此同时,不断打造优质展览,推出代表独具本馆特色的文创产品和教育项目及研学课程,保持社交媒体持续更新,增强事件营销和互动营销等手段,提升本馆的知名度和美誉度。建议加强省内国有博物馆和非国有博物馆,大、中型博物馆和小、微型博物馆的沟通与联动体制,通过建立博物馆联盟,制定不同级别博物馆专业规范,大馆帮扶小馆、国有馆与非国有馆交流合作,互通有无等手段,让国有大型博物馆的优质专业资源能与本省、本地区的其他非国有、小、微型博物馆共享,提高省内博物馆的专业水平和吸引力。

(二)增强博物馆与旅游业的融合与联动

云南的国有博物馆多属于公益性事业单位,免费对公众开放,运营资金来源为财政补贴。这造成博物馆旅游营销宣传动力不足,不重视市场调查,与周边景点以及本地其他景区主动联动与互动不够,博物馆自身从事旅游服务相关的经营活动也面临诸多束缚和障碍。建议各级政府对各博物馆在当地旅游产业发展中的角色进行梳理和定位,制定博物馆与其所在区域其他景点联动的机制,在设计旅游线路时,凸显博物馆等非营利性机构的存在和其价值,引导博物馆在客流与功能上,与所在区域其他景点的互补与互动。

(三)运用分众化策略,打造博物馆深度游路线与服务

随着中国旅游市场慢慢走向成熟,人们出游的目的和需求也逐渐差异化,一部分游客对体验性旅游、参与型旅游和知识型旅游的需求日益提高,"深度游"应运而生。近年来,"文博旅游""历史旅游""科技旅游"成为深度游重要品种,不少深度游路线和研学旅游路线都将博物馆作为行程重要一站。这样的旅游形式与博物馆得天独厚的优势不谋而合,但是云南大多数博物馆并没有针对深度游游客研发和提供深层次、高品位的博物馆旅游产品。不仅如此,深度游游客与研学团队在游览博物馆时,可能和普通游览者发生资源挤兑。建议博物馆对观众进行分众化研究,针对不同的观众群体,提供不同模式的接待流程。并通过与专业从事文博旅游、文博研学的第三方机构合作,在保证普通游客参观权利的前提下,为深度游观众和研学观众打造博物馆深度游路线与课程。

(四)建立有效的民间小微博物馆和"类博物馆"帮扶体制

云南民间有不少具备了文物收藏和展示功能,但未命名为博物馆的场馆和被命名为小型博物馆、微型博物馆但不具备博物馆完整功能的展馆。2021年5月,中宣部、国家文物局等九部委联合下发《关于推进博物馆改革发展的指导意见》,首次提出"类博物馆"的概念。这些具有部分博物馆功能的"类博物馆",或位于乡村,或位于城市一隅,不少是私人或集体所有,其所有者往往缺乏专业背景,出于对家乡、民族和传统文化的责任和情怀,业余从事藏品收藏和展出。它们不具备严格意义上的博物馆收藏、保护、研究、展示、教育的全部功能,未经文物部门登记备案。但这些自下而上生长出的"类博物馆",储存与展示了我国最基层单位——一个村庄或一个城市社区的记忆,不论对于社区居民,还是对于游客,都具有一定价值。因为缺乏政策、资金和专业知识的支持,它们往往展陈手段陈旧,教育项目匮乏,甚至连全职和兼职工作人员都没有,无法保证全天候按时开放,很难持续发展下去,更遑论成长为当地旅游业的助推器。在乡村旅游和微旅游等手段被视为推动经济发展重要手段的当下,如何管理与支持这些小微博物馆与"类博物馆"变得尤为重要。建议政府全面调查与梳理这些资源,制定"类博物馆"孵化培育机制,构建小型博物馆交流网络,出台针对民营小微博物馆和"类博物馆"的扶持政策,给予它们政策、资金、宣传推广、专业技术等多维度的扶持,协助其发挥潜能及影响力,助力博物馆旅游与乡村振兴[①]。

第四节 济南打造博物馆文化新地标

在文旅融合的大潮中,作为公共文化服务机构的博物馆如何抓住机遇、迎接挑战,转变发展模式,打造文化新地标,是博物馆行业面临的新

---

①谢春波.文旅融合背景下云南博物馆旅游的发展路径[J].新西部,2022(7):29-33.

问题,反映了全社会的共同期待,具有理论和实践的双重意义。下面以济南地区博物馆为调研对象,探讨其在文旅融合背景下打造文化新地标方面的具体实践,并提出打造博物馆文化新地标的实施策略,以期为全省乃至全国层面的博物馆行业提供可借鉴的新思路、新理念。

一、打造博物馆文化新地标的必要性

文化地标是一座城市的文化名片,它以标识性构筑物或者特定的场所为物质载体,以独特的文化内涵传播人文精神,既寄托了本地人的"乡愁",又吸引了外地人"憧憬"。所谓"地标",可以是地图上的标记,也可以是地理学意义上的地表标记物。比如,沙漠中的一棵树就是自然地标;而沙漠中的一眼清泉,作为"丝绸之路"上的重要节点,则是文化地标,因为它除了作为地标的地理属性之外,还承载了大量的历史记忆。

在一座城市中,功能性地标大量存在,如有导航功能的高铁车站等枢纽性的交通地标,有贸易功能的大型购物中心等综合体类的商业地标,有休闲功能的游乐园、健身场馆等娱乐性的生活地标,等等;而以文化传播、文化消费为基本属性的图书馆、博物馆、名胜古迹等具有精神价值的地点或场所,往往被视作文化地标。不同于功能性地标,文化地标最显著的特点在于其主体形象并非是靠硬性条件打造出来的地标建筑物,而是靠其所提供的文化服务以及公众的认可与口碑这种"柔性"条件塑造出来的精神地标。当然,历史上的文化地标一般是指有文化属性的地标建筑,或许一开始它并非是文化建筑,经过历史积淀之后,成为集体记忆,才演化成文化地标。此类典型以埃菲尔铁塔最为著名,一百多年来,它从建成之初被称为巴黎"最丑陋"的建筑逐步蜕变成巴黎乃至法国20世纪工业文明的象征符号。

新时代下,人们对文化的需求日趋多样化,由被动接受文化信息向主动获取甚至参与重塑文化内容转变。在这个趋势中,"文化"被重新定义,由静态的标签转向动态的、边缘模糊的"符号群"。当涂鸦也被宽容地理解为公共艺术,文化地标就不再局限于圣坛一般的标识物上,而是更加青睐情境化的亲民场所。近年来,上海田子坊、成都宽窄巷子此类具有丰富创意灵感的文化街区,正在成为一座城市的时尚集聚地、网红打卡地,成为人们心中的文化新地标。

博物馆是面向公众提供文化服务的常设机构,是收集、保护、研究文化遗产,传播文化知识,弘扬文化精神的公共场所,是一座城市或者一个地区的文化中枢。参观博物馆,公众可以学习知识、陶冶情操、交流思想,启发创新思维。毫无疑问,博物馆可以并且应该成为一城一地的文化新地标。博物馆以其巨大的文化吸引力使人心向往之,其所弘扬的地域文化和时代精神使本地人昂然自豪,使外地人心生敬意。不同于单纯游乐的时尚街区,博物馆作为文化新地标更多表现为一种沟通历史与现实的文化象征符号。可以说,博物馆文化新地标代表了一座城市的灵魂。

济南地区作为山东省的首善之区,其文化建设对于全省社会文化工作具有示范和引领作用。济南各家博物馆借助文旅融合趋势,打造本地文化新地标,是弘扬齐鲁优秀传统文化、塑造新时代文化品格,为做好改革发展稳定各项工作提供强大精神力量的现实需要。

二、济南打造博物馆文化新地标的实践经验

近年来,为满足群众多元化的文化需求,济南通过加快推进各类博物馆建设,着力打造泉城文化地标,助推文旅融合发展。目前,济南地区共有60家经过注册登记的各类博物馆(参见国家文物局发布的《2019年度全国博物馆名录》),其中国家一级博物馆4家,数量位居全省第一。这些博物馆具有鲜明的主题和特色:从综合类的地志博物馆到行业类的主题博物馆,从省级国有博物馆到非国有博物馆,类别丰富,题材广泛。许多博物馆充分运用现代科技手段,让文物"活"起来,为游客和市民打造视听触全方位多感官的沉浸式体验空间,通过精心策划展览、提供优质的社会服务,让人们充分领略济南的文化魅力。

(一)打造特色展览

据济南市文化和旅游局官网2021年5月18日发布的《济南博物馆:最古老又正青春》一文,济南地区博物馆每年共推出精品展览300余个,吸引各地观众300余万人次入场参观,其中不乏远道而来的外地游客。2021年,济南市博物馆推出网红大展"我从汉朝来——文物世界中的汉代济南",不仅文物展陈设计精美,而且专门策划了"镜中美人夏夜巡游"活动,使展厅变身国潮秀场,让观众在文物天地之间体验了一把"真人

秀"。在历史与当下的时空交错中，静态文物所蕴含的历史文化信息，通过动态的展示道具被解码、转译再编码，形成与当下社会生活互相映照和对话的特定情境，使久远的汉代历史文化不再晦涩难懂，焕发出新意和趣味。观众在这样一场文化盛宴中真正生动立体地认识理解了济南的汉代历史，并受到启发和教育，产生对济南地区文化的历史自豪感和文化认同感。正是这种令人交口称赞的展览使博物馆成为网红打卡地，进而吸引大量游客慕名而来。

（二）推出精品文创

目前，济南全市各级各类博物馆高度重视文创开发工作，采取自主研发、与馆外企业合作开发以及授权开发等多种形式，着力打造文化特色鲜明、时代气息浓厚、艺术水准高超、市场前景广阔的文创产品。以章丘区博物馆开发的"一刀圆尺"为例，该产品以馆藏"错金一刀平五千"铜币为创作蓝本，通过精巧创意与美观实用有机结合，较好展示了泉城地域文化特色和底蕴。"一刀圆尺"的结构简单却精巧，使用直观且灵活多变，能绘出复杂的几何图形，以全新的角度阐发了文物本身质小量大的文化内涵。产品构思巧妙，制作精良，一举荣获首届"全国百佳文化创意产品"称号，且是山东唯一获奖产品。

（三）信息技术助力博物馆服务

当"数字化生存"已经成为现实，"互联网+"改变了传统生活方式。济南市文旅局为进一步发挥特殊时期博物馆公共服务职能，组织全市博物馆推出"云上博物馆"和"掌上博物馆"等系列线上展览活动，截至2021年5月，济南各文博机构累计推出线上展览50余个，展示文物2000余件（套），累计访问量达160余万人次。这些富有内涵、饶有趣味的推广传播形式吸引了大量年轻观众参与其中。移动互联时代，人们生活节奏不断加快，种类繁多的APP软件使生活更加方便，参观博物馆也更加便捷。山东博物馆微信公众号不仅提供了预约服务，而且专门设计挑选了不同主题的参观路线供游客选择，如"历史线""文艺线""自然线"等。

三、济南打造博物馆文化新地标过程中存在的不足

(一)展览缺乏精品和"网红"亮点

济南地区博物馆的展览虽多,但质量参差不齐。传统展览多,"网红"展览少,到目前为止只有山东博物馆策划的"衣冠大成——明代服饰文化展"获得过"全国十大陈列展览精品奖",且更倾向于学术性;普通展览多,特色展览少,而且针对外地游客举办的游乐活动少之又少。如何平衡展览的知识性与趣味性,如何确定济南本地文化特色与全球化带来的时尚潮流之间的衔接方式,如何打造一个既乡土又新潮的"现象级"展览,是目前济南各家博物馆共同面临的难题。

(二)文创研发和服务质量有待进一步提升

济南各家博物馆的文创开发依然面临着品种单一、设计雷同、资金短缺及政策不明确等问题,导致博物馆普遍存在文创开发动力不足、发展方向不准等困难。因此,少数亮点、热点并不能掩饰博物馆文创开发的尴尬,"叫好不叫座"依然是普遍存在的现实问题。在博物馆的公共服务方面,未能提供"参观时长"的参考数据,游客无法据此精确安排自己的游览计划,在时间碎片化的当下,有些游客会抱怨服务不够周到和贴心。因此,提供更加细致周到的服务应该是今后博物馆转变的具体方向和目标之一。

四、打造博物馆文化新地标的实施策略

文旅融合使博物馆的公共服务日趋多样化,人们开始注重参与博物馆的知识生产并分享这种参与带来的有趣体验,使博物馆变成越来越有社交气质的"文化客厅"。博物馆不一定是宏伟的建筑地标,文物的历史原真性为博物馆赢得了社会声誉和公众信任,因此,凭借优质展览和服务,博物馆成为人们心中的文化新地标。济南被称为"泉城",素有"四面荷花三面柳,一城山色半城湖"的美誉,是国家历史文化名城。依托丰富的旅游文化资源,济南各家博物馆应该着力打造具有旅游特色的文化服务项目,突出"在地性"和时尚性,通过建设有文化号召力的新地标,凝聚人气,塑造新时代齐鲁文化精神。

(一)以文旅合作新模式打造精品展览

"文旅融合"是资源融合,更是产业融合,博物馆相关部门可以与旅游企业合作开发彰显地区文化特色的文化旅游线路,以展览为依托,为游客提供文化大餐。文旅融合使文化部门与旅游部门相互融通,在旅游服务的诸多环节上都有文化资源的渗透。具体在博物馆旅游上,就是打造充满文化气息的精品展览,让观众在有限的时间内完成一场轻松愉快又品质高雅的文化之旅。

因此,济南地区博物馆必须改变单纯陈列历史文物的传统策展思路,寻找文物与本地风景名胜或文化名人的联系,以便深化旅游资源的文化内涵,如馆藏佛造像与千佛山、古代茶具与李清照等。文物将不再是孤立的器物,而是地理风物与地区文化的象征。博物馆作为济南文化的重要窗口,应通过文物来讲述济南地区的风土人情、历史变迁,使游客深刻理解济南城与济南人。

(二)开发具有本地特色文化的优质文创商品

文创商店号称"博物馆的最后一间展厅",游客在博物馆文创商店购物是旅游活动中的重要一环,能够直接产生获得感和旅游回忆,还可以带动他人前来消费。因此,博物馆的文创商品和服务必须着力突出所在区域的地方特色和本单位的文物资源特色,深入挖掘和广泛传播文物所蕴含的历史价值、文化价值、审美价值、科技价值、时代价值等。

济南地区博物馆的文创开发需要在藏品资源与本地风景名胜之间加强融合,突出济南特色,深化旅游的文化内涵。围绕"山、泉、湖、河、城"五位一体的特色地域风貌,提炼藏品信息,进行时尚化的艺术加工,开发既有纪念性又有实用性和趣味性的文创产品,才能让游客乐于购买,"把博物馆带回家",把济南故事传播出去。比如,可以把古代绘画中的荷花形象提取出来,印制在藕粉、莲子、荷叶八宝粥等荷花深加工制品的外包装上,再附上咏荷的诗词,使文物信息、特色物产和济南市花形象有机结合,成为蕴含济南本地文化特色的博物馆创意产品。再如,可以把古代茶具造型与矿泉水包装相结合,把李清照"斗茶猜书"的历史故事糅合其中,开发博物馆专属的"济南矿泉水"。

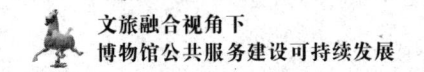

(三)利用融媒体矩阵打造全方位文旅社交新体验

信息技术极大推动了经济发展和人民生活方式的转变,在博物馆的诸多工作中也得到了广泛应用。信息科技不仅促进了展览中虚拟再现场景的品质提升,也在文创开发与销售方面提高了研发效率与流通速度。通过旅游网站、短视频APP等新媒体平台,游客可以获取更广泛、更深入的信息和服务,而文旅部门如博物馆等机构则可以更便捷地采集到游客的旅游意愿和消费需求等信息。

在当下互联网大潮中,济南地区各类博物馆除了已经广泛使用的"两微一端"之外,还应开设小红书、B站、抖音、央视频、今日头条等新媒体平台的官方账号,着力打造融媒体传播矩阵,使博物馆的文化和信息传播更立体、更深入。借助5G通讯技术和大数据分析技术,手机等移动通讯终端正在成为博物馆、游客及文旅企业三方之间的多向交流平台。在文旅融合背景下,游客置身于一个由博物馆和文旅企业提供的诸多服务项目组成的信息网络之中,他们可以自选参观、购物、娱乐、学习、休息、查询甚至微循环交通等服务中的某些或者全部感兴趣的项目,这些都会在这个三方交流平台上实现个性化定制。

以移动互联为代表的信息技术真正为文旅融合插上了翅膀,而文旅融合的持续推进更让博物馆提质增效。博物馆通过开发高质量文化产品,吸引广大游客和市民前来参观、学习,在潜移默化中弘扬了优秀的传统文化、地域文化,而济南地区博物馆也日渐成为泉城的文化新地标[①]。

第五节 南京城墙保护中心的新思路

南京市委市政府高度重视南京城墙保护与利用工作,精心打造明城墙风光带,并将紫金山、玄武湖、长江、明城墙作为打造"一山两水一城墙"的城市名片和开发国际旅游产品的核心资源,奠定了城墙在旅游业的地位,为城墙的高质量发展提供了契机。

---

①张鹏,王立明,张红雷.文旅融合背景下济南打造博物馆文化新地标的策略[J].人文天下,2022(3):48-52.

一、南京城墙保护与利用现状

南京城墙始建于1366年,是世界上最长、规模最大、保存原真性最好的古代城垣,被称为"世界第一大城垣",现存25.091千米的城墙虽历经600多年风雨,大部分墙体仍巍然屹立。南京城墙的保护工作受到各方的高度重视,南京城墙保护管理中心致力于城墙的保护、修缮及日常养护,制定了《南京城墙保护规划》,在严格保护的前提下合理利用城墙开发了一些旅游休闲产品,如中华门城堡、明城垣史博物馆、伏龟楼遗址展厅、文化书坊、神策门遗址公园等,发挥了城墙的旅游价值。同时还举办了一系列的主题活动,如"1366城墙穿越跑""城门挂春联,江苏开门红"、环城70里、城墙宣传片亮相纽约时代广场等,推动南京城墙走向世界。

南京城墙保护管理中心采用课题研发的模式开展文创工作,至今已设计出5个系列共300多种南京城墙文创产品,同时在中华门瓮城藏兵洞内设立"南京城墙文创旗舰店"经营文创产品,是合理利用文化遗产的成功案例。

二、南京城墙在高质量发展中的主要问题

(一)与周边联动发展不足

南京城墙空间分布不连贯,涉及南京市多个辖区,为便于对城墙进行整体性保护和利用,2014年12月南京城墙保护管理中心成立,将区属承担城墙管理的事业单位进行整合,其职责是明确控制范围内的保护管理、开发利用和申遗工作。但城墙保护管理中心的管理职能仅限于城墙本体,城墙周边的旅游资源管理权限不一,导致资源、产品、服务、设施、品牌等方面的协调联动不足,这不仅束缚了城墙的保护和利用,其未来的拓展也会受到限制。

(二)保护与利用关系不平衡

南京城墙作为全国重点文物保护单位,正积极申报世界文化遗产,在此特殊阶段南京城墙保护管理中心对于城墙本体的研究和保护投入了大量人力、物力、资金,这一倾斜必然会减少对城墙利用和开发的投入。考虑到《保护世界文化和自然遗产公约》的要求,遗产保护的要求会不断提高,在这一背景下如何平衡好开发与保护之间的关系,对于城墙

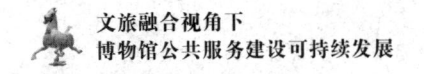

高质量发展而言不仅是难点,也更是挑战。

(三)文化内涵挖掘不深入

南京城墙历经600多年,蕴含了丰富的非物质文化资源,例如"天地合一"与"皇权神授"的建造思想、珍贵的城砖铭文信息、丰富的历史事件和诗词书画等。目前主要通过图片资料展陈、遗址景观展现、碑刻介绍、文化解读牌等对其历史文化内涵进行展示,展示方式主要以静态为主,现代科技手段的应用较为缺乏,软性文化活动开展较少,对历史文化深处精髓的挖掘不够深入和充分。

(四)整体品牌价值彰显不足

南京作为六朝古都,拥有众多的历史名胜,南京城墙与夫子庙、玄武湖、中山陵、总统府等同属南京的城市名片,但南京城墙在全域旅游中没有占领突出的位置,在旅游市场的感知度和吸引力也较弱,整体品牌价值彰显不足。虽然举办了城门挂春联、环城70里、"乐跑"等主题活动,但是节庆活动带来的反响较小,宣传推广力度不够,创新元素较少。

三、文旅融合背景下南京城墙保护和利用的对策

(一)创新顶层设计,促进联动发展

南京城墙的保护和利用是一个系统工程,涉及城市的众多方面,需从更高角度进行综合统筹协调。应成立南京城墙申遗与旅游发展领导小组,由南京市委市政府牵头,形成统筹协调平台,突破多头管理限制,加强与不同主体之间的沟通与协调,构建城墙与周边资源统筹联动、整体协调发展的格局。在城墙保护工作的基础上,将城墙申遗、保护与旅游开发同步开展,更好地发挥城墙这一世界级的资源在南京全域旅游发展、城市建设中的作用。

(二)文旅融合,开发深度体验

充分挖掘南京城墙的历史文化底蕴,除表面呈现宏伟、壮观的建筑实体外,城墙所蕴含的文化底蕴、所发生的有价值的历史事件、所隐藏的历史功能价值等需要通过显性的方式"活化"出来,通过文创、科技等手段的运用,如AR互动、VR体验等,将文化与休闲业态、舞台呈现、娱乐体验等项目进行融合,开发深度体验,让游客"知城墙、懂城墙",深层次地

获得历史文化的熏陶。

(三)科学处理保护与利用关系

保护与利用之间并不矛盾,而是相辅相成的,要平衡两者的关系实现保护与利用相统一。保护文物是为了提高文化资源的再生能力,获取社会效益和经济效益。南京城墙正处于申报世界文化遗产的关键阶段,应对接《世界文化遗产保护管理办法》及《南京城墙保护条例》,结合城墙开发实际情况,在开发过程中贯彻保护为主、抢救第一、合理利用、加强管理的方针,确保城墙的真实性和完整性。

(四)开发城墙产品,强化品牌打造

根据城墙的本体特征和文化属性,通过城墙故事、主题演艺、沉浸式体验、文化展馆、城墙书房等项目可开发观光旅游、教育研学、体育旅游、夜游城墙、文化体验这五大类高质量产品,彼此间相互关联、相互渗透,形成完善的产品结构体系。通过景观提升、视频宣传、事件营销等手段,借助南京市打造"创新名城,美丽古都"的契机,将南京城墙打造为城市旅游品牌的优质载体,逐步强化品牌影响力[1]。

第六节 湖南博物院智慧博物馆服务

一、湖南博物院新媒体矩阵的建构与多维度传播

(一)湖南博物院新媒体矩阵的建构

湖南博物院的新媒体传播工作一直在顺应媒介融合这一发展趋势。湖南博物院于2006年开通了官方网站,2010年开通新浪微博湖南博物院官方账号,2014年开通官方微信公众号,2018年开通官方抖音账号,其间还陆续在今日头条、喜马拉雅、哔哩哔哩等平台开通了湖南博物院官方账号,从单一介质媒体向多媒介、多渠道、多终端的方向融合发展,初步形成新媒体矩阵布局。

---

[1]刘心悦.文旅融合背景下南京城墙的保护与利用[J].文物鉴定与鉴赏,2020(5):162-163.

1.网站

湖南博物院网站于2006年正式上线,以湖南博物院丰厚的文物资源和展览资源为依托,兼具信息获取、教育学习、虚拟博物馆等功能。网站结构体系明晰,层级分明,内容详尽,结构完整,同时形式生动多样,涵盖图文、视频、音频、小游戏、动画、手绘漫画等多种媒介形式。栏目的划分以用户需求为中心,设置有"关于我们""陈列展览""收藏""参观""活动""学习""研究"七个一级栏目和27个二级栏目。用户可通过"参观"栏目获取参观的前期信息;通过"陈列展览"与"收藏"栏目欣赏数字化的藏品资源,虚拟体验博物馆各大展厅;"活动""学习"和"研究"三个栏目则比较侧重于学术研究和教育研学。

湖南博物院官方网站以开放和共享为建设理念,致力于满足不同人群、不同受众的学习需求。网站"学习"栏目,依据大众传播中分众传播的模式,从教育程度、认知水平和参观动机出发,将网站用户分为"儿童及家庭""学生及教师""成人"三类,并分别为每类受众制定了不同的教育策略,提供不同的教育资源。不同年龄、不同身份、不同层次的人群,可根据自己的意愿、需求、方法在这里各取所需,有选择地获取自己需要的历史、艺术与博物馆知识。例如为孩子们专门策划制作的"手工课程"和"漫画历史故事",生动形象地介绍了相关文物和历史知识,内容通俗易懂,活泼有趣,集互动性、娱乐性和知识性于一体,让孩子们在寓教于乐的氛围中了解文物知识和传统文化。为成人群体制作的"专题课程"则由湘博多位专家执笔,通过图文并茂的形式,以讲座的方式,对历史文化、文物知识作了较为深入、专业、系统又生动的阐释。湖南博物院通过分众传播,从而满足不同年龄、不同教育背景、不同职业、不同目的的用户的学习需求和使用需求。

2.微信公众号

湖南博物院官方微信公众号于2014年3月开始运营,属于服务号类型,目前粉丝近200万人。湖南博物院官方微信平台设置有"参观服务""展览导赏""学习分享"三个一级菜单,并设有若干内容入口,观众可通过点击不同关键词获取各种内容与服务。湖南博物院并根据展馆状况适时更新内容,为用户提供便捷的博物馆服务导航,帮助观众多角度、深层次参观博物馆。

微信公众号（服务号）每月可推送四次，主要内容囊括展览资讯、教育活动、网络课程、展览背后的故事、馆藏资源及重要公告等不同主题的文章。近年来，随着用户的关注度和平台本身内容质量的不断提升，一些内容取得了较好的传播效果。2017年，湖南博物院重新开馆，重磅推出的《湖南省博物馆将于11月29日全新起航》获得19万阅读量，首次达到了10万级以上的阅读量；2018年，推文《在最遥远的地方寻找故乡》获得11.9万的阅读量。而其他一些原创文章，如《2018年1月14日湖南省博物馆与您相约〈国家宝藏〉》《前方高能！古埃及"诸神"即将空降长沙》《湘博重磅推出年度艺术大展"从文艺复兴到印象派：欧洲绘画五百年"》，也都获得较高的阅读量。

3. 微博

湖南博物院于2010年6月正式入驻微博。在日常运营中，以文物和展览资源为核心，结合实时热点热词进行定期更新，通过直播博物馆大型活动、放送文物趣味视频、开展网络知识问答等丰富多样的线上活动，充分挖掘文物的文化内涵，发挥文博微博的科普教育功能，激发粉丝持续不断的参与热情，并通过年轻化的叙事方法，将严肃的历史、文化、艺术知识通俗化、趣味化，短平快传播。同时，湖南博物院官方微博还通过积极响应微博平台已有的强势联动话题、运营特色话题、打造本馆经典话题等方式提高自身的参与度，强化微博账号的品牌认知，增加用户黏性。近年来，官方微博不定期推出"寻味湘博""文物里的大唐气象""文物重生秘籍"等临时话题、小话题，阅读量居高不下，在确保话题时效性和新鲜感的同时还维持了微博账号的综合影响力，避免粉丝分流。

新浪微博平台汇聚了一大批来自全国各地的文博机构微博主体，近年来随着文博微博圈的发展与扩大，各文博机构在注重自身文化资源内容深度挖掘的同时，更加注重和其他文博机构的互动，建构文化矩阵，聚力传统优秀文化的传播，以此形成微博用户平台的话题联动效应。早在2012年，湖南博物院就联合中国国家博物馆、首都博物馆、湖北省博物馆、山西博物院发起了"博物馆联萌"微博互动活动，在文博届首开联合举办线上活动的先河。2022年为配合"王者归来——中国古代青铜器巡礼"展览宣传，为了让观众更好地发现并领略青铜器之美，湖南博物院联合"微博文博"推出"青铜器有话说"微博话题，数十个文博IP互动联合，在文博热度不断攀升的新媒体上产生了聚合效应,吸引更多用户关注展览及其相关展品,"青铜器有话说"话题达到770万讨论,打通线上和线下的界限,实现了良好的新媒体矩阵传播,扩大了展览的影响力,得到了众多用户的认可,最大限度地发挥了微博平台的协同效应。

凭借持续的创新内容,湖南博物院官方微博连续3年被评为中国文博十大创新力官微。

4.短视频平台

近些年,湖南博物院更加注重对于优质短视频的策划、制作和推广,视频内容涵盖博物馆宣传、展览、开放、教育、抗疫等诸多方面,不仅有博物馆形象宣传篇、展览动画、教育微课程、文物趣味解读,还有人物微纪录片等。通过这些内容丰富、形式多样的短视频,希望向大众更好地弘扬传统文化,普及博物馆科学、历史、文化、艺术知识,同时拉近年轻人与传统文化的距离。

2018年"国际博物馆日"和"中国文化遗产日"期间,湖南博物院联合国家博物馆、南京博物院、陕西历史博物馆等国内六大博物馆共同入驻抖音,成为了抖音第一批官方博物馆账号,同时湖南博物院作为发起者联合六大博物馆推出——"博物馆抖音创意视频大赛"。活动中,几家博物馆通过短视频这种年轻时尚的方式向观众介绍本馆国宝文物,讲述历史故事,不仅增进了普通民众对文物瑰宝的了解,也颠覆了此前博物馆在年轻受众心中的高冷严肃的固有认知,让文物焕发时代的新光、融入时代的发展,有助于让博物馆文化深入到年轻群体当中。活动参赛人数高达5.5万人,总播放量6.6亿。

(二)媒介融合视域下的博物馆传播策略

湖南博物院新媒体矩阵以"政务+服务+宣传教育"的定位,以"一个核心(网站),两个侧翼(微博、微信公众号),多平台(抖音、哔哩哔哩、喜马拉雅等)"的组织架构,运用通过差异化定位来提升传播精度、通过教育科普来提升传播深度、通过跨界联动来提升传播广度、通过创新传播方式来提升传播鲜度的传播策略,积极推动本馆新媒体矩阵向纵深融合发展,做大做强数字化传播体系。

1.差异化定位提升传播精度

新媒体矩阵并不是多平台的简单集合,抑或多个媒介形态的简单堆砌,要使新媒体矩阵发挥最大的传播效果就要避免传统媒体时代的传播思维——"同质化传播"思维,即将所有信息毫无区别地传达给受众。网络传播时代,用户的个性化需求被放大,个人需求的差异化程度不断提升,受众在此背景下开始形成分众群体,分众传播成为提高传播效率、增强传播效果、达到传播的精准覆盖的重要路径。因此博物馆在运营构建新媒体矩阵时既要把握"融为一体,合而为一"的普遍性和规律性,也要根据不同媒介特点、不同平台优势、不同受众喜好,对内容进行优化与区分,进行差异化传播,构建协同高效的现代传播体系,这才是推进媒体融合和媒体矩阵构建的要义。

湖南博物院在建设新媒体矩阵时,统筹全馆优质资源,在传播中根据各新媒体平台特质的不同进行差异化内容生产,针对目标人群进行精准推送、拆分推送,抓住特定人群,以确保信息能有效传达到,提高传播的精准度。例如,湖南博物院在微博、微信、抖音等平台都开设有官方账号,在每个临展展期中,为配合展览宣传,博物馆新媒体编辑部会对所有展览资源进行有机融合,一次性采集,再根据平台和受众进行差异化传播,在微博上主要以展示展品精品图片、知识问答、晒照打卡、展厅直播为主;在抖音平台主要以宣传展览短视频为主;微信公众号上主要以讲述展品背后涉及的历史、文物、技艺扩展知识为主;官方网站对每个展览都制作了专题网页,集中展示了展览参观信息、展览框架、重点展品解读、背景知识和虚拟展厅,这不仅是对实体展览的补充,也是对文化资源的累积。虽然传播的主题相同,但在传播手段、传播方式、传播内容上各有侧重点,通过差异化定位、精准化传播,从而实现了各平台间相互连通、相互补充的发展局面,让博物馆的矩阵传播各显其能,凸显平台优势,大大提升了新媒体矩阵的传播效果。

较之传统媒体,新媒体更注重细分人群,"对症下药"才能更好地引起用户的共鸣,做出更适应网民阅读习惯的传播内容,从而更好地培养和服务受众人群。例如湖南博物院2018年推出的《汉代穿越指南》手绘动画短视频,在策划初期就有意识地对传播的目标受众进行了精准定位,和一般针对低幼群体的动画不同,这部手绘动画针对的是习惯使用社交媒体网络的年轻群体，尤其是80后、90后的年轻受众。基于以上考虑，微视频以手绘动画的风格，通过趣味讲段子的方式，向观众展示西汉时期的饮食、时尚、娱乐等方面的生活，讲述内容贴合当下热点，集科学性和趣味性于一体。最后根据《穿越指南》在哔哩哔哩播放数据的观众分析，该动画的主要观众确实是16至30岁左右的年轻群体，以此证明《穿越指南》的传播达到了预期目的。

2.教育科普提升传播深度

教育是博物馆的基本功能之一，将知识传达给更多的受众从而更好地肩负社会教育和文化传承的责任，是博物馆的使命。融媒体时代，博物馆通过互联网、短视频打破知识传播的固有壁垒，以社交为纽带进行知识共享，将深藏在博物馆中冷冰冰的文物及其背后的知识转化与大众分享，以此让更多公众获得知识增益，推动知识普惠，扩展博物馆教育的辐射面，提升博物馆传播的深度。

2020年以来，在疫情防控背景下，博物馆不能像往日那样将参观者"请进来"，于是开始利用科技手段让博物馆教育"走出去"，使得疫情期间的人们足不出户就可以进行参观，为博物馆开展线上教育课程提供了契机。例如"博物馆探索车"是湖南博物院的经典品牌教育项目，一直以来深受观众的喜爱和追捧。但由于场地约束和承载量限制，令很多观众不能亲临展厅体验"博物馆探索车"的趣味。湖南博物院特别策划研发了"博物馆探索车"湘博教育微课程，将知识与体验活动拍摄成视频微课，惠及更多的博物馆受众。近年来，湖南博物院依托自身丰厚独特的文化资源，研发了"'云'赏经典""岁时记""寻味湘博""生活美学""藏在博物馆里的红色故事"等20余个专题共上百个线上教育课程。这些线上教育课程涵盖多年龄层次，通过官方网站、微博、微信、哔哩哔哩等保持持续性高频次更新，逐步构建线上教育资源库，在科学知识普及、爱国主义教育和革命传统教育中发挥了显著作用。融媒体时代下，新媒体虽然成为文化传播、科学普及的新阵地，但应注意到，新媒体中传播的博物馆的知识必须是正确的，经过考证、有科学依据、严谨的，同时题材要能够契合当下年轻观众的热点，能够引起大家的共鸣，传播的内容要通俗易懂有趣，要生动形象，给观众代入感，才能引起观众的兴趣。2019年湖南博物院推出全国首部文物保护与修复题材手绘科普微视频——《文物

》《重生秘籍》，以短小精悍、通俗易懂、生动有趣又寓教于乐的新颖形式深受业内外一致好评。动画每集时长3分钟左右，每一集一个核心知识点，高度凝练。五集动画视频分别以青铜器、陶瓷器、漆木器、丝织品、字画的文物修复原则和流程为中心来进行讲述，通过轻松的武侠风来讲述原本比较枯燥的文物修复知识，有效地向大众普及了博物馆及文物修复工作，使大众更加关注文物保护。

3. 跨界联动提升传播广度

数字时代历史文化的传播需要社会力量的广泛参与、各界的共同推动，仅靠博物馆自身无法充分发挥新媒体的技术优势和传播效力。因此可以选择和其他博物馆、媒体、高校、企业联合，积极开展合作实践，结成新型全媒体传播矩阵模式，形成矩阵式互动，以此拓展博物馆文化传播的广度。

"第一届文物戏精大会"就是博物馆跨界联动的一次重要探索。2018年国际博物馆日，湖南博物院联合中国国家博物馆、南京博物院等6家国内国家级著名博物馆联合抖音策划推出了"第一届文物戏精大会"，通过摄影技术及计算机合成技术，将7家博物馆著名文物进行动画处理，原本严肃、冰冷、沉闷的文物化身为"网红演员"，搭配各种网络语音和段子演绎自己，趣味十足。作品引起了央视网、《人民日报》《中国青年报》等国内主流媒体的主动报道。不到2分钟的视频，4天播放量即过亿次，成为博物馆届为数不多的新媒体现象级传播案例。

2021年6月对外发布的《跟着文物去旅行》系列动画项目由湖南博物院、湖南师范大学、新华社联合制作，是博物馆、高校和传媒机构三者充分利用各自优势跨界合作的成功典范。湖南博物院、湖南师范大学美术学院、新华通讯社三家机构利用各自的优势，资源互补，将博物馆丰富的文物资源与高校美术学院媒体技术的创新成果深度融合，将博物馆藏品背后的中国传统文化进行了创造性的转化和创新性的发展。新华社的参与有利于扩大对外宣传力度，在更多的海外终端推广落地，使中华文化在海内外传播得更广。三家机构此次跨界合作讲好中国故事，传播中国声音，共同为中华文化走向世界发挥了各自的作用。

4. 创新传播方式提升传播鲜度

在新的传播环境与舆论生态中，既要坚持"内容为王""用户为本"原则,也应紧跟时代发展重视"技术为用""方式为要"。借助数字技术创新传播方式和表达手段提升内容传播的鲜度,综合运用图片、音频、视频、动画、H5等多种形式,进行传播,将传统文化资源进行"活化",让传统文化以全新方式获得时空延伸。

湖南博物院一直致力于借助微视频方式创新博物馆的信息传播,自2018年以来先后推出了《汉代穿越指南》《文物重生秘籍》《跟着文物去旅行》等多个动画短视频,以年轻时尚的方式向观众介绍文物,讲述历史文化故事,让文物"活起来""火起来",实现了知识性、趣味性和艺术性三者的融合统一。该视频很好地唤起了公众特别是当代年轻人的强烈兴趣,获得了业内外一致好评。其中《文物重生秘籍》荣获"2020年度中华文物全媒体传播精品(新媒体)推介项目";《跟着文物去旅行》荣获"2022年度中华文物全媒体传播精品(新媒体)入围项目"。

随着智能化及物联网技术的发展,虚拟现实技术和增强现实技术应用趋于成熟,为博物馆智能化导览提供了新的契机,全景化、交互式的社交传播形式让用户在与虚拟世界物体交互中产生身临其境的感受。近年来,世界各大博物馆都开始尝试利用VR、AR技术诠释藏品,为观众带来有趣的互动体验,也为博物馆提供了个性化的服务模式。湖南博物院也在官方APP、微信小程序等新媒体平台进行了有益尝试。例如西汉马王堆汉墓出土的《导引图》帛画上描绘了44个人物做健身运动的姿态,是现存最早的彩绘气功导引操练图。但由于绘画的局限性,《导引图》所描绘的姿态动作难以动态呈现,且历经两千载岁月沧桑,帛画早已斑驳模糊。为让观众更深入了解帛画,湖南博物院借助AR技术,在官方APP中让两千年的帛画中的人物灵动起来,在屏幕中展示各种姿态动作,让观众可以身临其境地体会藏品所带给我们的独特的历史内涵。通过AR技术,在湖南博物院展厅无论何时都能听到著名主持人、湖南博物院理事——汪涵为您现场讲解。观众只要拿起手机扫描展厅相关文物,汪涵就会出现在镜头中的文物旁边,为您带来"长沙马王堆汉墓基本陈列"的精彩讲解,以此优化用户体验,强化观展期间的互动性和参与性[1]。

---

[1] 贺靖婷. 博物馆新媒体矩阵的建构与多维度传播——以湖南博物院为例[J]. 湖南博物院院刊,2022(0):646-654.

二、湖南博物院基于移动互联网的数字互动在特展中的应用

近年来，湖南博物院不断推出大型特展，并对特展数字互动进行诸多探索。

（一）"秘鲁古代文明展"的数字互动

湖南博物院在2020年9月26日至2021年1月5日展出"秘鲁古代文明展——探寻印加帝国的源流"特展。秘鲁古代文明是一个没有文字、钱币、铁器和车轮却拥有辉煌石构建筑、精美陶器和纺织品的人类文明。针对中国观众对秘鲁古代文明知之甚少的实际情况，运用互动框架开发了适合于此展的知识竞答数字互动系统。该系统包含108道知识题组成的题库，旨在让观众在互动过程中更好地了解秘鲁古代文明，引发对人类古代文明的思考。

实践表明"秘鲁古代文明展"多人知识竞答系统受到观众喜爱。微信"小程序数据助手"后台统计的2020年10月2日至10月8日参与答题的观众有1566人。因"小程序数据助手"仅支持昨天、近7天和近30天统计，故本研究截取了2020年10月9日小程序助手自动统计的近7天的原始数据。

从观众统计数据可知，参与知识竞答的女性观众占比63%，30岁以内的观众占比68%，来自北上广深一线城市观众占比22.7%。从观众使用手机机型统计可知，新款高性能手机在参与答题观众使用手机中占比高。因此可知参与博物馆特展文化体验类多人互动的观众群体中使用新款手机的30岁以内的年轻人较多，其中女性居多。

统计数据显示30岁以上参与观众占比三成。但根据现场实地考察情况来看，30岁以上参与答题的观众数量远远低于这一统计数据。实际情况为30岁以上互动观众里有七成是使用父母手机的儿童。因此修正后的参与互动观众年龄分布为：17岁以下观众占24%，18—24岁观众占41%，25—29岁观众占26%，30—39岁观众占6%，40—49岁观众占2%，50岁以上观众占1%。知识竞答互动观众年龄分布反映了参与博物馆特展数字互动的观众年龄结构，与博物馆主体观众的年龄阶段完全吻合，实现了特展数字互动探索的目标任务，即为大多数博物馆观众提供优质

数字互动服务。

知识竞答互动观众年龄分布显示：参与文化体验类多人互动项目的观众九成来自于30岁以下的青年、少年和儿童。这一统计结果反映出博物馆年轻观众有极强求知欲，他们主动参与竞答，拓展对异域文明的认知。这也证明了知识竞答数字互动一定程度上满足了博物馆主体观众获取文化知识的强烈意愿，实现了博物馆对年轻人这一特定群体的教育功能。

（二）"亚细亚古代文明展"的数字互动

鉴于"秘鲁古代文明展"知识竞答互动系统的良好成效，湖南博物院在2021年7月8日至10月24日展出的"我们亚洲——亚细亚古代文明展"部署了新一代基于移动互联网的知识竞答多人多屏互动系统。该数字互动利用时空穿梭机的概念让观众在亚洲各个时期的不同地区间穿梭，以重走丝路的情节，将展览中不同区域的展品串联起来。通过引入时空乱流的插曲，参与者需要根据从观展中学习的文物知识，回答自己所处的正确时间和地点。通过数字互动，观众轻松习得展览及其展品背后的亚洲历史、地理、文化知识，获得全新观展体验。此数字互动获得了极高的观众参与度。据7月8日至7月28日的后台数据显示，参与互动体验的观众达10969人，且平均每名观众参与互动次数2.3次，参与互动次数最多者达11次。

较上一代知识竞答互动系统，新一代知识竞答互动系统引入了基于手机传感器的体感互动技术，现场观众无须点击手机屏幕，用肢体动作即可答题。遇到时空乱流时，参与观众需齐心协力，若超过一半的观众选择错误，则此轮穿越就此结束。故参与者会互相观察彼此的选择，并善意告知身旁观众知识点，以提高答题正确率，从而加强观众间的互动。

知识竞答互动系统改变了原有的"灌输式"教育模式，成功地激起了观众的探索欲，丰富了观众多感官体验，使观众主动地通过数字互动体验进行学习。

在参与数字互动的过程中，观众之间形成了竞争又合作的关系。观众需又快又准地完成答题，在准确的基础上答得越快得分越高。大屏幕实时播放观众答题排行榜，观众间形成竞争关系。遇到共同过关题时，则需要协同互助,观众间形成合作关系。观众在互动中形成的活泼氛围感染和吸引更多观众参与,互动区域互动不止。

　　基于移动互联网的博物馆特展数字互动不仅满足了博物馆主体观众的求知需求,且成本低、部署易。这种数字互动具有强交互性。参与观众不再是简单观看和触屏交互,而是与对象产生交互、与其他观众进行交流。系统与观众实时互动,获知观众学习情况,并及时反馈观众,提供正确答案和拓展知识。观众之间则存在竞争、合作和吸引的相互关系。与此同时,观众与展览又形成了双向交流。一方面观众在互动体验中获取知识,并且通过分享互动结果至社交新媒体而产生更广泛互动。另一方面观众互动的数据可用来进行多维度分析,服务于展览。事实上,展览很难获知观众是否习得了展览所要传递的知识和观念。数字互动系统后台数据可支撑和分析这一需求,包括哪些展品、说明牌、展版和视频信息被大多数观众掌握,而哪些需要在展示中加强等。基于移动互联网的博物馆特展数字互动促进了多向交流,增强了趣味性,提升了社交性,强化了教育性,升华了观展体验[1]。

第七节　敦煌莫高窟在当地学校的教育推广

一、敦煌莫高窟在当地学校的教育推广现状

　　针对敦煌莫高窟在当地学校的教育推广研究,由于敦煌市是县级市,总人口仅约20万,且各类学校总数量为20个,故在调查对象的选择上包括小学、初中、高中、本科及以上在内的各教育阶段,以便比较全面地了解敦煌莫高窟文化遗产资源在各教育阶段教学中的应用情况。除了选择学生作为调查对象外,还随机选择农村学校五墩中学小学部青年教师、城市第二中学副校长、唯一的综合性高中敦煌中学教务处副主任进行访问。

---

[1] 段晓明,喻燕姣,陈锐. 多人多屏数字互动的博物馆特展创新探索——湖南博物院的实践[J]. 中国博物馆,2022(4):26-30.

（一）存在问题

通过对师生调查,分析归纳后可知,当前文化遗产教育推广工作面对的主要问题有:

1.感兴趣程度较低

在对学生感兴趣程度的调查中可以看出,有超过20%的学生对莫高窟的兴趣程度一般,甚至不感兴趣,尤其是高中阶段学生,结合与高中教师访谈内容可知,这一问题与高中阶段高考压力不无关系。敦煌中学作为省级示范性高级中学,对学生教育严格,课余时间有限,注意力、兴趣点不在莫高窟可以理解,如何平衡课本知识与课外知识的关系非常重要。

在面对高中学生的教育推广活动中不仅要给学生传递的知识尽可能与高考内容相关,还要注意营造轻松活泼的活动气氛,以达到纾解压力,寓教于乐的目的。

2.了解程度一般

总体而言,在当地,了解程度一般的学生人数占总人数的一半以上,其中小学生对莫高窟的了解程度相较于其他年龄阶段略高一些,其次是初中。这与近几年敦煌市教育局对中小学生加强文化遗产教育有密切关系,已经取得一些成效。本科和本科以上学习阶段的学生对莫高窟了解少部分原因是从小教育经历中相关知识普及欠缺,意识不足,还与常年在外求学的客观因素有关。因此,可以设计专门针对在外读书的当地学生的夏令营、冬令营活动,充分利用寒暑假时间了解家乡,使其成为敦煌文化的传播者,向全国乃至世界各地的同学推广敦煌文化,弘扬敦煌文化遗产精粹。

结合师生主观回答结果显示,不了解的原因多是宣传力度不够、开放程度不够、课业紧张、年纪小等。由此认识到,莫高窟对当地宣传力度远远不够,活动设计也要切合实际,有针对性。正如邓小平所言"教育要从娃娃抓起",面对低年级的小学生,要降低活动专业性,增加趣味性,随着年级增长,再深入教育。

3.可参与程度低

据笔者所知,敦煌研究院开办与敦煌石窟文化相关教育推广活动已有十年以上的历史,然而问卷调查分析结果显示目前参观前往莫高窟参观过的学生,参观次数在三次以内的比例不到总数一半。已参观莫高窟的学生中,以形式简单、几乎不涉及相关文化遗产知识的四月八浴佛节礼佛活动为主。从未参与过莫高窟相关学习、志愿服务的学生比例高达近60%。

由此可见,莫高窟对当地学生的教育推广工作并不"接地气"。

4.教师文化遗产知识及相关经验欠缺

在对三个主要教育阶段的教师采访可知,不论当地还是外地教师,不仅参与莫高窟相关活动的次数屈指可数,甚至连参观莫高窟的次数都以个位计。工作压力大导致想获取更多与文化遗产相关知识的动力不足,致使教师对文化遗产相关知识及教育经验欠缺。

(二)成因分析

1.莫高窟保护参观方式局限性

莫高窟生态环境脆弱,游客承载量十分有限,故敦煌研究院为更好的保护莫高窟于2015年开创预约参观新模式,并在2014年投资建成敦煌莫高窟游客服务中心(即现在的"莫高窟数字展示中心"),开启网络预购门票——自选参观时段——售票厅自助取票——观赏敦煌石窟艺术实景超高清球幕电影——莫高窟实地参观的旅游参观新模式。根据《莫高窟2017年旅游开放公告》规定,莫高窟参观模式为网络实名预约购票制度和实名验票准入制度,实行单日最大游客承载量限额6000张。同国内许多景区一样,莫高窟的参观也分淡旺季。在旅游旺季根据实时客流量情况启动超大客流应急预案。应急接待日每天限额发售12000张应急门票。

受新参观模式影响,自莫高窟数字展示中心到窟区路段仅通行敦煌研究院内部车辆,游客不能自由直达窟区参观实体洞窟,敦煌当地人参观方式与游客一样需要预约参观,这些因素在一定程度上限制了敦煌当地民众自由参观的意愿。相对于同为敦煌市著名旅游景点的鸣沙山月牙泉景区,针对酒泉地区居民开展的免票参观政策而言,当地人会优先选择鸣沙山月牙泉景区。

由于这些参观限制,在一定程度上制约了当地人参观莫高窟、了解莫高窟的热情。

2.传统应试教育局限性

从学生角度来说,中国作为一个拥有14亿人口的超级大国,社会竞争压力大是不可避免的,自古以来,人才选拔都是一项非常重要的社会问题。从隋唐时期创立的科举制一层层通过考试选拔人才到新中国成立后推行高考制度,我国都坚持选择用考试作为选拔人才的主要手段。因此,要想在社会竞争中有所突出,最主要的途径之一就是高考。虽然目前国人已经意识到应试教育的诸多弊端,但不可否认的是,从某些因素考虑,高考仍是众多寒门学子鱼跃龙门的唯一途径,这就造成家长不计成本地寻求各种方式助力孩子在高考中取得成就,导致不论学生还是家长在高中期间将几乎所有的注意力都投入到高考中,在这种高压环境下,学生将几乎所有的关注度都投放在考试成绩的提高上,而将文化遗产等相关知识排除在需要通过考试认定成绩的学科学习范围之内,使得学生在文化遗产的关注度、了解度不高,学习文化遗产相关知识的意识欠缺。虽然这个问题在短时期内还是无法完全解决,但是笔者认为无论是学生、家长还是教师都应该适当地转变一下思想观念,学习文化遗产知识,可以辅助学生更好地理解历史事件,积累语文写作素材,学习文化遗产并非不务正业,而是其他相关学科的重要辅助。

从教师方面来看,学生获取知识的主要来源于教师课堂教授和书本介绍,教师作为通往成功的领路人,背负着学生升学成才的巨大压力。在我国中小学课堂时间一般为40分钟,教师必须在规定课时内完成课本教学任务,达到教学目标,才能让学生在考试中取得令人满意的成绩,而如文化遗产等不与考试成绩直接挂钩的知识点,教师没有足够的时间精力进行传授,最多仅能作为相关学科的扩展知识进行少量延伸。此外,教师自身对文化遗产相关知识的欠缺在一定程度上限制了文化遗产教育推广工作的开展。

3.相关教育推广方式不足

文化传承是教育的基本功能,学校应是有目的、有计划、系统地对学生进行社会化和文化教育的主要场所。

通过调查走访得知,敦煌市教育局为响应国家《关于加强我国非物质文化遗产保护工作的意见》中"教育部门和各级各类学校要逐步将优秀的、体现民族精神与民间特色的非物质文化遗产内容编入有关教材,开展教学活动"的意见,虽然在各中小学设置了文化遗产相关课程,但缺乏系统性和专业性。可见,对于学校教育在传承非遗中所起的作用和应承担的责任在世界范围内已形成共识。

4.未建立行之有效的教育评价体系

虽然目前我国已经从国家层面确立文化遗产进校园策略,但相关要求一般从宏观角度给予指导,缺乏针对性、操作性比较强的实施细则,因此尚未建成系统而专业的教学体系。另外,没有完善的评价指标对教学成果进行验收。同样,敦煌市教育主管部门对学校文化遗产课程的管理仅仅停留在提倡和鼓励文化遗产课程进校园的文件上和硬件设备支持上,并没有对各校文化遗产课程的教学目标、教学进度及课程评价制度等有统一的要求和明确的规定,这也导致各校文化遗产课程开课情况参差不齐。

二、敦煌莫高窟在当地学校的教育推广原则

结合中共中央办公厅、国务院办公厅印发《关于深化教育体制机制改革的意见》和《国家中长期教育改革和发展规划纲要(2010—2020年)》等相关文件,应在文化遗产教育推广工作中坚持一下教育原则:

(一)以学生为本

在《国家中长期教育改革和发展规划纲要(2010—2020年)》明确指出要将育人为本作为教育工作的根本要求。因此,文化遗产教育推广工作要坚定学生是学习的主人。文化遗产保护意识是一种经自我思考后形成的心理动机。在形成过程中,学生起主导作用,教师起催化作用。因此,文化遗产教育推广工作必须坚持以学生为本,以学生全面健康发展为核心。为此,教师及教育工作者要时刻把握学生心理状态,了解学生心理需求,提高对学生的关注度,努力培养学生学习兴趣,在保证完成学习任务的基础上最大限度满足学生需求,并注意要充分尊重每个学生和重视学生的个性差异,充分调动学生的主观能动性。

(二)理论与实践相结合

与加拿大教育学专家马克斯·范梅南教育的意义必须到教育的实际生活中去寻找的观点一致,社会实践活动是学校与社会之间的重要桥梁,是培养学生履行理论联系实际这一原则的重要举措。文化遗产教育

推广工作应坚持课堂理论知识学习与社会实践活动相结合。

理论学习与实践活动在整个教育推广工作中有各自的规律与特点,二者相辅相成。理论学习主要通过课堂教育进行,实践活动教学则是通过各种活动使学生参与其中。学生通过观察、学习、实践,亲身参与到活动中来了解文化遗产知识,提升文化修养。课堂教学和社会实践紧密结合,是对教学形式的一种有益补充,课堂教学为实践活动提供理论知识,而实践活动丰富课堂教学内容。通过课堂教育和实践活动的有机对接,不仅可以激发学生的好奇心和求知欲,增加学生对文化遗产的感性认识,提高文化遗产保护意识,而且可以从活动中获得感性体验,体会文博工作者的酸甜苦辣,为专业人才培养和储备工作埋下希望的种子,实现文化遗产教育的不断延伸。

(三)专业性与趣味性相结合

开展文化遗产教育,尤其是融入课堂教育,不可避免地需要平衡"专业性"与"趣味性"之间的关系。教育推广工作首先必须是专业的。历代文博工作者秉承着严谨的科学研究态度解读历史,力图为国人还原真实的历史。这样的工作态度必须通过教师及教育工作者影响学生的学习态度。不可否认的是,在学生日复一日的课堂学习生活中,专业会在学生心中留下刻板无趣的印象,因此需要趣味性相调剂,激发学生的学习兴趣。在实际的教育推广工作中应坚持"寓教于乐"的工作方针,使得文化遗产的专业性与趣味性相得益彰。

文化遗产的首要功能是教育,趣味性是学生在受教育过程中正常的心理需求。因此,合理利用学生的兴趣点,增强吸引力来激发和保持他们的求知欲,充分调动他们积极性和主动性,启发并鼓励他们与历史对话,感受祖国博大精深的传统文化。因此,充分挖掘文化遗产中适合学生学习的教育资源,寓趣味性于专业的教育推广工作中,引导学生在快乐中学习。同时要注意,在文化遗产教学过程中,需要不断改善教学方式,调整教学手段,与时俱进,实时把握社会热点和学生心理动态。

(四)适度性与针对性相结合

我国文化遗产历经千年沉淀,内容丰富,形式多样,因此对其教育推广工作要把握适度原则。不同年龄、不同学段的学生其认知接受能力也不同,这就需要从教育全局出发,整体谋划、找准抓手、由浅及深、从易到难、循序渐进,有针对性地开展文化遗产教育推广工作。具体实施时,要注意结合学生的身心发展特点,在总目标的指导下逐步细化,合理渗透到每节课的教学目标中去。此外,不能忽视各教育阶段教育推广工作的有机衔接使之形成一个完整的有机体。

小学低年级学生以开发形象思维为主。学习兴趣比较笼统和模糊,极易被新颖的教学形式所吸引并从中获得满足,观察能力和动手能力较强,有强烈的求知欲,但注意力集中时间短。因此,结合小学低年级学生身心发展特点和前文中各学习阶段学生相关交叉分析结果可知,小学低年级文化遗产教育推广工作应以浅显易懂、生动有趣的内容为主,比如以敦煌壁画故事为引导,教会学生明辨是非、善恶、美丑的能力,并让其与文化遗产进行初步接触,逐渐萌生喜爱之情,培养低年级小学生热爱文化遗产的情感,激发他们对文化遗产的兴趣。

小学高年级学生有意注意明显发展,注意力增强,自主意识逐渐发展;思维活跃,思维的独立性和批判性有了一定的发展,认知接受能力增强。因此,针对他们的文化遗产教育推广活动要以提高他们对文化遗产的感受力为重点,增进高年级小学生对文化遗产的认知与理解。通过课堂教学、综合实践活动及校园氛围营造,引导学生在丰富多彩的课堂教学和艺术活动中感受文化遗产的博大精深,引导学生常怀感恩之心,学会尊重理解他人。学生只有在对文化遗产的内容有了充分的感受与认知以后,才会被中华民族悠久的历史、灿烂的文化所折服,进而产生对优秀传统文化的认同,并转化为对祖国未来建设的强烈责任,激发他们的爱国之志。

文化遗产教育是一项系统工程,中间不能出现断层,因此需要加强小学、初中、高中、大学及以上各学习阶段之间的配合与衔接。根据不同年龄学生的心理发展特点和理解接受能力,分别突出教育的重、难点。

初中阶段是学生生涯中一个非常重要的过渡阶段,教育内容和形式也体现出过渡化特征。这一阶段的教育推广工作以增强理解力为重点,适度增强教学内容的专业性,动手参与活动的积极性相对于小学生有所减少,注重文化遗产知识串联并构成完整体系。

高中阶段学生受高考压力影响,对文化遗产投入的时间精力相对缩减,因此,对文化遗产相关课程应从总体比例上缩小。这一阶段的教育推广工作以增强理性认识为重点,除了对全体学生教育内容更突出专业性,教会学生独立思考和科学分析相关问题的能力外,有针对性地面向音乐、体育、美术等艺术类特长生开展专业培训。以美术类特长生为例,敦煌研究院几乎每年都会面向全国八大美术学院招收数额不等的毕业生从事壁画临摹等工作,这些毕业生在一定程度上代表着全国美术界最新最高的教育成果,以他们为主力开展针对美术特长生的专业辅导,不仅可以节省一部分特长培训费用,还能获取最新的各美术院校招生培养讯息,以此相对增加师生对文化遗产课堂教育的受欢迎程度。

在大学及以上阶段以提高自主学习和探究能力为重点。

(五)线上与线下教育相结合原则

随着信息技术的发展,高新技术逐步融入教学,远程教学和网络课程逐渐兴起,线上教育进入公众视野并被接受。因此,在进行文化遗产教育推广时,要顺应社会发展潮流,注意线上与线下相结合,灵活使用网络技术。

截至2023年11月,敦煌研究院官方微博拥有粉丝20.2万人,莫高窟官方微博粉丝78.9万人,并于2017年年底与腾讯公司签署战略合作协议,以期进一步扩大敦煌文化在世界范围内的影响力,腾讯将从新技术与泛娱乐文化生态两个维度与敦煌研究院的"数字敦煌"研究成果与文化服务模式等两个领域相结合,在AR/VR、云计算、智慧旅游、游戏、动漫、音乐六大模块深度合作,赋能经典文化,推动数字丝路上的文化保护与交流。

三、敦煌莫高窟在当地学校的教育推广措施

根据对敦煌市师生的调查走访情况所分析出的莫高窟教育推广现状所存在的问题和可能导致其产生的原因,结合教育原则、教育资源,以国家教育部制定并发布《完善中华优秀传统文化教育指导纲要》为指导制定以下针对莫高窟相关文化遗产知识的教育推广策略。

(一)相关教育战略

与各单位加强合作保护好文化遗产,是政府的重要责任。公共政策是由政府或其他权威人士为适应环境的变化与发展,以解决公共问题、

管理公共事务、实现公共利益为宗旨而制定、实施的具有强制性、可操作性的公共行为规范、行为准则和行为策略的总和。"百年大计,教育为本",教育政策是公共政策中非常重要的组成部分,必须由政府及相关机构根据国际国内形势调整教育方向和内容,解决教育领域社会问题和社会关系。文化遗产教育推广政策是教育政策之一,要确立以提高公众文化遗产保护意识为目的。将教育和推广两项进行细分,教育指由敦煌市教育局牵头,将文化遗产纳入教育体系中,针对不同学习阶段学生设置课程等相关举措;推广指以敦煌研究院为主力举办的面向市敦煌市民展开的所有文化遗产知识宣传活动。

(二)横向合作

教育推广工作不能只依靠各学校和敦煌研究院两方,而是以学校为主阵地,敦煌研究院为主力军,与其他相关部门通力合作。

首先是宣传部门加强合作,主要包括三个方面,一是政府有意识地利用各种传播媒介影响公众的文化遗产保护观念,唤起和增强其文化遗产保护意识,引导他们按照决策者期望的方向,积极参加文化遗产保护行动知识教育政策;二是政府或社会各部门通过非系统、非正规的手段来传播文化遗产知识,通过引导公众的文化遗产保护观念,进而影响其保护行为信息公开制度;三是将公众的"积极的"或"不良的"遗产行为公之于众,激励或促使其为了自身的形象而继续开展积极的遗产保护行为,纠正不良遗产破坏行为。敦煌市委宣传部、敦煌市教育局、敦煌市文化体育和广播影视局、敦煌研究院四方应通力合作,校方与敦煌研究院在确定每次的宣传活动后应主动与敦煌市广播电视台取得联系,实时报道相关情况,并不定期选择优秀报道报送至全省甚至全国,加强相关文化遗产教育推广工作的宣传力度。

其次是与安全、交通单位建立紧密联系。敦煌市公安局、消防队、火车站、机场等部门员工可定期组织职工参观莫高窟,各安全、交通部门要注意莫高窟文物安全保护、宣传工作,在醒目位置张贴文化遗产保护宣传栏,提醒市民、游客文明参观,保护文物。

第三是与共青团、妇联、文联等单位加强联系。如在选拔市优秀共青团员后,以奖励形式在五四青年节期间组织优秀团员参观莫高窟,并参与相关主题活动;在庆祝三八妇女节期间,妇联组织女性非物质文化遗产传承人和学习者的非物质文化遗产技能大赛,展示巾帼风采。文联在三月三诗会、春节茶话会等特色项目上,开展在敦煌壁画中寻根溯源活动。

(三)评价督导机制

反思当前文化遗产教育推广工作存在的主要问题,深究其原因,是敦煌市教育局存在教育推广工作评价督导机制不完善的问题。全国行政管理学会理事斯亚平表示教育督导组织是相对独立的专业性、间接性的行政机构,主要靠其专家系统发挥指导作用,其间接的行政权力发挥监督作用。因此,教育督导是提升教育推广质量不可缺少的重要环节,不仅可以提高师生对文化遗产学习的重视,还能客观反映教学效果。

由于目前敦煌市缺乏同时具备文化遗产专业知识和丰富教学经验的教育工作者,要制定完善的教育评价督导机制,首先就是要精选具备理论知识的专家学者和教学实践经验的教师共同制定量化指标,并由他们推选组建面向文化遗产教育教学工作的督导团队,负责监督指导敦煌市各学校文化遗产教学工作,并定期开展检查、评估工作,并对检查结果进行如实反馈,审核认定后进行公示。各相关部门和学校要在检查后做好查缺补漏工作,保证教学质量,促使教学工作趋向科学化与规范化。

文化遗产教育工作的评估是分层次的,有教育行政部门对学校的监查评估,学校领导对教师的检查评估。在这两个层次上,应着重评估是否指定专人负责促进学校与博物馆等文化遗产教育机构的联系;要评估文化遗产活动课程的实施是否纳入学校教育教学总体计划,在制定教学计划、组织集体备课、开展教研活动、监查教学质量等工作中,是否都把文化遗产活动课程纳入其中;要评估文化遗产活动课程时间落实、内容落实、辅导教师落实的情况;总之,以评促改,以评促建,实现各阶段文化遗产学校教育之间的充分对接。文化遗产推广工作评估应该包括对具体活动过程和结果的评估,这方面的评估应该坚持以促进个性发展为重点的原则、体验分享原则、以学生自我评价为主的原则、非等级评价原则、差异性原则等。评价可以分项目进行,例如,对一项具体活动可从指导计划、指导过程、集体进步、个体发展四个方面进行评价,其中每一项还可以分为若干细目。

我们应该建立多元评价督导体系,将文化遗产教学绩效纳入教师业绩考核以及相关教育主管部门、文化管理部门业绩考评中,如此才能为校园文化遗产传承工作提供制度性保障。在新教师入职培训和考核中,应当加大文化遗产教学技能的比重,让全体教师真切体会到文化遗产保护和传承的重要性,才能让教师们真正地将文化遗产教育推广工作落到实处。

(四)课程与教材建设

现有学校课程,尤其是语文、历史、地理等学科中包含有大量与文化遗产有关的内容,这些内容是我们开展文化遗产教育推广的最佳学科结合点。依托现有课程,采用有机渗透的方式开展教育,应该是当前学校开展文化遗产学校教育的主要方式。除此之外,"文化遗产活动课程"则是以学生这一特定群体为教育对象,进行文化遗产社会教育重要途径。"文化遗产活动课程"中的"活动",是以积累感性经验、运用和验证学科知识为主要目的,以教育性交往为中介,置学生于主体地位并由学生自主参与的课外活动。"文化遗产活动课程",又称"课外互动""第二渠道"或"第二课堂",是指学科课程之外的,以文化遗产素质教育为目的,充分调动学生主观能动性,把体验学习作为基本方式,以培养学生认识文化遗产、爱好文化遗产和保护文化遗产为主要目标,由教师组织和指导的学生自觉自愿在文化遗产地举行的校外教育活动,让学生亲身感受文化遗产地氛围,用环境影响学生,使其在潜移默化中提高学习文化遗产的兴趣,从而有效促进学生文化遗产学习效率。

1.明确教学目标、教学内容、教学方法、课时安排

课程是学校教育的重要载体,在学校教育教学中发挥着重要的作用。从课程开发的主体来看,可以将课程分为国家课程、地方课程与校本课程。国家课程亦称"国家统一课程",它是自上而下由中央政府负责编制、实施和评价的课程。地方课程介于国家课程与校本课程之间,指由国家授权,地方根据自身发展需要开发的课程。校本课程是由学校全体教师、部分教师或个别教师编制、实施和评价的课程。由于目前还处于文化遗产教育推广工作摸索阶段,且敦煌市总体学生人数少,学校数量也不多,因此选择地方课程即可。而在敦煌市各学校开展文化遗产教育推广工作,进行课堂教学,就必须有系统、全面、专业的教材来给予理论支持。因此,开发课程,构建对方课程的整体体系,是第一步,也是关键的一步。为构建校本课程的整体体系,我们先进行校本课程开发的合理性论证,主要是从校本课程开发的必要性和可能性两个方面进行论证,具体就是学生的课程需求和社区发展需求,以及我们可以得到课程资源。

经过分析研究,设置教学目标为:一是通过课程学习,帮助学生了解敦煌市文化遗产的历史渊源、发展现状及历史价值和现今价值;二是通过课程学习,培养学生探究文化遗产的学习能力、实践能力和合作的意识;三是通过课程学习,让学生感受文化遗产的魅力和深厚内涵,获取中华民族永恒的精神财富,认识优秀传统文化的主要构成,从而提高学生传承与推广文化遗产的责任感,激发学生热爱家乡,热爱祖国。

通过对课程资源进行有效整合,将教学内容分为四大板块:我的家乡是敦煌——介绍敦煌市包括历史、地理在内的概况;我家有国宝——介绍敦煌市内包括莫高窟、鸣沙山月牙泉、汉长城遗址、曲子戏等文化遗产概况;我的莫高情缘——介绍莫高窟内物质文化遗产;我是遗产传承人——介绍包括壁画、彩绘、舞蹈等与莫高窟相关的非物质文化遗产。

通过对学生、老师的调查分析,采用讲授法为学生讲解文化遗产相关背景理论知识,用演示法为学生展示非物质文化遗产艺术,用实习操作法让学生亲身感受敦煌壁画、敦煌彩塑等制作工艺,用探究法让学生发现文化遗产的创新。

2.根据受教育程度编写教材

教材是课程的物化,是知识的载体,是教师与学生教与学的用具。新课改后,我国开始实行国家基本要求指导下的教材多样化政策,教材的"一标多本"就意味着不同的教材虽然体现着相向的课程标准,却因为有着不同的编制设计理念而从内容的选择到呈现的方式都有一定程度的差异。根据开展文化遗产素质教育需要,各中小学有权按照本校及教师、学生、社会各方面的需求对教材的学科内容、社会内容、教学设计、可读性和制作质量等进行评价,以确定这些教材满足需求的程度,从而做出选择。

我们在研究编写地方教育读本时,要充分挖掘当地文化遗产并进行筛选、归纳、整理工作。结合各学习阶段学生阅读习惯和兴趣点。采用简洁文字和精美插图相结合的方式排版,这样能不断提高学生的阅读兴趣,和获取文化遗产知识的效率。

(五)师资培养

1. 建设教师队伍

学校具有了人事权,就可以通过是否聘任、参加培训以及调整工资待遇等方式来建设一支质量保证、团结合作并且在年龄、性别、学历等方面结构合理的教师队伍。这是实施文化遗产素质教育的关键。加大教师队伍建设力度,坚持按编设岗、定岗定员的原则,特别是为自愿服务和支教偏远山区的教师提供相应的优惠政策,致力于解决地处偏远的学校的师资力量薄弱问题。可以视情况设立文化遗产校园传承教师单列编制,鼓励从事文化遗产教学的优秀专业教育人才向学校流动,特别是向相对薄弱学校、偏远学校流动;或者在中小学教师招聘标准中加入对具备某项非物质文化遗产从业资格证书的要求。

2. 加强教师培训

为了更好地促进文化遗产教育推广工作的实施,有必要加强师资力量的培训与培养。利用每年的寒暑假,结合敦煌文化遗产内容,聘请敦煌研究院专业学者、相关非物质文化遗产传承人,有计划地安排相关教师参加培训。

教师培训要注意从培训内容和培训方式两个方面。在培训内容的选择上,要以典型教学案例和实践活动为主导,理论与实践相结合,开展主题鲜明、行之有效的教学培训工作。培训方式的选择上要充分考虑教师的接受程度和兴趣点,切忌按部就班,要采取生动形象、富有吸引力的培训方式。在条件允许的情况下先邀请教师参观实体洞窟,初步了解文化遗产,并增加参与式、互动式研讨与体验,增强培训吸引力、感染力,激发教师对文化遗产的喜爱,让参训教师在互动体验中感受文化遗产的博大精深。参观结束后,组织受训教师进行头脑风暴,增强其良性互动,提高教育教学工作的创造性,为培训工作增添活力。在完善文化遗产教师培训方式的同时,不能忽略加强对培训内容的评价与督导,随时把握培训进度与效果。

3.聘请传承人

专家、艺术家和非遗项目传承人是文化传承和非遗保护的主力军。因此,建立专家、艺术家和非遗项目传承人进校园志愿服务资源信息库是亟待解决的问题。但值得注意的是,应该提高准入机制,将真正具有相应的艺术教育、实践能力的相关人士纳入校园传承专家库,特别是那些兼具传承民族优秀文化情怀,德艺双馨的专家、艺术家和非遗项目传承人。

当下开展的非遗校园传承活动是为了让非遗被更多的人更好地了解与掌握,应当提倡采用开放性、群体性的传承方式。在传承人进校园宣传推广之后,优化市场结构,积极地为非物质文化遗产校园传承的校外拓展搭建平台。比如:非物质文化遗产传承人以开办兴趣班的形式招收学员,在传授学员非物质文化遗产技能的同时,也组织学员参加各类非遗活动;在敦煌研究院敦煌石窟文物保护研究陈列中心推出的"博物馆之旅,体验的快乐"系列教育推广活动中增设亲子活动,让家长带着孩子在体验中心一起学习非遗项目的制作创作,既培养亲子感情,又让年轻父母和孩子都得到非遗文化的熏陶教育。

过去,非物质文化的传承以言传身教为主,多为子承父业或拜师学艺。学员构成简单、数量稀少,随着国家大力支持非文化遗产传承工作,广电传媒部门不断制作高精尖综艺节目和纪录片进行宣传,工商管理部门大力扶持非物质文化遗产生产性保护工作,教育部门也应与非物质文化遗产传承人建立紧密联系。在文化遗产教育推广工作中,非物质文化传承人可以作为专业教师对学生进行培训。首先,传统手工艺为主的非物质文化遗产传承人在日常从事传承工作中就扮演了教师这个角色,他们将文化遗产"原汁原味的理解"带进课堂,生动形象地为学生讲解和展示非物质文化遗产,用高超而娴熟的技艺征服学生,给孩子们全新的视觉刺激和听觉享受,增加他们对文化遗产的感知,并逐渐萌生喜爱之情;其次,让以非物质文化遗产传承人为代表的民间艺人走进校园、走进课堂,可以有效缓解当前文化遗产教育推广工作中出现的师资短缺状况;最后,许多传统技艺面临后继无人的状况,让这些技艺传承人教授学生学习,可以提高其社会关注度和社会地位,培养学生兴趣,储备人才。

(六)教育信息化

根据前文关于中国互联网用户调查可知,我国已具备开展规模性线上网络教育的硬件条件。敦煌市教育局响应中共中央办公厅、国务院办公厅印发《关于深化教育体制机制改革的意见》,在全市范围的学校建成云桌面网络教室、高清数字录播教室等有利于教育信息化建设的硬件设备。敦煌研究院已建立数字敦煌网站,内含30个数字化洞窟和大量高清壁画图片,敦煌研究院官方网站内也公开大量历年院内优秀研究成果,数字化资源丰富。敦煌市非物质文化遗产保护中心内保存有敦煌市内包括国家级、甘肃省级、酒泉市级、敦煌市级在内的所有非物质文化遗产及其传承人资料。因此,敦煌市教育局、敦煌研究院和敦煌市非物质文化遗产保护中心应加强合作,可以合理利用这些条件促进文化遗产教育推广工作健康快速发展。

1.开设网络课堂

三方合作设计网络课堂,研发专业网络课程软件,结合各学习阶段学生的学习需求设定不同课程上传至平台供学生学习。并不定期选派专家学者录制音频、视频软件进行相关课程的重难点讲解,校方按照课程安排规定学生一学期内需要签到打卡的课时,让学生充分利用在家上网的课余时间学习文化遗产知识。在期末进行学习成果测验,并将成绩纳入学生的期末成绩总评。

2.打造敦煌文化遗产特色网络平台

三方合作建立专门的敦煌市文化遗产网站,在网站内设置敦煌概况、物质文化遗产、非物质文化遗产、交流互动、文化创意产品五大板块。用大量图文信息、音频视频尽可能全方位展示敦煌市内所有文化遗产。在交流互动板块,搭建访问者与文化遗产领域专家之间以及访问者之间的直接交流平台。不仅可以让包括敦煌市在内的访问者有一个直接接触专家学习的机会,还可以让敦煌学生与国内乃至世界对文化遗产感兴趣的访问者建立联系,锻炼敦煌学生向外地访问者介绍家乡的沟通能力和语言表达能力。文化创意板块可以与敦煌市智慧旅游有限公司等相关文化创意产业公司合作,展示、销售敦煌市文化遗产为主的文化创意产品,一方面可以引起学生兴趣,为相关公司提供设计创意;另一方面促进敦煌市非物质文化遗产的生产性保护工作,为其传承人增加一条风险性较小的收入渠道。

3.设计制作辅助娱乐内容

2017年网络娱乐类应用用户规模均保持了高速增长,强烈的市场需求、政策的鼓励引导、企业的资源支持共同推动网络文化娱乐产业进入全面繁荣期。腾讯公司与敦煌研究院的合作可以为敦煌文化遗产的网络娱乐化提供一个良好的开端。如2017年腾讯自研手游之一,《王者荣耀》团队将把敦煌文化与产品深度融合,推出定制英雄皮肤,通过故事站、纪录片等内容传递敦煌文化价值。《王者历史课》等栏目将开设敦煌文化特辑,向亿万用户讲述敦煌故事。团队还将通过王者校园赛将敦煌文化带到高校学生身边,并征集用户前往莫高窟体验。通过一系列"组合拳",《王者荣耀》将使敦煌文化在传播的广度和深度方面同时得到突破。国产武侠单机《紫塞秋风》故事灵感来源于敦煌壁画《张议潮出行图》,预计2018年推出。这些富有敦煌文化特色的游戏可以作为非常好的宣传媒介,吸引包括敦煌当地学生在内的大批青少年对敦煌文化产生兴趣。

2004年9月28日,《千手观音》作为主打节目在雅典残奥会闭幕式的8分钟演出,惊艳全球;2005年中央电视台春节联欢晚会由残疾人艺术团表演的大型原创音画舞剧《千手观音》给全国观众带来一场视听盛宴,受到一致好评。2008年中央电视台春节联欢晚会上,广州军区歌舞团再次将颇具敦煌风格的舞蹈《飞天》呈献给全国观众;2008年北京奥运会开幕式《丝路》环节,青年舞蹈演员殷硕为世界观众舞一曲敦煌舞,再次将世界的目光聚集于敦煌。现任北京舞蹈学院古典舞系教师、国家一级演员的史敏老师也多次带领北京舞蹈学院学生来敦煌采风。2017年2月在无锡大剧院首演的原创舞剧《九色鹿》以莫高窟第257窟《鹿王本生图》为原型,由青年舞蹈家张娅姝出品制作并担任主演,会集国内优秀的极具影响力的青年主创团队共同协力打造,受到了艺术界以及社会各界的关注与支持,入选2016年中国文联青年艺术创作扶持项目,并受著名舞蹈家金星推荐,在艺术最高殿堂北京国家大剧院进行演出。

从《国家宝藏》第十集开篇的《水龙吟》受欢迎程度就可知道国乐在

当代观众中还是有吸引力的。敦煌研究院有学者根据文献记载与壁画结合复制出一批精美的古代乐器,在敦煌研究院承办的多次展览中有精美陈列,并录制音频供观众欣赏。

目前国内有大批研究敦煌乐舞的专家学者,录制他们的经典曲目上传至敦煌研究院官方微博、微信等宣传推广平台。

根据第41次《中国互联网络发展状况统计报告》显示在网络应用中网络直播用户规模年增长率最高,达到22.6%。敦煌市内举办各种文化遗产教育推广工作时,可选取优秀活动和优秀课程在一直播、哔哩哔哩等国内较大的网络直播平台进行实况转播。

这一系列举措旨在提高敦煌市对当地学生的文化遗产教育推广工作效率,为学生提供良好的学习交流平台,提高学生对家乡文化的认同感和自豪感,热爱家乡文化,热爱家乡。

(七)"迎来送往"模式

1."迎来"——将学生带入莫高窟景区参观学习

莫高窟作为世界文化遗产,爱国主义教育基地,是学生学习文化遗产知识,培养爱国主义情怀的绝佳场所之一。因此,敦煌研究院应避开旅游高峰期,选择在旅游淡季,在确保莫高窟文物安全的前提下,在洞窟游客承载量范围内邀请敦煌市各学校学生参观莫高窟实体洞窟。在参观之前,进行文物保护、观展礼仪等必要培训,让学生培养文物保护意识和文明观展意识。在参观过程中,有针对性地选择代表性洞窟进行参观,并提出问题,让学生在参观过程中认真思考,加深对莫高窟的认识理解。观展结束后,分发由敦煌研究院自主研发设计的文化创意产品,升华观展体验。

2."送往"——邀请专业学者、非遗传承人进入学校开展教学。

根据前期调查,讲座是学生最容易接受的教育方式。敦煌研究院作为保护、研究、弘扬莫高窟的主阵地,吸纳大批专业人才。学校可定期邀请不同研究领域、不同年龄阶段的专家学者前往敦煌市各城乡学校讲解与莫高窟有关的文化遗产知识。敦煌研究院专家学者来自祖国各地,以敦煌研究院为平台,前往世界各国遗产地交流研讨,学识丰富、眼界开阔,他们的研究水平在一定程度上代表着全国乃至全世界相关领域的最

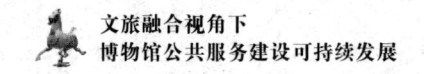

高水平。让他们结合自身工作经验,为当地学生,尤其是教育相对薄弱的农村学校开展教育工作,可以扩展农村学生的眼界,增长见识,提高学习兴趣,对学生的成长大有裨益。辅以多媒体演示、现场展示等手段,让学生全方位、立体化感受文化遗产魅力,学习文化遗产知识①。

第八节 甘肃省博物馆研学旅行项目

2016年,教育部等11部门印发了《关于推进中小学生研学旅行的意见》,研学综合实践教育的需求呈井喷式增长,博物馆作为地区物质文明和精神文明的主要聚集地,成为各类研学旅行的重要目的地之一。在政策引导、大众需求、市场驱动等多重作用下,博物馆研学旅行开始蓬勃发展,但由于缺乏统一规划,目前尚未形成研学旅行项目标准体系,相关研究也鲜有学者涉猎。总的来看,当前各地正在开展的研学旅行项目多是旅游产品披上"研学"外衣,实际研学效果不尽如人意,研学旅行项目总体上存在同质化严重、个性化缺失、体验性和探索性不足等问题。以下尝试通过对甘肃省博物馆发展较为成熟的相关产品进行研究,使其研学旅行项目更能满足全面提升学生综合素质的需求。

甘肃省博物馆作为兰州及周边地区重要博物馆的代表,长期以来不断摸索青少年研学旅行体系建设,积极开展各类研学旅行活动,近年来累计接待学生数万人。

一、甘肃省博物馆研学旅行项目设计开发策略

甘肃省博物馆根据自身藏品特色与以往开展社会教育的工作经验,先后打造了"百名儿童探索中华文明""丝路学史大课堂""金城尕娃梦想季"等特色研学项目,以贯彻创新性、互动性、趣味性为原则,创作出了通俗易懂、青少年感兴趣的研学内容,使青少年在博物馆能深刻掌握文物知识、了解文物所承载的历史故事。

①李梦玉. 莫高窟文化遗产在敦煌当地学校教育推广的调查研究[D]. 南宁:广西师范大学,2018.

(一)主题选择注重培养核心素养

研学旅行是课堂教育的一种延伸,是学科教育的补充手段,是综合实践育人的有效途径。博物馆研学旅行更强调跨学科学习,通过引导学生参与实践,从而激发出学生强烈的学习兴趣,学习方式有很强的自主性、开放性。因此,在选择研学主题时不仅要体现出研学资源与教学资源的匹配性,还要注重研学旅行项目所要达到的培养目标。

(二)以真实问题情境为基础选择课程内容

在选择研学课程内容时,不仅要将博物馆的藏品资源与学习情境相结合,还要与基础教育学科内容相结合。首先,邀请学校教师与博物馆研究人员进行统筹规划,共同设计适应不同学段的研学旅行项目;其次,内容选择上以培养学生思维为主,进而提升学生解决问题的能力。最后,要强调内容与体验相统一。

(三)深入挖掘资源文化开展项目设计

研学旅行项目资源与传统教育资源相比,更突出知识性与实践性的结合,与学生的学习需求一致。基于博物馆丰富多样的藏品,深挖具有丰厚文化底蕴的学习资源,实现研学资源的充分利用与研学旅行项目的迭代开发。如甘肃省博物馆以丝绸之路的发展史为脉络推出"丝路学史大课堂"研学项目,结合文物领略丝路文化,该项目入选"2021全国文化遗产旅游百强案例"。另外,博物馆也可以结合本地非物质文化遗产开发特色课程,使学生通过亲自参与非物质文化遗产项目,了解厚重的中华优秀传统文化。总之,博物馆研学旅行项目的开发要注重挖掘自身资源潜力,体现资源价值的多样性。

(四)遵循系统性、安全性项目实施原则

博物馆开发研学旅行项目需要与学校进行系统分工,同时还要发挥旅行社的专业作用,共同构建研学旅行的共同体。研学旅行项目安全实施是重中之重,要提前对实施环节存在的风险进行研判,落实安全责任主体,强化安全预警机制,完善各类应急预案,建立科学的安全管理制度,切实保证研学旅行项目实施过程中文物安全、学生安全。

（五）开展全过程项目评价

开展项目评价是博物馆研学旅行的重要一环，不仅可以规范项目开发设计标准，还可以不断提高项目质量。全过程开展研学旅行项目评价包括研学前开展旅行项目与学生匹配度评价、研学资源适应性评价以及对学生前期准备情况的评价；研学中则聚焦在实施情况以及学习效果的评价；研学后则集中在对学生知识吸收能力、学习转化能力、思维方式培养等多方面的评价。此外，还需教师、博物馆专家、相关合作机构对研学课程进行评价，构建科学的评价体系。

二、甘肃省博物馆研学旅行项目设计开发流程

美国著名教育学家、课程理论家泰勒提出了课程开发的四个基本问题：第一，学校应该试图达到哪些教育目标？第二，如何选择可能有助于达到这些目标的学习经验？第三，怎样有效组织这些教学经验？第四，如何评价学习经验的有效性？对这四个问题的回答即是课程开发的流程：确定课程目标→选择学习经验→组织学习经验→评价学习经验。

（一）研学旅行前期准备

1.目标选择

首先，应根据相关文件政策选择研学旅行项目目标，同时对照学生素质培养的相关指标，根据不同学段教育特点确定研学项目总目标；其次，博物馆藏品资源是文化、历史、自然、艺术、科技的富集地，应根据不同类别的学习资源，设立相应的研学项目具体目标。

2.研学旅行项目分析与设计

一是对研学资源的特性进行多角度分析，尝试为参与者提供不同层次的理解角度；二是明确研学项目时间表、执行方式等，完善研学项目的线路设计，除考虑博物馆与研学主题的关联性，还要尽可能满足与相邻的研学基地的串联；三是提前规划车辆、餐饮以及旅游线路，确保研学旅行项目安全实施。

3.制作研学旅行项目手册

手册一般由主体信息以及附加信息两部分构成。主体信息包含研学项目主题、目标以及内容。具体来讲，规范的研学主题既可以展现研学资源的属性，又可体现研学活动核心素质培养的要求。课程目标可参

照活动的总体流程，设置研学活动总目标以及各项活动的分目标，突出沉浸式、体验式教学。课程内容的编写应明确总体行程、学习过程记录及评价、学习资料的使用等信息。附加信息主要有研学目的地的地图以及研学线路图、研学导师的信息、注意事项以及安全知识信息等。

4. 安全防范措施和应急预案

开展研学旅行项目活动，安全问题始终是重中之重。首先，要对研学项目相关学习资源、交通、天气等安全性进行全面评估；其次，要在项目手册中详尽地列出注意事项、相关应对措施，前置安全教育活动培训，相关主体的安全责任必须明确，同时要制定应急预案。

(二) 研学旅行中期阶段

1. 师资安排

研学旅行师资由三方面构成：一是各主题研学课程导师，包括博物馆的专业教师和民间专家等，从学科属性划分为历史、地理、科学等专家；二是学校相关学科教师，在项目实施过程中负责组织、管理学生，保障学生的安全；三是第三方机构工作人员，负责协调项目计划、流程、关键节点，处理突发事件。

2. 教学安排

在教学过程中，既要时刻关心学生的需求，又要引导学生亲身感受，使其获得更独特的学习体验。在教学方法上，要提前设计专业教学内容，与博物馆研学资源高度融合，引导学生自由、自主地学习知识、建构知识，实现知识与情感价值观的交流与互动。研学结束后，要对学生研学过程中的表现进行评价，这类针对学习效果的评价可最大限度改进研学课程设计。

3. 学习安排

研学旅行相较于传统教育最大的优势在于，实景教学向学生提供了接触社会、亲身体验的机会。因此，博物馆研学旅行项目更具有开放性、包容性、启发性、思考性等特征。博物馆应在丰富教育内容、改进教学方式上下功夫，以此满足不同学段学生的需求。

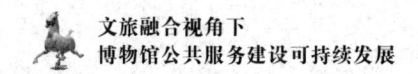

（三）研学旅行后期阶段

1. 总结分析研学成果

研学过程中不仅会形成文本资料、影像资料以及相关学习成果，同时也包含知识、能力、态度等更有价值的内化成果。在研学旅行后期阶段，要引导学生根据学科、学段特点完成相关研究报告的撰写以及成果加工等任务。

2. 分享展示研学成果

对研学成果的分享展示是整体效果评定的重要参考依据，不仅可以加深学生对所学知识的理解，而且还能提升学生的学习兴趣，同时可以让学生建立更加客观、自信的自我认知，具有多重教育意义。一般包括座谈研讨交流、论文或研学心得、多媒体展示等形式。

3. 客观具体评价研学成果

教师可采用的评价方法主要有量化评价和质化评价。量化评价是将研学成果转化为可以量化的数据，通过对比分析进行判定；质化评价以等级来区分评价结果，用于揭示和描述研学项目全过程。研学评价内容不仅要体现研学成果，还要包含对学生行为、表现等全过程的评价[①]。

---

① 张东,班睿. 甘肃省博物馆研学旅行项目设计开发研究[J]. 西部旅游,2022(17)：79-81.

参考文献

[1]白文军.城市博物馆与旅游活动的融合定位[J].旅游纵览(下半月),2018(7):37.

[2]贝文玥.公共需求导向下博物馆公共服务能力提升路径研究——以上海博物馆为例[D].上海:中共上海市委党校,2021.

[3]曹兰玉,鲍思怡,史海洋,等.老龄化背景下博物馆通用性无障碍设施设计策略[J].河南科技,2020(7):136-138.

[4]陈美.试论博物馆馆校合作的新路径[J].文物鉴定与鉴赏,2023(10):60-63.

[5]陈招.博物馆的教育和娱乐功能刍议[J].才智,2012(4):235.

[6]段晓明,喻燕姣,陈锐.多人多屏数字互动的博物馆特展创新探索——湖南博物院的实践[J].中国博物馆,2022(4):26-30.

[7]郭甜.智慧导览系统在博物馆的应用研究[J].文物鉴定与鉴赏,2022(5):75-77.

[8]贺靖婷.博物馆新媒体矩阵的建构与多维度传播——以湖南博物院为例[J].湖南博物院院刊,2022(0):646-654.

[9]季晓庆.融媒体环境下博物馆宣传的创新探索[J].今古文创,2020(16):55-56.

[10]江凌.文旅新业态的生成机制、发展逻辑与高质量发展路径[J].贵州师范大学学报(社会科学版),2023(3):144-160.

[11]黎巍巍.文旅融合背景下的博物馆网上预约服务分析——以重庆自然博物馆为例[J].旅游纵览(下半月),2019(7):37-38.

[12]李积英.博物馆服务意识的定位与思考[J].群文天地,2018(3):86-88.

[13]李梦玉.莫高窟文化遗产在敦煌当地学校教育推广的调查研究[D].南宁:广西师范大学,2018.

[14]李一泽,李栋宁.基于扩展现实技术的博物馆导览应用研究[J].设计,2023(19):49-52.

[15]李志宏.文旅融合发展中博物馆的作用[J].丝绸之路,2021(2):147-150.

[16]刘心悦.文旅融合背景下南京城墙的保护与利用[J].文物鉴定与鉴赏,2020(5):162-163.

[17]刘秀娟.洛阳地区博物馆公共服务现状调查[D].郑州:郑州大学,2017.

[18]罗楠.文化强国背景下博物馆活动策划路径分析[J].大东方,2019(7).

[19]任志艳,张丽青,陈温清,等.文旅融合背景下陕西历史博物馆文化资源旅游活化路径研究[J].西安文理学院学报(社会科学版),2020(2):95-100.

[20]宋存洋.博物馆价值最大化的实现路径研究[D].北京:中国社会科学院研究生院;中国社会科学院,2012.

[21]孙方方.探析博物馆宣传推广的有效策略[J].参花(上),2023(6):50-52.

[22]孙汝文.文旅融合背景下我国博物馆旅游的发展路径研究[D].长春:吉林大学,2023.

[23]塔依尔江·力提甫.文旅融合背景下的博物馆公共服务创新研究[J].文化产业,2022(19):100-102.

[24]王连生.博物馆现代消防安全管理与设施维护研究[J].湖北应急管理,2023(3):54-55.

[25]王秀伟,延书宁.价值共创视角下的博物馆文旅融合:内涵、架构与趋势[J].文化艺术研究,2021(3):16-24,112.

[26]王秀伟.博物馆文旅融合的内涵要义、内在张力与优化路径[J].西南民族大学学报(人文社会科学版),2023(8):137-144.

[27]吴鹏,蒋丽.浅论博物馆的社会效益与经济效益[J].文物鉴定与

鉴赏,2020(11):132-133.

[28]谢春波.文旅融合背景下云南博物馆旅游的发展路径[J].新西部,2022(7):29-33.

[29]许俊杰,梅洪元.当代博物馆交通空间功能复合化研究[J].城市建筑,2014(31):113-115.

[30]杨宝辉.博物馆展览中的文物展柜设计[J].文化产业,2023(28):38-40.

[31]张东,班睿.甘肃省博物馆研学旅行项目设计开发研究[J].西部旅游,2022(17):79-81.

[32]张南.新形势下博物馆"线上展览"模式构建途径[J].当代旅游,2023(6):125-127.

[33]张鹏,王立明,张红雷.文旅融合背景下济南打造博物馆文化新地标的策略[J].人文天下,2022(3):48-52.

[34]张帅,吴晋豫.文旅融合背景下博物馆文创产品的设计与研发问题探究[J].文物鉴定与鉴赏,2022(21):152-155.

[35]张潇杨.文旅融合背景下的博物馆品牌化建设分析[J].商业2.0,2022(21):43-45.

[36]中国博物馆发展研究课题组.中国博物馆发展研究报告(2021)[M].北京:朝华出版社,2022.

[37]祝坤.公共图书馆发展及其文旅融合路径探究[M].长春:吉林人民出版社,2021.